# छायावाद

# छायावाद

नामवर सिंह

राजकमल प्रकाशन

ISBN : 978-81-267-0735-5

**मूल्य :** ₹ 595



**पहला संस्करण** : 1955
**इक्कीसवाँ संस्करण** : 2024

**प्रकाशक :** राजकमल प्रकाशन प्रा.लि.
1-बी, नेताजी सुभाष मार्ग, दरियागंज
नई दिल्ली-110 002
**शाखाएँ :** अशोक राजपथ, साइंस कॉलेज के सामने, पटना-800 006
पहली मंजिल, दरबारी बिल्डिंग, महात्मा गांधी मार्ग, प्रयागराज-211 001
1, अनमोल सोराबजी संतुक लेन, धोबी तलाव, मरीन लाइंस, मुम्बई-400 002
वेबसाइट : www.rajkamalprakashan.com
ई-मेल : info@rajkamalprakashan.com

**मुद्रक :** बी.के. ऑफसेट
नवीन शाहदरा, दिल्ली-110 032

CHHAYAVAD
*Literary Criticism* by Dr. Namwar Singh

# भूमिका

यह निबंध छायावाद की काव्यगत विशेषताओं को स्पष्ट करते हुए छाया-चित्रों में निहित सामाजिक सत्य का उद्घाटन करने के लिए लिखा गया है ।

स्वानुभूति, कल्पना, प्रकृति का मानवीकरण, आध्यात्मिक छाया, मूर्तिमत्ता, लाक्षणिक विचित्रता आदि छायावाद की विशेषताएँ कही जाती हैं । किंतु आलोचकों के विवेचन से कहीं यह स्पष्ट नहीं होता कि छायावादी स्वानुभूति संतों-भक्तों के आत्मनिवेदन से किस बात में भिन्न है; छायावादी कल्पना में प्राचीन कवियों की अप्रस्तुत-विधायिनी कल्पना से क्या विशेषता है; प्रकृति का मानवीकरण करने में छायावाद ने संस्कृत कवियों से कितनी अधिक स्वच्छंदता दिखलाई है; छायावादी रहस्यवाद और संतों-भक्तों के अध्यात्मवाद में क्या अंतर है; छायावादी मूर्तिमत्ता में प्राचीन कवियों के दृश्यचित्रण से क्या नवीनता है और छायावाद की लाक्षणिकता में ऐसा क्या है, जो संस्कृत काव्यशास्त्र की सीमा में नहीं आ सकता । इन प्रश्नों का स्पष्ट उत्तर दिए बिना छायावाद के काव्य-सौंदर्य का कोई विवेचन पूर्ण नहीं कहा जा सकता ।

वस्तुतः ये सभी विशेषताएँ कमोबेश कहीं न कहीं अन्यत्र भी मिल जाती हैं, लेकिन एकत्र ही छायावाद के अतिरिक्त किसी एक युग के काव्य में इतनी प्रचुरता के साथ नहीं मिलतीं । इसका अर्थ यह है कि स्वानुभूति, कल्पना, प्रकृति का मानवीकरण आदि में कोई कार्य-कारण-संबंध है और ये किसी एक ही मनोवृत्ति की तर्कसंगत परिणति हैं । इस मनोवृत्ति को ठीक-ठीक समझे बिना छायावाद के किसी विवेचन में सुसंगति और व्यवस्था नहीं आ सकती ।

इसीलिए इस निबंध में छायावाद के केंद्र बिंदु 'भावप्रबलता से प्रेरित स्वच्छंद कल्पना' पर विस्तार से विचार किया गया है ।

आरंभ में सामाजिक पृष्ठभूमि देकर फिर किसी काव्य-प्रवृत्ति पर विचार करने से कोई बात नहीं बनती । इससे पुस्तक, पाठक और लेखक के साथ ही उस कविता पर भी भार बढ़ता है । सामाजिक सत्य कविता से

खोज निकालने की चीज है, ऊपर से आरोपित करने की नहीं। काव्यगत सामाजिक सत्य को तत्कालीन सामाजिक आधार के साथ मिलाकर देखने का सवाल तो उसके बाद उठता है। इसलिए इस निबंध में 'सामाजिक पृष्ठभूमि' का स्वतंत्र अध्याय खोजनेवालों को निराश होना पड़ेगा।

छायावाद के काव्य-सौंदर्य के विवेचन से स्पष्ट है कि यह सारा सौंदर्य व्यक्ति की स्वाधीनता की भावना से उत्पन्न हुआ है और वह स्वाधीनता भी व्यक्ति के माध्यम से संपूर्ण समाज की स्वाधीनता की अभिव्यक्ति है। परंतु इस काव्यगत स्वाधीनता को तत्कालीन स्वाधीनता-संग्राम के साथ मिलाकर देखने से पता चलता है कि छायावाद में स्वाधीनता-संग्राम के कुछ पहलू छूट गए हैं और कहीं-कहीं छाया भी बहुत धुँधली और मूल से दूर चली गई है।

फिर भी छायावाद की कविता से राष्ट्रीय जागरण का पर्याप्त आभास मिलता है। इस राष्ट्रीय जागरण के फलस्वरूप संपूर्ण भारत में रोमांटिक काव्य की लहर दौड़ गई थी, जिसका एक अंग हिंदी का छायावाद भी है। छायावाद की कविताएँ अपने पीछे एक विशाल परिदृश्य का पता देती हैं। छायावाद में जो सार्वभौम और शाश्वत तत्त्व दिखाई पड़ते हैं, वे सौंदर्यशास्त्र के किसी अलौकिक नियम से नहीं आए हैं बल्कि उसके ऐतिहासिक कार्यों के ही पुरस्कार हैं।

निबंध के प्रथम अध्याय में छायावाद का इतिहास बतलाते समय कुछ नई सामग्री दी गई है, जिसमें मुकुटधर पांडेय का लेख 'हिंदी में छायावाद' (1920 ई.) बहुत महत्त्वपूर्ण है। इस लेख की सूचना के लिए मैं भाई श्रीनारायण पांडेय का कृतज्ञ हूँ। पुस्तक के प्रकाशन का श्रेय आदरणीय श्री जगत शंखधर को है; उनके स्नेह की तुलना में आभार बहुत कम है।

नवंबर, 1954 **नामवर सिंह**

**पुनश्च**

इस संस्करण (दूसरे) के विषय में इससे अधिक कहने को नहीं है कि यह प्रथम संस्करण का प्रायः पुनर्मुद्रण है।

दिसंबर, 1968 **नामवर सिंह**

# अनुक्रम

का ऐतिहासिक महत्त्व–छायावाद का स्थायी महत्त्व–छायावादी कवियों का कृतित्व और तुलनात्मक मूल्यांकन–साहित्य में छायावाद का स्थान–शक्ति का स्रोत : जनता ।

# 1

# प्रथम रश्मि

छायावाद का आरंभ सामान्यतः 1920 ई. के आसपास से माना जाता है। तत्कालीन पत्र-पत्रिकाओं से पता चलता है कि 1920 तक 'छायावाद' संज्ञा का प्रचलन हो चुका था। मुकुटधर पांडेय ने 1920 की जुलाई, सितंबर, नवंबर और दिसंबर की *श्रीशारदा* (जबलपुर) में 'हिंदी में छायावाद' शीर्षक से चार निबंधों की एक लेखमाला छपवाई थी। जब तक किसी प्राचीनतर सामग्री का पता नहीं चलता, इसी को छायावाद-संबंधी सर्वप्रथम निबंध कहा जा सकता है। 'हिंदी में उसका नितांत अभाव देखकर' मुकुटधर जी ने 'इधर-उधर की कुछ टीका-टिप्पणियों के सहारे' वह निबंध प्रस्तुत किया था। इससे स्पष्ट है कि उस निबंध से पहले भी छायावाद पर कुछ टीका-टिप्पणियाँ हो चुकी थीं।

लेखमाला के प्रथम निबंध 'कवि-स्वातंत्र्य' में मुकुटधर जी ने रीति-ग्रंथों की परतंत्रता से मुक्त होकर कविता में व्यक्तित्व तथा भाव, भाषा, छंद, प्रकाशन-रीति आदि में मौलिकता की आवश्यकता पर जोर दिया है। दूसरा निबंध 'छायावाद क्या है ?' सबसे महत्त्वपूर्ण है। आरंभ में ही लेखक कहता है—"अंग्रेजी या किसी पाश्चात्य साहित्य अथवा बंग साहित्य की वर्तमान स्थिति की कुछ भी जानकारी रखनेवाले तो सुनते ही समझ जाएँगे कि यह शब्द 'मिस्टिसिज्म' के लिए आया है।" फिर भी छायावाद "एक ऐसी मायामय सूक्ष्म वस्तु है कि शब्दों द्वारा उसका ठीक-ठीक वर्णन करना असंभव है" क्योंकि "ऐसी रचनाओं में शब्द अपने स्वाभाविक मूल्य को खोकर **सांकेतिक चिह्न मात्र** हुआ करते हैं।"

"छायावाद के कवि वस्तुओं को **असाधारण दृष्टि** से देखते हैं। उनकी रचना की संपूर्ण विशेषताएँ उनकी इस 'दृष्टि' पर ही अवलंबित रहती हैं।...वह क्षण-भर में बिजली की तरह वस्तु को स्पर्श करती हुई निकल जाती है।...अस्थिरता और क्षीणता के साथ उसमें एक तरह की विचित्र **उन्मादकता** और अंतरंगता होती है जिसके कारण वस्तु उसके **प्रकृत रूप में नहीं किंतु एक**

अन्य रूप में दीख पड़ती है। उसके इस अन्य रूप का संबंध कवि के अंतर्जगत् से रहता है।...यह अंतरंग दृष्टि ही 'छायावाद' की विचित्र प्रकाशन रीति का मूल है।" इस प्रकार मुकुटधर जी की सूक्ष्म दृष्टि ने 'छायावाद' की मूल भावना 'आत्मनिष्ठ अंतर्दृष्टि' को पहचान लिया था। जब उन्होंने कहा कि "चित्र दृश्य वस्तु की आत्मा का ही उतारा जाता है," तो छायावाद की मौलिक विशेषता की ओर संकेत किया। छायावादी कवियों की कल्पनाप्रियता पर प्रकाश डालते हुए मुकुटधर जी कहते हैं—"उनकी कविता देवी की आँखें सदैव ऊपर की ही ओर उठी रहती हैं; मर्त्यलोक से उसका बहुत कम संबंध रहता है; वह बुद्धि और ज्ञान की सामर्थ्य-सीमा को अतिक्रम करके मन-प्राण के अतीत लोक में ही विचरण करती रहती है।"

"यहीं छायावादिता से आध्यात्मिकता तथा धर्म-भावुकता का मेल होता है। यथार्थ में उसके जीवन के ये दो मुख्य अवलंब हैं।"

छायावाद में प्रकृति का उपयोग प्रायः प्रतीक की तरह होता है, इस तथ्य की ओर संकेत करते हुए मुकुटधर जी कहते हैं कि "प्राकृतिक दृश्य और घटनाएँ सांकेतिक रूप से अदृश्य तथा अव्यक्त के प्रकाशन में साहाय्य पहुँचाती हैं।"

छायावाद के कलापक्ष पर विचार करते हुए मुकुटधर जी "काव्य में चित्रकारी और संगीत का अपूर्व एकीकरण" उसका आदर्श मानते हैं।

लेखमाला के शेष दो निबंधों का एक ही शीर्षक है—'हिंदी में छायावाद'। इनमें छायावाद पर लगाए गए 'अस्पष्टता' आदि आरोपों का स्पष्टीकरण करते हुए अंत में श्री मुकुटधर पांडेय ने लिखा है—

"छायावाद की आवश्यकता हम इसीलिए समझते हैं कि उससे कवियों को भाव-प्रकाशन का एक नया मार्ग मिलेगा। इस प्रकार के अनेक मार्गों—अनेक रीतियों का होना ही उन्नत साहित्य का लक्षण है।"

मुकुटधर पांडेय के इस निबंध की विस्तृत चर्चा इसलिए की गई है कि यह छायावाद पर पहला निबंध होने के साथ ही अत्यंत सूझ-बूझ भरी गंभीर समीक्षा भी है। इस निबंध का ऐतिहासिक महत्त्व ही नहीं, बल्कि स्थायी महत्त्व भी है।

उस युग की प्रतिनिधि पत्रिका *सरस्वती* में छायावाद का सर्वप्रथम उल्लेख जून 1921 के अंक में मिलता है। किन्हीं सुशीलकुमार ने 'हिंदी में छायावाद' शीर्षक एक संवादात्मक निबंध लिखा है। संवाद में भाग लेनेवाले कुल चार व्यक्ति हैं—ब्राह्म कन्या-विद्यालय में उच्च शिक्षा प्राप्त सुशीलादेवी, उनके अरसिक किंतु लक्ष्मी के कृपापात्र पति हरिकिशोर बाबू, चित्रकार रामनरेश जोशी और कवि-सम्राट पंत जी। पहले केवल प्रथम तीन व्यक्तियों में जोशी जी के एक 'छाया-चित्र' पर बातचीत होती है जिसे उन्होंने पंत जी की एक कविता के आधार पर बनाया है। चित्र के नाम पर बढ़िया फ्रेम में मढा कोरा कागज है और उसके

नीचे लिखा है 'छाया'। हरिकिशोर बाबू के अनुसार वह **निर्मल ब्रह्म की विशद छाया है**। स्वयं जोशी जी ने भी उसमें किसी प्रकार 'अनंत की अस्पष्टता को स्पष्ट करने' का प्रयत्न किया था। अंत में पंत जी आते हैं और वे भी कविता के नाम पर एक 'कोरा कागज' प्रस्तुत करते हैं जिसका आधार जोशी जी का वही चित्र है। हरिकिशोर बाबू के शब्दों में, ''यह तो वाणी की नीरवता है, निस्तब्धता का उच्छ्‌वास है, प्रतिभा का विलास है, और अनंत का विलास है।'' कवि-सम्राट् अपने वक्तव्य में कहते हैं : ''छायावाद का प्रधान गुण है अस्पष्टता। भाव इतने स्पष्ट हो जाएँ कि वे कल्पना के अनंत गर्भ में लीन हो जाएँ। मेरी यह सम्मति है कि शब्द अक्षरों से बनते हैं और अक्षर, अविनाशी है। वह तो अज्ञेय है, अनंत है। अतएव हमें भाषा को वह रूप देना चाहिए जिससे वह नीरव हो जाए। वह कर्णश्रुत न होकर हृदयगम्य हो, इंद्रियगोचर न होकर आत्मा से ग्राह्य हो।''

इस व्यंग्यात्मक निबंध से एक और बात सामने आती है कि उस समय के लोग छायावाद की कविता को टैगोर-स्कूल के छायाचित्रों के साथ रखकर देखते थे। यहाँ भी अभिव्यक्ति की अस्पष्टता को ही लेकर व्यंग्य किया गया है।

इस तरह उन कविताओं के लिए हिंदी छायावाद और अंग्रेजी 'मिस्टिसिज्म' शब्द चल पड़े और इन दोनों में भी हिंदी छायावाद अधिक प्रचलित हुआ। परंतु जैसा कि 'सुकवि-किंकर' आचार्य महावीरप्रसाद द्विवेदी के मई, 1927 ई. की *'सरस्वती'* में प्रकाशित 'आजकल के हिंदी कवि और कविता' शीर्षक निबंध से पता चलता है, छायावाद और 'मिस्टिसिज्म' पर्याय नहीं समझे जाते थे। आचार्य की समझ में नहीं आता था कि इन कविताओं को 'मिस्टिसिज्म' क्यों कहा जाता है क्योंकि पं. मथुराप्रसाद दीक्षित के *'त्रैभाषिक कोष'* के अनुसार 'मिस्टिक' का अर्थ होता है गूढ़ार्थ, गुह्य, गुप्त, गोप्य, रहस्य आदि। इधर इन कविताओं में आचार्य द्विवेदी को आंध्यात्मिक रहस्य दिखाई ही नहीं पड़ता था। रवींद्रनाथ की कविताओं में तो वे 'आध्यात्मिक रहस्य' मान लेते थे; परंतु हिंदी कवियों के प्रति वे शंकालु थे। इसलिए उनके अनुसार पंत, पांडेय आदि की कविताएँ छायावादी ही थीं। छायावाद का अर्थ ठीक-ठीक न समझते हुए भी वे उन कविताओं को छायावादी मानते थे। कहते हैं, ''छायावाद से लोगों का क्या मतलब है, कुछ समझ में नहीं आता। शायद उनका मतलब है कि किसी कविता के भावों की छाया यदि कहीं अन्यत्र जाकर पड़े तो उसे छायावादी कविता कहना चाहिए।'' उनके विचार से 'अन्योक्ति-पद्धति' ही छायावाद है। इस तरह आचार्य उन कविताओं और छायावाद संज्ञा में संबंध स्थापित करके दोनों में निहित अर्थ को पकड़ने की कोशिश कर रहे थे। ध्यान देने की बात है कि आचार्य द्विवेदी ने 'रहस्य' शब्द को तो ऊपर किया, परंतु 'रहस्यवाद' शब्द का प्रयोग नहीं किया।

लगभग दो साल बाद 1929 ई. में आचार्य रामचंद्र शुक्ल का *'काव्य में*

*रहस्यवाद'* निबंध पुस्तकाकार निकला, जिससे पता चलता है कि 'रहस्यवाद' शब्द का प्रचलन पहले से हो चुका था। पंत का *'पल्लव'* तब तक निकल गया था। शुक्ल जी के निबंध से पता चलता है कि उनका ध्यान मुख्यतः पंत जी की उन कविताओं पर केंद्रित था, जिनमें रहस्य के प्रति प्रायः जिज्ञासा और कहीं-कहीं लालसा व्यक्त की गई थी। उनके अनुसार **'अज्ञात के प्रति जिज्ञासा'** ही सच्ची रहस्य-भावना है। परंतु उन्होंने देखा कि छायावादी कवि उस जिज्ञासा को आध्यात्मिकता का रूप दे रहे हैं; इसलिए छायावादी रहस्य-भावना को उन्होंने सांप्रदायिक अथवा आध्यात्मिक रहस्यवाद समझ लिया। उन्हें छायावाद की इस आध्यात्मिकता का मूल स्रोत रवींद्रनाथ में दिखाई पड़ा और चूँकि रवींद्रनाथ ब्राह्म थे और ब्राह्मों का मत ईसाई धर्म से ज्यादा मिलता था, इसलिए शुक्ल जी ने इन सबमें एक तरह का बादरायण संबंध स्थापित कर लिया। वे इस निष्कर्ष पर पहुँचे कि ईसाई धर्म की ही आध्यात्मिकता ब्राह्म माध्यम से हिंदी कविता में व्यक्त हो रही है। जब मूल भाव की एकसूत्रता स्थापित हो गई तो उन्होंने छायावाद नाम के साथ भी उसका मेल मिला दिया। बुद्धि हो तो आदमी क्या नहीं कर सकता! उन्हें ईसाई मत में छाया अर्थ देनेवाला एक 'फैंटसमैटा' शब्द भी मिल गया। बस फिर क्या था? उन्होंने छायावाद शब्द को उससे जोड़ दिया और साबित कर दिया कि 'छायावाद' नाम और भाव-धारा दोनों दृष्टियों से यूरोप का प्रभाव है। जिस तरह उन्होंने यूरोपीय और हिंदी आध्यात्मिकता के बीच में बंगला को माध्यम माना; उसी तरह उन्होंने हिंदी छायावाद और ईसाई 'फैंटसमैटा' के बीच की बंगला कड़ी की भी कल्पना कर डाली और कह चले कि बंगला में भी इन कविताओं को छायावाद कहते थे। बंगला में छायावाद नामक कोई वाद या शब्द है या नहीं, इसकी छानबीन करना उनका प्रयोजन न था। उन्हें तो अपनी बात रखनी थी, रख दी। गलत हो चाहे सही।

यह प्रवाद कि बंगला में भी छायावाद नामक एक 'वाद' है, बहुत दिनों बाद हजारीप्रसाद द्विवेदी द्वारा निर्मूल हुआ।

तात्पर्य यह कि शुक्ल जी ने छायावाद की केवल आध्यात्मिक कविताओं को अपने दृष्टि-पथ में रखा और इसीलिए रहस्यवाद को छायावादी कविताओं की विषयवस्तु कहा। उनका यह विचार अंत तक बना रहा। शेष को वह शैली-मात्र मानते थे। जिस तरह आचार्य महावीरप्रसाद द्विवेदी छायावाद को 'अन्योक्ति-पद्धति' समझते थे, उसी तरह आचार्य शुक्ल भी उसे शैली मानते थे जिसमें 'अन्योक्ति' के अतिरिक्त भी कई प्रकार की शैलियों का समावेश था।

आगे चलकर आलोचकों ने शुक्ल जी द्वारा प्रवर्तित इस द्वैतवाद को समाप्त करते हुए स्थापित किया कि भाव के क्षेत्र में जो रहस्यवाद है, वही शैली में लाक्षणिक वक्रता, अन्योक्ति-विधान, अप्रस्तुत योजना आदि रूपों में व्यक्त होता

है। इस तरह इन्होंने रहस्यवादी विषय और लाक्षणिक शैली दोनों को एक कर दिया। इस समन्वित रूप को प्रसाद जी ने 'रहस्यवाद' नाम दिया और नंददुलारे वाजपेयी ने छायावाद।

वाजपेयी जी का भी छायावाद आध्यात्मिक ही है। *हिंदी साहित्य : बीसवीं शताब्दी* नामक पुस्तक के 'महादेवी वर्मा' शीर्षक निबंध में छायावाद की परिभाषा देते हुए वे कहते हैं कि "मानव अथवा प्रकृति के सूक्ष्म किंतु व्यक्त सौंदर्य में आध्यात्मिक छाया का भान मेरे विचार से छायावाद की एक सर्वमान्य व्याख्या हो सकती है।" वाजपेयी जी की आध्यात्मिक छाया शुक्ल जी का 'फैंटसमैटा' अथवा छायाभास ही है—केवल इस अंतर के साथ कि उसमें धार्मिक स्थूलता नहीं है।

अपने को इस परिभाषा में बाँधकर वाजपेयी जी ने प्रसाद, पंत, निराला, महादेवी की बहुत-सी कविताओं को छोड़ दिया। उन्होंने अपनी परिभाषा का निर्माण छायावादी कवियों की केवल एक तरह की कविताओं के आधार पर किया। वाजपेयी जी की इस परिभाषा के पीछे शांतिप्रिय द्विवेदी, महादेवी वर्मा, नगेंद्र आदि की यह प्रचलित धारणा भी है कि छायावाद स्थूल के विरुद्ध सूक्ष्म का विद्रोह है।

छायावाद में निःसंदेह सूक्ष्मता काफी है, लेकिन इस सूक्ष्मता की सीमा के कारण हम निराला और प्रसाद की उन कविताओं से वंचित रह जाते हैं, जिनमें अतीव मांसलता है। इसलिए इस परिभाषा में स्पष्ट ही अव्याप्ति दोष है।

जो हो, इन तमाम बातों से मालूम होता है कि शुरू-शुरू में जिस अस्पष्टता के लिए छायावाद शब्द चलाया गया, वही थोड़ा नाम बदलकर मुकुटधर पांडेय और आचार्य शुक्ल से होती हुई नंददुलारे वाजपेयी और नगेंद्र तक आई और अब भी अनेक विद्यार्थियों का संस्कार बन गई है। सुशीलकुमार की अस्पष्टता, मुकुटधर की आध्यात्मिकता, आचार्य द्विवेदी का रहस्य, शुक्ल जी का आध्यात्मिक छायाभास, वाजपेयी जी का 'आध्यात्मिक छाया का भान' और नगेंद्र का 'स्थूल के प्रति सूक्ष्म का विद्रोह' सब एक-से ही चिंतन-क्रम में हैं।

छायावादी कविताओं की आलोचना-प्रत्यालोचना के सिलसिले में जिस समय अंग्रेजी का 'मिस्टिसिज्म' शब्द आया, उसके कुछ ही दिन बाद 'रोमैंटिसिज्म' शब्द आ गया। शुक्ल जी ने इसका हिंदी अनुवाद **स्वच्छंदतावाब** किया और श्रीधर पाठक, रामनरेश त्रिपाठी आदि को स्वच्छंदतावादी कवि कहा। इस तरह शुक्ल जी ने 'स्वच्छंदतावाद' और 'छायावाद' में अंतर किया। वे छायावाद को 'रोमैंटिसिज्म' कहने के पक्ष में नहीं थे। आश्चर्य की बात है कि प्रसाद, पंत, निराला को शेली इत्यादि से प्रभावित मानते हुए भी शुक्ल जी उन्हें रोमैंटिक मानने से इनकार करते थे।

परंतु यहाँ भी शुक्ल जी का द्वैतवाद न चल सका। कवि, आलोचक और

सामान्य पाठक छायावाद को रोमैंटिसिज्म का पर्याय समझने लगे। कुछ लोग शुक्ल जी द्वारा गढ़े हुए स्वच्छंदतावाद को भी छायावाद का पर्याय अथवा अंग मानने लगे तथा अन्य लोग छायावाद को स्वच्छंदतावाद का द्वितीय उत्थान कहना अधिक युक्तिसंगत मान चले।

इस तरह प्रसाद, निराला, पंत तथा महादेवी की कविताओं की चर्चा के सिलसिले में अंग्रेजी के 'मिस्टिसिज्म' और 'रोमैंटिसिज्म' तथा हिंदी के रहस्यवाद, छायावाद और स्वच्छंदतावाद शब्द आए। व्यवहार में रहस्यवाद 'मिस्टिसिज्म' का पर्याय हो गया है और छायावाद तथा स्वच्छंदतावाद 'रोमैंटिसिज्म' के।

जहाँ तक रहस्यवाद, छायावाद और स्वच्छंदतावाद शब्दों के शब्दार्थ और लोक-प्रचलित भाव का संबंध है, इन तीनों में निःसंदेह थोड़ा-थोड़ा अंतर है। रहस्यवाद अज्ञात की जिज्ञासा है, तो छायावाद चित्रण की सूक्ष्मता और स्वच्छंदतावाद प्राचीन रूढ़ियों से मुक्ति की आकांक्षा।

परंतु जब युगविशेष की काव्यधारा के संबंध में इन शब्दों पर विचार किया जाता है तो रहस्यवाद, छायावाद और स्वच्छंदतावाद तीनों एक ही काव्यधारा की विविध प्रवृत्तियाँ मालूम होती हैं। वस्तुतः ऐसी बहुत-सी कविताएँ हैं जिनमें एक ही जगह रहस्यवाद, छायावाद और स्वच्छंदतावाद तीनों हैं। उदाहरणस्वरूप पंत के *मौन-निमंत्रण* को लें। इसमें, 'अज्ञात की जिज्ञासा' होने के कारण रहस्यवाद है, अभिव्यक्ति की सूक्ष्मता के कारण छायावाद है और कल्पना-लोक में स्वच्छंद विचरण करने के कारण स्वच्छंदतावाद भी है। जब एक कविता में इन तीनों वादों अथवा प्रवृत्तियों को अलगाना कठिन है, तो पूरी काव्यधारा की क्या बात?

इसलिए उचित तो यही मालूम होता है कि जिस तरह अन्य साहित्यों में अनेक प्रवृत्तियों के पुंज रोमैंटिक काव्य को एक संज्ञा 'रोमैंटिसिज्म' दी गई है, उसी तरह अनेक प्रवृत्तियों के पुंज छायावादी काव्य को भी एक ही नाम देना चाहिए। कहना न होगा कि यह एक नाम छायावाद ही हो सकता है। छायावाद नाम सबसे पुराना होने के साथ ही प्रसाद, निराला, पंत और महादेवी की कविता के लिए रूढ़ भी हो गया है। ऐसी हालत में 'छायावाद' शब्द का अर्थ चाहे जो हो, परंतु व्यावहारिक दृष्टि से यह प्रसाद, निराला, पंत, महादेवी की उन समस्त कविताओं का द्योतक है, जो 1918 से '36 ई. के बीच लिखी गईं। छायावाद की मनमानी परिभाषा करने की अपेक्षा उसके ऐतिहासिक और व्यावहारिक अर्थ को स्वीकार करना अधिक वैज्ञानिक है।

अपनी परिभाषा को पहले ही से संकुचित करके फिर यह निर्णय देना कि पंत शुद्ध छायावादी हैं और दूसरे नहीं अथवा महादेवी शुद्ध छायावादी हैं अन्य नहीं, अपनी सीमा प्रदर्शित करना है। अपनी संकुचित परिभाषा के ही कारण कुछ लोग पंत की रचनाओं में भी केवल *पल्लव* और *पल्लव* में भी कुछेक कविताओं को ही

छायावाद के अंतर्गत स्वीकार करते हैं। इस तरह की बातें आत्मनिष्ठ दृष्टि का परिणाम हैं।

वस्तुतः छायावादी कविताओं की परिभाषा का निश्चय उन कविताओं में पाई जानेवाली सभी प्रवृत्तियों के आधार पर होना चाहिए और यहाँ हमें यह न भूलना चाहिए कि छायावाद उस राष्ट्रीय जागरण की काव्यात्मक अभिव्यक्ति है जो एक ओर पुरानी रूढ़ियों से मुक्ति चाहता था और दूसरी ओर विदेशी पराधीनता से। इस जागरण में जिस तरह क्रमशः विकास होता गया, इसकी काव्यात्मक अभिव्यक्ति भी विकसित होती गई और इसके फलस्वरूप 'छायावाद' संज्ञा का भी अर्थ-विस्तार होता गया। 'छायावाद' नामकरण जिन कविताओं के आधार पर हुआ था, वैसी ही कविताएँ अगले वर्षों में भी नहीं होती रहीं; बल्कि उनकी विषयवस्तु तथा रूप-विन्यास का विस्तार हुआ। इसलिए छायावाद के आरंभिक अर्थ में भी क्रमशः व्यापकता का आना स्वाभाविक है।

## 2

# केवल मैं केवल मैं

हिंदी कविता की पूरी परंपरा का अनुशीलन करते हुए जैसे ही कोई पाठक छायावाद की सीमा में प्रवेश करता है, ये कविताएँ तुरंत अपनी आत्मीयता से उसे आकृष्ट कर लेती हैं। यहाँ वह देखता है कि कवि निर्वैयक्तिकता का सारा आवरण उतारकर एक आत्मीय की भाँति अत्यंत निजी ढंग से बातें कर रहा है। यहाँ हृदय के भाव किसी कल्पित कहानी अथवा पौराणिक पुरुषों के माध्यम की अपेक्षा नहीं रखते। अपने मन की बातें कवि सीधे-सीधे अपने ही मुख से उत्तम पुरुष में कह रहा है और पाठक को इस तरह उन भावों के साथ तादात्म्य अनुभव करने में बड़ी सुगमता होती है। इससे कवि और पाठक के बीच परस्पर की सुखद अनुभूति होती है।

लेकिन कवि ने यह जो 'मैं शैली' अपनाई, वह केवल शैली भर नहीं है। इस निजता और आत्मीयता के पीछे आधुनिक युवक का पूरा व्यक्तित्व है, जो अपने को सीधे-सीधे अभिव्यक्त करने की सामाजिक स्वाधीनता चाहता है। यदि कहानी के पात्रों अथवा पौराणिक व्यक्तियों के माध्यम से वह अपनी बातें कह सकता तो अवश्य कहता; क्योंकि अभिव्यक्ति की यह नाटकीय प्रणाली चिराचरित और अनुभवसिद्ध है। लेकिन उसे लगा कि अपनी बात निजी ढंग से ही वह अच्छी तरह कह सकता है। उसकी वैयक्तिकता पुरानी निर्वैयक्तिकता में घुट-सी रही थी। निर्वैयक्तिकता में उसे एकदम आत्म-निषेध की आशंका थी। रीति-काल के कवियों की 'रूढ़िगत तटस्थता' उसके लिए असह्य प्रतीत हो रही थी। इसलिए यह वैयक्तिक अभिव्यक्ति कवि के लिए व्यक्ति की मुक्ति थी। पूर्ववर्ती कविता की निर्वैयक्तिकता की तुलना में यह वैयक्तिकता का आग्रह कितना बड़ा विद्रोह था, इसका अनुमान तत्कालीन पुराण-पंथी पंडितों की आलोचनाओं से कुछ-कुछ हो सकता है।

मध्ययुग में भक्त कवियों ने केवल आत्म-निवेदन में इस आत्मीय-पद्धति का सहारा लिया है और इसीलिए कबीर और मीरा के आत्म-निवेदनों तथा सूर-तुलसी

के विनय-पदों में लोगों ने अधिक तन्मयता अनुभव की हैं। भक्तों के उन आत्म-निवेदनों से स्पष्ट है कि अपने भगवान से जहाँ उन्हें सीधी बात करनी थी, वहाँ उन्होंने संपूर्ण तटस्थता का परित्याग करके एकदम आमने-सामने बातचीत की है। भावावेग की स्थिति में अभिव्यक्ति की स्वाभाविक परिणति यही है। उस युग में यह बहुत बड़ी बात थी।

लेकिन आधुनिक युग की वैयक्तिक अभिव्यक्ति भक्तों के आत्म-निवेदन से कहीं अधिक आगे की चीज है। भक्तों ने जो आत्म-निवेदन किया, उस पर धर्म का आवरण था और धर्म का यह आवरण ही उसे तटस्थता प्रदान करने के लिए काफी था। लेकिन आधुनिक विज्ञान तथा उससे प्रभावित सामाजिक, राजनैतिक तथा नैतिक मान्यताओं ने तो नई पीढ़ी के मन से वह धार्मिक आवरण भी एक हद तक उतार फेंका। मध्ययुग की धार्मिकता का स्थान आधुनिक युग की ऐहिकता ने ले लिया। फलतः छायावादी कवि की वैयक्तिक अभिव्यक्ति के लिए इस ऐहिक युग में कोई आवरण नहीं रह गया। प्राचीन मर्यादा के रक्षकों के लिए यह नग्न और ऐहिक वैयक्तिकता कितनी अरुचिकर प्रतीत हुई, यह उनके तत्कालीन विरोधों से ही प्रकट है।

पुराना कवि अपने निजी प्रणय-संबंध को सीधे ढंग से व्यक्त करने में असमर्थ था। रीतिकाल के कवियों के लिए भी राधा-कन्हाई की ओट अनिवार्य थी। सामंती नैतिकता का बंधन इतना कड़ा था! लेकिन इस बंधन को अस्वीकार करते हुए पंत ने *उच्छ्वास* और *आँसू* की बालिका के प्रति सीधे शब्दों में अपना प्रणय प्रकट किया। और यह निश्चित है कि *उच्छ्वास* की सरल बालिका कोई रहस्यात्मक शक्ति नहीं है। उसके विषय में कवि की स्पष्टोक्ति है—'बालिका मेरी मनोरम मित्र थी।'

कवि ने समाज से यह छूट पहली बार ली। और ध्यान देने की बात है कि इसके लिए कवि कहीं भी अपने को अपराधी अथवा हीन अनुभव नहीं करता। अपनी दुर्बलताओं को वह उसी प्रकार खोलकर रखता है, जिस प्रकार अपने प्रेम की पावनता को दृढ़ता के साथ प्रमाणित करता है। उसे इस कार्य में कहीं भी अनैतिकता नहीं प्रतीत होती, क्योंकि वह जानता है कि यह तो मानवीयता अथवा मनुष्य की स्वाभाविक दुर्बलता है।

कविता में जहाँ देवताओं के प्रेम का वर्णन होता था, वह स्थान साधारण मनुष्य ले ले—यह जनतांत्रिक भाव की विजय है; यह मध्यवर्ग की पहली सामाजिक स्वाधीनता है।

जब यह सामाजिक स्वाधीनता प्रणय के क्षेत्र में ली गई तो इसका प्रसार अन्य क्षेत्रों में भी हुआ। निराला ने अपनी पुत्री 'सरोज' की स्मृति में शोकगीत लिखा और उसमें अपने निजी जीवन की अनेक बातें साफ-साफ कह डालीं। संपादकों द्वारा

मुक्त छंद की रचनाओं का लौटाया जाना, विरोधियों के शाब्दिक प्रहार, मातृहीन लड़की की ननिहाल में पालन-पोषण, दूसरे विवाह के लिए निरंतर आते हुए प्रस्ताव और उन्हें ठुकराना, सामाजिक रूढ़ियों को तोड़ते हुए एकदम नए ढंग से कन्या का विवाह करना, उचित दवा-दारू के अभाव में सरोज का देहावसान और उस पर कवि का शोकोद्गार। यह सब पंत के *उच्छ्वास* और *आँसू* की वैयक्तिकता से हजार डग आगे है। कविता क्या है, कवि की पूरी आत्मकथा है; इसमें जो शेष रहा, वह *बन-बेला* में पूरा हो गया। यहाँ केवल आत्म-कथा नहीं है, बल्कि अपनी कहानी के माध्यम से एक-एक कर पुरानी सामाजिक रूढ़ियों और आधुनिक अर्थ-पिशाचों पर प्रहार किया गया है।

यदि एक ओर कवि अपने कनौजिया बंधुओं को इन शब्दों में याद करते हैं :

ये कान्यकुब्ज-कुल कुलांगार
खाकर पत्तल में करें छेद
इनके कर कन्या, अर्थ खेद,

और फिर गँवार दामाद का यह चित्र :

वे जो जमुना के से कछार
पद फटे बिवाई के, उधार
खाए के मुख ज्यों, पिए तेल
चमरौधे जूते से, सकेल
निकले, जी लेते, घोर-गंध,
उन चरणों को मैं यथा-अंध
कलघ्राण-प्राण से रहित व्यक्ति
हो पूजूँ, ऐसी नहीं शक्ति

तो दूसरी ओर वह निरानंद संपादक के गुण गुन-गुनकर यथाभ्यास पास की घास नोंचता हुआ अज्ञात इधर-उधर फेंकता है। इसी सिलसिले में उस समाज-व्यवस्था को भी याद किया जाता है जिसमें 'उपार्जन को अक्षम' कवि अपनी कन्या को चीनांशुक पहनाकर दधिमुख करना तो दूर, कुछ भी न कर सका।

यह निराला ही हैं, जो तमाम रूढ़ियों को चुनौती देते हुए अपनी सद्यः परिणीता कन्या के रूप का खुलकर वर्णन करते हैं और यह कहना नहीं भूलते कि 'पुष्प-सेज तेरी स्वयं रची !' है किसी कवि में इतना साहस और संयम !

पंत और निराला की तरह आत्माभिव्यक्ति प्रसाद ने भी की। *हंस* के 'आत्मकथा' अंक के लिए जब उनके सुहृद प्रेमचंद ने 'आत्मकथा' लिखने का आग्रह किया तो प्रसाद ने नहीं-नहीं करते हुए भी आत्मकथा कह ही डाली। कवि ने अपनी दुर्बलताओं की कोई फेहरिश्त पेश नहीं की, फिर भी इतना कह ही दिया कि

'तुम सुनकर सुख पाओगे, देखोगे यह गागर रीती।' जिस संयत हृदय ने 'अपनी भूलों के साथ ही औरों की प्रवंचना दिखलाने' से इनकार किया, उसी ने अपने मधुमय जीवन की झाँकी देने में संकोच नहीं दिखलाया और कहा कि :

जिसके अरुण कपोलों की मतवाली सुंदर छाया में
अनुरागिनी उषा लेती थी निज सुहाग मधुमाया में
उसकी स्मृति पाथेय बनी है थके पथिक की पंथा की
सीवन को उधेड़कर देखोगे क्यों मेरी कंथा की।

और 'अरुण कपोलों' की इस झलक के बाद उस थके पथिक की कंथा की सीवन को उधेड़कर देखने का दुस्साहस कोई ऐसा ही निर्मम करेगा जिसकी दिलचस्पी स्थूल घटनाओं में होगी।

सामंती रूढ़ियोंवाले समाज के सामने जब एक पुरुष की यह स्थिति है, तो इस पुरुष-प्रधान समाज में नारी के लिए आत्माभिव्यक्ति में कितनी बड़ी कठिनाई हो सकती है, यह सहज अनुमेय है। फिर भी महादेवी वर्मा ने अपने गीतों में वैयक्तिक ढंग से अभिव्यंजना की और इसके लिए उन्होंने कितने प्रवाद झेले, इसे बतलाने की जरूरत नहीं है। महादेवी जी ने कहीं लिखा है कि आज का साहित्यकार अपनी प्रत्येक साँस का इतिहास लिख लेना चाहता है।

इतना होते हुए भी सामाजिक रूढ़ियों के प्रहार की आशंका से कवि को वैयक्तिक अनुभूतियों के लिए रहस्यवाद का आश्रय लेना पड़ा। स्थूल धार्मिक आवरण तो वह ले नहीं सकता था, लेकिन ऐहिक वैयक्तिकता की क्षुद्रता से उसे बचाने के लिए रहस्यात्मकता के ऊर्ध्व आसन पर प्रिय को बैठाना ही पड़ा। महादेवी ने नारी होकर ऐसा किया तो कोई बात नहीं, लेकिन पुरुष होकर भी प्रसाद ने *आँसू* के दूसरे संस्करण को अत्यधिक रहस्यात्मक और सामाजिक लोकमंगल-परक बना डाला; अबकि *आँसू* का प्रथम संस्करण शुद्ध ऐहिक प्रेम की विरह-वेदना का काव्य है।

इतना होते हुए भी आलोचकों से वास्तविकता छिपी न रह सकी और शुक्ल जी-जैसे गंभीर आचार्य भी खुल ही पड़े कि "इनकी रहस्यवादी रचनाओं को देखकर चाहे तो यह कहें कि इनकी मधुचर्या के मानस-प्रसार के लिए रहस्यवाद का परदा मिल गया अथवा यों कहें कि इनकी सारी प्रणयानुभूति ससीम से कूदकर असीम पर जा रही।"

इस कथन के पीछे और प्रवृत्ति चाहे जो हो, लेकिन इससे इतना तो स्पष्ट है ही कि उस युग की पुरानी पीढ़ी के लोग भी छायावादी अथवा रहस्यवादी कविताओं को मूलतः कवि की आत्मानुभूति ही मानते थे।

यह आत्माभिव्यक्ति की भावना इस युग में कितनी व्याप्त रही है, इसका पता

इसी से चलता है कि 'आत्मकथा' लिखने की परंपरा-सी चल पड़ी। गाँधी, नेहरू, रवींद्रनाथ, श्रद्धानंद, श्यामसुंदरदास, वियोगी हरि, राहुल सांकृत्यायन आदि न जाने कितने राजनीतिज्ञों, धर्मसुधारकों और साहित्यकारों ने अपनी आत्मकथा अथवा जीवन-स्मृति लिखी है। इतने बड़े पैमाने पर इस देश में आत्मकथाएँ पहले शायद ही कभी लिखी गईं। मध्ययुग के हिंदी साहित्य में केवल एक आत्मकथा मिलती है, बनारसीदास जैन की *अर्धकथा*।

ये आत्मकथाएँ इस युग में प्रचलित वैयक्तिक आत्माभिव्यक्ति की आकांक्षा की द्योतक हैं। ये बतलाती हैं कि व्यक्ति अपने को अभिव्यक्त करने के लिए कितना आकुल था! वह अपने भावों और विचारों को प्रकट करने की स्वतंत्रता चाहता था। उसकी इस आकांक्षा में स्वाधीनता की कामना थी और अभिव्यंजना में साहस। हर देश में 'रोमैंटिसिज्म' का अभ्युदय प्रायः इसी आकांक्षा के साथ हुआ है। फ्रांस और फिर पूरे यूरोप में रोमैंटिक साहित्य का प्रवर्तन करनेवाले रूसो के *कनफेशन* के आरंभिक उद्गार से इस भावना के ऐतिहासिक महत्त्व का ठीक पता चलता है। रूसो लिखता है :

''आज मैं अपने हाथ में वह कार्य ले रहा हूँ, जिसे अभी तक किसी ने नहीं किया था और न भविष्य में ही कोई करेगा। मैं अपने मित्रों के सामने एक मनुष्य का सच्चा रूप रखना चाहता हूँ और वह मनुष्य स्वयं मैं हूँ। जितने भी लोग मेरे देखने में आए हैं, उनमें से किसी-जैसा मैं नहीं हूँ और मेरा तो विश्वास है कि इस समय जितने भी लोग मौजूद हैं उन सबमें भी किसी-जैसा मैं नहीं हूँ। जैसा मैं था, वैसा अपने को दिखलाया है—नीच और घृणास्पद, भला, उच्चाशय और उदात्त—जैसा भी था वह सब एकत्र हों मेरे चारों ओर मेरे अनगिनत साथी और सुनें मेरी आत्मस्वीकृति—मेरी अयोग्यताओं पर सिर धुनें और मेरी अपूर्णताओं पर शरमाएँ। और फिर उनमें से हर एक स्पष्टता के साथ, सिंहासन के चरणों में अपने हृदय के रहस्यों का उद्घाटन करे और यदि साहस हो तो कहे कि मैं इस आदमी से अच्छा हूँ।''

चुनौती का ऐसा अकुंठित स्वर हिंदी छायावाद में नहीं सुना गया; यदि ऐसी चुनौती हिंदी में कोई दे सकता था—और एक हद तक दिया भी—तो एक निराला!

ऐसे युग में जबकि विचारों और भावों को हजारों-लाखों आदमियों तक पहुँचाने के साधन जुट गए हों, आत्माभिव्यक्ति की स्वाधीनता स्वभावतः व्यक्ति की स्वाधीनता का बीज-मंत्र बन जाती है! सार्वजनिक शिक्षा का प्रसार और छापे की मशीन की स्थापना—ये दो ऐसे साधन हैं, जिन्होंने पढ़ने और लिखने की अधिक से अधिक सुविधा जुटा दी। नई शिक्षा ने अधिक से अधिक पाठक तैयार कर दिए और प्रेस ने उन पाठकों तक अपने विचार पहुँचाने का सुभीता जुटा दिया। बस, व्यक्ति ने अपनी अभिव्यक्ति की स्वाधीनता माँग ली। मध्ययुग में यह सुविधा न

थी, इसीलिए यह स्वाधीनता भी कम थी—न तो इसकी माँग थी और न उस माँग की पूर्ति।

इसी को राजनीति, दर्शन और कविता में व्यक्तिवाद की संज्ञा दी गई। छायावादी कविता का आरंभ इसी व्यक्तिवादी भावना से हुआ।

# 3
# एक कर दे पृथ्वी-आकाश

छायावादी कवियों ने जो आत्माभिव्यक्ति की आकांक्षा प्रकट की, वह वस्तुतः आत्म-प्रसार की आकांक्षा थी। पुरानी दुनिया की सीमित चारदीवारी के भीतर उसका दम घुट रहा था। नए विज्ञान ने उसके सामने संसार का विराट रूप रख दिया। एक ओर नए-नए देश परिचय की सीमा में आए और दूसरी ओर प्रकृति की विराटता का बोध हुआ। नई शिक्षा ने संसार और प्रकृति की व्यापकता के प्रति आधुनिक युवक के मन को उद्बुद्ध कर दिया। उसकी आँखें ज्ञान के इस आलोक से खुल गईं और खुलकर जैसे और बड़ी हो गईं। लोग पारिवारिक सीमाओं से बाहर निकलकर समाज के कर्मक्षेत्र में आ पड़े; अनेक युवक समुद्र पार न जाने की पुराण-पंथी धारणा का खंडन करते हुए शिक्षा के लिए विदेशों में निकल पड़े।

आत्मप्रसार की इस आकांक्षा में कवि की पहली टक्कर पुरानी रूढ़ियों से हुई। 'पंचवटी-प्रसंग' में निराला के राम सीता को आत्मप्रसार का उपदेश देते हुए पारिवारिक सीमाओं की ओर संकेत करते हैं :

> छोटे-से घर की लघु सीमा में
> बंधे हैं क्षुद्र भाव
> यह सच है प्रिये
> प्रेम का पयोनिधि तो उमड़ता है
> सदा ही निःसीम भू पर।

घर की लघु सीमा में ही बँधे रहने के कारण रीतिकाल के कवियों का सारा प्रेम संकीर्ण भावों और चेष्टाओं तक ही सीमित रह गया। यदि लला केलि की रात से नहीं अघाए तो उन्होंने दिन में भी घात लगाई और पानी माँगने का बहाना ढूँढ़ निकाला। भाभी ने लला के मन का भाव ताड़ लिया और खुद पानी न ले जाकर दुलही को ही भेजा लेकिन उसने लला को ऐसा छकाया कि देहरी पर ही पानी रखकर धीरे-से चुपचाप लौट आई। यही हाल रीतिकाल के तमाम नायकों और

नायिकाओं का है। घर के भीतर अथवा अरहर के खेत में या गोकुल-वृंदावन के किसी कुंज के नाम पर अपने आसपास ही किसी सहेट स्थल में उनकी सारी अभिसार लीलाएँ चलती रहीं।

आचार्य शुक्ल ने जब रीतिकालीन संकीर्णता का विरोध किया और चारपाई पर पड़े-पड़े कराहनेवाले प्रेम की भर्त्सना की तो उन्होंने आधुनिक युग की व्यापक भावना का ही परिचय दिया। इसके विपरीत उन्होंने जीवन के व्यापक कर्मक्षेत्र तथा प्रकृति के बीच प्रेम की प्रतिष्ठा करके आत्म-प्रसार की नवीन मनोवृत्ति को ही शास्त्रीयता का दृढ़ आधार दिया।

आत्म-प्रसार की भावना ने केवल परिवार की चारदीवारी पर ही प्रहार नहीं किया; वस्तुतः उसने जीवन के सभी क्षेत्रों में संकीर्णता का विरोध किया। घन का *उद्‌बोधन* करते हुए निराला कहते हैं:

ताल-ताल से रे सदियों के जकड़े हृदय-कपाट
खोल दे कर कर कठिन प्रहार
आए अभ्यंतर संयत चरणों से नव्य विराट
करे दर्शन, पाए आभार।

कवि सदियों से जकड़े हुए हृदय-कपाट को खोलकर नव्य विराट के आगमन की आकांक्षा कर रहा था। उसका हृदय हर तरह की संकीर्णता का विरोधी था। उसकी इच्छा थी कि 'एक कर दे पृथ्वी-आकाश!' उसकी विराटता संपूर्ण धरती से भी संतुष्ट नहीं थी; वह अपनी बाँहों में एक ही साथ सारी धरती और अनंत आकाश बाँध लेने का हौसला रखता था।

छायावादी कवि हर तरह के जाति-भेद और देश-भेद के विरुद्ध था। इसीलिए जब उसने सुना कि इंग्लैंड के सम्राट अष्टम एडवर्ड ने अमरीका की एक सामान्य स्थिति की विधवा स्त्री के प्रेम के लिए सिंहासन छोड़ दिया तो केवल इसलिए उसका गौरव-गान किया कि उसने धन के, मान के जर्जर बाँध पर प्रहार करके मानवता का संदेश सुनाया था। यहाँ ध्यान देने योग्य बात यह है कि एक भारतीय होने के नाते अंग्रेज सम्राट के प्रति अपने सहज विरोधभाव को दबाकर निराला ने उनकी प्रशंसा की है। इसे कोई ज्यादा समझदार आदमी चापलूसी समझने का भ्रम न करे इसलिए यहाँ यह भी संकेत कर दिया जाए कि निराला ने सिंहासन-च्युत सम्राट को सम्मान दिया था, सिंहासन-आसीन सम्राट को नहीं। उन्होंने यह सब इसी धारणा से किया कि सम्राट ने बीसवीं शताब्दी के मानवतावादी स्वर को सुनकर उसके अनुसार आचरण किया था। वे कहते हैं:

विंशति शताब्दि
धन के, मान के बाँध को जर्जर कर महाब्धि

ज्ञान का, बहा जो भर गर्जन—
साहित्यिक स्वर—
"जो करे गंध-मधु का वर्जन
वह नहीं भ्रमर;
मानव मानव से नहीं भिन्न
निश्चय ही श्वेत, कृष्ण अथवा,
वह नहीं क्लिन्न
भेद कर पंक
निकलता कमल जो मानव का
वह निष्कलंक
हो कोई स्वर"

इसे हे सम्राट, आपने सुना था।

बीसवीं सदी के 'ज्ञान के महाब्धि' ने किस प्रकार पुरानी संकीर्णता को दूर कर मानसिक क्षितिज का विस्तार किया है, इसे 'काव्य में रूप और अरूप' नामक निबंध में स्पष्टतः स्वीकार करते हुए निराला कहते हैं, "संसार की भौतिक सभ्यता से सब देशों के गुथ जाने के कारण संसार भर के लोगों को आत्म-लाभ पहुँचा। फलस्वरूप कला में देश-भाव की जो संकीर्णता थी, आदान-प्रदान की सहृदयता ने उसे तोड़ दिया। कला की सृष्टि व्यापक विचारों से होने लगी और हर जाति की उत्तमता से प्रेम-संबंध जोड़कर लोग उससे अपनी जातीय कला को प्रभावित करने लगे।"

पुरानी संकीर्णताओं में धार्मिक संकीर्णता भी एक है, जिसने मनुष्य के व्यक्तित्व का विकास रोक रखा था। धर्म के ठेकेदारों ने भगवान को ही नहीं, भगवान के भक्तों को भी मंदिर की मजबूत दीवारों में कैद कर डाला। यह धर्म ही है जिसने दुनिया भर के लोगों से मिलने और मिलकर भाईचारा कायम करने पर रोक लगाई। इसके विपरीत विज्ञान ने मनुष्य को एक-दूसरे के नजदीक आने की भौतिक सुविधाएँ दीं तथा मानसिक विवेक दिया। इसीलिए विज्ञान धर्म का विरोधी बनकर सामने आया। निराला इन दोनों की तुलना करते हुए कहते हैं कि "हमारे ठाकुर जी तो मंदिर के अहाते से बाहर भी नहीं निकल पाते, न हमारे ज्ञान से, न अपने कर्मों द्वारा।"

निराला के अनुसार बंगला साहित्य ने जो आधुनिक युग में इतनी अधिक उन्नति की, वह इस नए विज्ञान और नई संस्कृति का ही परिणाम है। इसी व्यापक भावना के कारण रवींद्रनाथ के चित्रों में विराटता के दर्शन होते हैं। इसलिए उन चित्रों का उदाहरण देकर निराला ने हिंदी में भी 'हृदय को दिगंत-व्याप्त करने' के लिए विराट रूपों की प्रतिष्ठा करने की आवश्यकता पर जोर दिया।

स्वयं निराला भी जब तरंग से पूछते हैं कि :

किस अनंत का नीला अंचल हिला-हिलाकर
आती हो तुम सजी मंडलाकार !

और

आज तुम्हारा किस विशाल वक्षःस्थल में अवसान ।

तो वे नदी की तरंग के माध्यम से अपने विशाल हृदय की तरंग को ही प्रकट करते हैं । 'विराट' की आकांक्षा में अपनी रूढ़िगत सीमाओं को तोड़ने का कितना साहस था, यह इसी से मालूम होता है कि छायावाद-युग ने निर्झर अथवा प्रपात पर जितनी कविताएँ लिखीं, उतनी शायद ही किसी और युग में लिखी गई होंगी । निर्झर छायावादी स्वच्छंदता का प्रतीक बन गया; वह शिला-खंडों के गतिरोध को तोड़ता हुआ, घन-बन-अंधकार को पार करके वेग से अनंत जल-निधि की ओर चल देता है । शायद ही कोई छायावादी कवि हो जिसने निर्झर पर एक न एक कविता न लिखी हो ।

निराला की इस स्वच्छंद वृत्ति ने अपने उस मित्र के साथ सहानुभूति प्रकट की जिनके 'मन पर प्राचीन मुहर, हृदय पर शिला' थी और इसीलिए वे नवीन कविताओं के रस से वंचित रह जाते थे । ऐसे ही जरा-जीर्ण लोगों के विरुद्ध कवि का 'यौवन दुर्द्धर्ष कर्ष-मर्ष से लड़ा ।'

*पल्लव* की भूमिका में पंत ने ब्रजभाषा का जो इतना उग्र विरोध किया, यह केवल भाषा का विरोध नहीं था । ब्रजभाषा के साथ ही वे ब्रजभाषा के रीतिकाव्य की तथा उसके समर्थक रूढ़िरक्षक पंडितों का विरोध कर रहे थे । वस्तुतः उस युग में जो ब्रजभाषा और खड़ीबोली का संघर्ष हुआ, वह प्राचीन संकीर्णता और आधुनिक विशालता का संघर्ष था ।

ब्रजभाषा के पुराने कवियों के विपरीत खड़ी बोली के छायावादी कवियों का 'वक्षःस्थल इतना विशाल' था कि उसमें 'पूर्वी तथा पश्चिमी गोलार्ध; जल-स्थल, अनिल-आकाश, ज्योति-अंधकार, वन-पर्वत, नदी-घाटी, नहर-खाड़ी; द्वीप-उपनिवेश; उत्तरी ध्रुव से दक्षिणी ध्रुव तक का प्राकृतिक सौंदर्य, उष्ण-शीत-प्रधान देशों के वनस्पति-वृक्ष, पुष्प-पौधे, पशु-पक्षी, विविध प्रदेशों की जलवायु, आचार-व्यवहार'—सबकुछ को काव्य में स्थान देने की आकांक्षा करता था और इसीलिए वह ऐसी भाषा चाहता था, जिसमें 'वात-उत्पात, वह्नि-बाढ़, उल्का-भूकंप, मानव जाति की सभ्यता का उत्थान-पतन, वृद्धि-विनाश, आवर्तन-विवर्तन, नूतन-पुरातन सबकुछ चित्रित हो सके, और जिसके द्वारा 'दर्शन-विज्ञान, इतिहास-भूगोल, राजनीति-समाजनीति, कला-कौशल, कथा-कहानी, काव्य-नाटक सबकुछ' रचा जा सके ।

पुराने वातावरण में स्वयं पंत का भी दम किस तरह घुट रहा था, यह *पल्लव* की उसी भूमिका में आगे के इन शब्दों से प्रकट हैं: ''हम इस ब्रज की जीर्ण-शीर्ण छिद्रों से भरी, पुरानी छींट की चोली को नहीं चाहते, इसकी संकीर्ण कारा में बंदी हो हमारी आत्मा वायु की न्यूनता के कारण सिसक उठती है, हमारे शरीर का विकास रुक जाता है।''

अतीत के प्रेमी प्रसाद में भी रूढ़िमुक्त मन के आत्म-विकास का आभास मिलता है। उन्होंने न तो निराला की तरह रूढ़ियों के विरुद्ध दुर्द्धर्ष विद्रोह किया और न पंत की तरह प्राचीनता-जनित पीडा का स्पष्ट आभास दिया; फिर भी उन्होंने यथास्थान आधुनिक मानव के आत्म-प्रसार का उल्लेख किया है। प्रसाद प्राचीन रूढ़ियों के विरोधी अवश्य थे, लेकिन ध्वस्त होते हुए प्राचीन के प्रति उनके मन में बड़ी ममता थी। महाप्रलय में देवसृष्टि के ध्वंस पर चिंता करते हुए मनु गोया प्रसाद के ही हृदय की व्यथा प्रकट करते हैं 'गया सभी कुछ गया!' एक ओर यदि वे अतीत की ममता छोड़ने में असमर्थ थे, तो दूसरी ओर आधुनिक मानव के वैज्ञानिक विकास से भी बहुत संतुष्ट नहीं थे। अपने इन सिद्धांतों के बावजूद वे मनु के विकास को लक्षित करते हैं, जो स्वयं कहता है:

वन-गुहा-कुंज मरु-अंचल में हूँ खोज रहा अपना विकास।

और जिसका गत्वर व्यक्तित्व 'अवाधगति मरुत सदृश' है और जो सकल अग-जग को पार करता हुआ इतने वेग से आगे बढ़ रहा है कि उसके 'प्रति पग में कंपन की तरंग' उठ रही है।

जिस तरह आधुनिक विज्ञान ने पुरुष को रूढ़ि-विद्रोह और आत्म-विकास के लिए प्रेरित किया, उसी तरह नारी को भी। परंतु इस पुरुष-प्रधान समाज में नारी के लिए संभव नहीं है कि खुले शब्दों में रूढ़ियों को चुनौती दे सके। नारी तो पुरुष से भी अधिक वंदिनी है; उसकी दुनिया तो और भी छोटी है। वह अपने घर की खिड़की से विस्मय के साथ संसार की गतिविधि देखती है—उसकी खिड़की के सामने जो कुछ आ जाता है, उसे देख लेती है लेकिन उसकी समझ में कुछ भी नहीं आता कि लोग-बाग जो आ-जा रहे हैं, वह न ज़ाने कहाँ से आ रहे हैं और न जाने कहाँ जा रहे हैं। नारी की इस स्थिति का चित्रण रवींद्रनाथ ने *खेया* की एक कविता 'नई बहू' में बड़े ही सांकेतिक ढंग से किया है। कवि पूछता है कि ''तुम आधी खुली खिड़की के किनारे खड़ी हो। नई बहू हो क्या? मैं सोच रहा हूँ कि इस आधी खुली खिड़की पर घूँघट की छाया से ढँकी हुई तुम्हारी आँखों को यह विश्व कैसा दिख रहा होगा। निश्चय ही यह छायामय भुवन तुमने स्वप्नों से गढ़ा होगा, शायद किसी नानी के मुँह से सुनी हुई परियों की कहानी के साँचे में वह ढला होगा—जिस लोरियों की बनी कहानी का न आदि है, न अंत है;

"मैं सोच रहा हूँ कि हठात् यदि एक दिन वैशाख के महीने में आँधी उठे और फिर उस आँधी के झोंके से तुम्हारे घर की सभी जंजीरें खुल जाएँ और तुम्हारी आँखों पर गिरा हुआ घँघट भी उड़ जाए—और फिर यह सारा जगत तीव्र विद्युत की हँसी हँस एक क्षण में शक्ति का वेश धारण करके तुम्हारे घर में घुस पड़े और आमने-सामने खड़ा हो जाए तो फिर कहाँ रहेगी यह आधे ढँके हुए अलस दिवस की छाया, वह खिड़कीवाली दृश्यावली और सपनों सनी अपनी कल्पना से गढ़ी हुई माया ?—सभी उड़ जाएँगे।

"सोचता हूँ कि उस समय तुम्हारी घूँघट-रहित काली आँखों के कोने में न जाने किसका प्रकाश काँपेगा, अपने आपमें खोए हुए प्राणों के आनंद में अच्छा और बुरा सबकुछ डूब जाएगा, और तुम्हारे वक्षःस्थल में रक्त की तरंगिणी उत्ताल नर्तन से नाच उठेगी, फिर तुम्हारे शरीर में यह कंकण और किंकिणी अपने चंचल कंपनों से कौन-सा सुर बजा देंगी। तुम्हारे रास्ते में आज जो आवागमन चल रहा है, वह निरर्थक खेल-सा लग रहा है। छोटे दिन के कामों की छोटी-छोटी हँसियाँ और रुलाइयाँ न जाने कितनी उठती हैं और विलीन हो जाती हैं !—मन ही मन यही सोच रहा हूँ।"

लेकिन यहाँ तो यह स्थिति है कि नारी जिस घर में वंदिनी है, उसमें कोई खिड़की भी नहीं है—न तो हवा के लिए और न प्रकाश के लिए। उसे तो अभी खिड़की भी खोलनी है। और संतोष की बात है कि नई शिक्षा ने मध्यवर्गीय घरों में भी प्रवेश किया। शिक्षा ने चारों ओर से बंद घरों में छोटी-सी खिड़की खोल दी। कवि की जो आकांक्षा थी कि कोई आँधी-तूफान आकर उस खिड़की को भी तोड़ दे, वह तो न हो सका; लेकिन खिड़की जरूर खुल गई, भले ही उस पर परदा भी टाँग दिया गया हो।

स्वाभाविक है कि इस परदेदार खिड़की से जो कुछ दिखे, वह सब रहस्य मालूम हो। महादेवी ने प्राचीन सीमाओं के प्रति अपना जो असंतोष व्यक्त किया है और उसके साथ ही किसी उन्मुक्त तथा असीम आकाश में उड़ने की आकांक्षा प्रकट की, वह इसी रहस्यात्मकता के साथ। प्रतीक रहस्यात्मक है, भाषा अस्पष्ट है—फिर भी उनसे जो कुछ व्यंजित होता है, वह वास्तविक है। रूप-विधान आध्यात्मिक है, लेकिन विषयवस्तु सामाजिक है। सीमा और असीम सामाजिक सीमा और उससे मुक्ति के प्रतीक हैं। लेकिन सामाजिक सीमाओं के पहरेदार इस प्रतीक को बेमतलब कहकर उनके असीम का मजाक उड़ाते थे। उन्हें अपनी चौकसी में ईमानदारी मालूम होती थी, लेकिन इन कवियों की असीम-आकांक्षा में सच्चाई की कमी झलकती थी। इसीलिए सीमाओं के पहरुओं ने आम पाठकों में यह धारणा फैलाने की कोशिश की कि इन रहस्यवादी कविताओं का संबंध तो शुद्ध जीव-ब्रहम से है, इस दुनिया से उसका क्या संबंध ?

इस तरह पुराने पंडितों ने नवीन रहस्यवादी कविताओं पर दुहरा आघात किया। पहले तो उन्हें एकदम पारलौकिक बताया, फिर उसे झूठ कहा। उस समय लोगों ने इस कथन की असंगति की ओर ध्यान नहीं दिया। यदि वे कविताएँ आध्यात्मिक भी हैं और साथ ही झूठी भी तो इसका साफ मतलब है कि उनकी आध्यात्मिकता झूठी है और यदि आध्यात्मिकता झूठी है तो उनमें जो सच है, वह एकदम सामाजिक है। जो हो, कोमल कवियों ने उन दिनों यह तर्क नहीं किया। अपने ढंग से वे केवल इतना ही कहते रहे कि हमारा असीम और अनंत सपना नहीं, सच है। तर्क से उसका खंडन कोई भले ही कर ले किंतु भाव-जगत् में वह एकदम अकाट्य है। महादेवी कहती हैं :

मैं अनंत पथ में लिखती जो
सस्मित सपनों की बातें
उनको कभी न धो पाएँगी
अपने आँसू से रातें

अथवा

कैसे कहती हो सपना है
अलि, उस मूक मिलन की बात
भरे हुए अब तक फूलों में
मेरे आँसू, उनके हास

यदि असीम से मिलन की बात अविश्वसनीय भी हो तो उन आँसुओं को कैसे झुठलाया जा सकता है, जो सीमाओं में बंद रहने के कारण बहे हैं, और कल्पना के पंख पर चढ़कर क्षण भर के लिए जो मुक्त जगत में उड़ आने के कारण ओठों पर हँसी खेल उठी है, उसे कोई देखे या न देखे—उसका कारण कोई बूझे या न बूझे लेकिन उड़नेवाला वह मन तो जानता है।

यह **असीम** उसी आत्म-विस्तार का द्योतक है। इस सत्य को महादेवी जी ने अनेक गीतों में प्रकट किया है। सामाजिक सीमा से यह मन इतना घबड़ा उठा था कि फिर कल्पना-लोक में किसी प्रकार की सीमा स्वीकार करने को तैयार न था।

महादेवी कहती हैं कि :

द्रुत पंखों वाले मन को
तुम अंतहीन नभ होना

और फिर उस अंतहीन नभ में :

आते जाते मिट जाऊँ
पाऊँ न पंथ की सीमा

घर की जड़ सुरक्षा के बदले उसे उन्मुक्त वातावरण में चलते-चलते मिट जाना अधिक सुखद है। जड़ता के विरुद्ध गति केवल गति!

असीम-प्रेम का यह रहस्यवाद केवल महादेवी में ही हो, ऐसा नहीं है। यह भावना प्रसाद, निराला और पंत सबमें थोड़ी-बहुत मौजूद है।

विराट के उपासक निराला में यह भावना कहीं विराट प्रतीकों के माध्यम से व्यक्त होती है तो कहीं शक्ति-रूपिणी माँ के प्रतीक से। निराला के तुलसीदास का मन चित्रकूट की प्रकृति का परिचित रूप देखकर असीम उन्मुक्त आकाश में उड़ चलता है। प्रकृति उनके भावुक हृदय में पंख लगा देती है। फिर तो :

> वह उस शाखा का वन-विहंग
> उड़ गया मुक्त नभ-निस्तरंग
> छोड़ता रंग पर रंग, रंग पर जीवन!

और फिर उस विराट में ही उसे तत्कालीन भारतीय संस्कृति के ह्रास का असली कारण समझ में आता है; जैसे अर्जुन को श्रीकृष्ण का विराट रूप देखकर महाभारत-युद्ध का वास्तविक रूप समझ में आ गया, उसी तरह आधुनिक कवि को भी विराट रूप में ही समस्या का समाधान मिला। जब तक हम अपनी क्षुद्र सीमाओं में बँधे रहकर उस सीमा की त्रुटियों पर विचार करते हैं, हमारी दृष्टि और बुद्धि भी उसी सीमा से प्रभावित रहने के कारण सोचने में असमर्थ रहती है। लेकिन ज्योंही हम उससे ऊपर उठकर विराट परिदृश्य में उसे देखते हैं, काफी-कुछ समझ में आ जाता है। दूसरे शब्दों में निराला के *तुलसीदास* की यह उन्मुक्त उड़ान आत्मविस्तार का ही प्रतीक है।

निराला के *तुलसीदास* की तरह उनके तुलसी के राम भी इसी तरह रण में रावण से पराजित होकर विराट आकाश में उठते हैं और वहाँ देखते हैं कि स्वयं शक्ति ही लांछन की तरह रावण को अंक में धारण करके उसकी रक्षा कर रही हैं। इसलिए वे भी गरजते हुए समुद्र की पीठिका पर खड़े लता-गुल्मों से ढँके गिरिशिखर को सिंह-स्थित शक्ति का प्रतीक मान लेते हैं और फिर शक्ति के इस भाव-कल्पित विराट रूप की उपासना में लग जाते हैं। यहाँ भी विराट कल्पना में ही समस्या का असली रूप और उसका समाधान मिलता है।

निराला की यह विराट-शक्ति विवेकानंद की 'श्यामा' की तरह मृत्यु-रूपिणी भी है—विवेकानंद की कविता 'नाचुक ताहाते श्यामा' का अनुवाद करके निराला ने अपने ही हृदय की भावना प्रकट की। यह मृत्युरूपिणी माँ भय पर आधारित प्राचीन रूढ़िग्रस्त उपासना, दया-याचना तथा कायरता का ध्वंस करनेवाली हैं। यह 'मृत्यु- पूजा' निराश का प्रतीक नहीं है, बल्कि जीर्ण रूढ़ियों की विध्वंसिनी आकांक्षा का प्रतीक है। कवि गर्जता है :

तुझे मुंडमाला पहनाते
फिर भय खाते तकते लोग
'दयामयी' कह कह चिल्लाते
माँ, दुनिया का देखा ढोंग !

इसलिए वह चाहता है कि असुर-विजयिनी माँ इन ढोंगी असुरों का ही संहार करे :

चूर-चूर हो स्वार्थ, साध, सब
मान, हृदय हो महाश्मशान
नाचे उस पर श्यामा, घन रण
में लेकर निज भीम कृपाण।

निराला की इस रौद्र और विराट रहस्य-भावना के विपरीत पंत की रहस्य-भावना 'अज्ञात' की लालसा के रूप में व्यक्त हुई है। कारण स्पष्ट है। निराला के आत्म-विस्तार में व्यक्तित्व की विराटता की आकांक्षा थी, तो पंत में ज्ञान के विस्तार के रूप में। पंत सीमित ज्ञान की सीमा को तोड़कर प्रकृति और जगत के प्रति जिज्ञासु की तरह देखते हैं। नई शिक्षा ने युवक हृदय में संसार के प्रति जो कुतूहल उत्पन्न कर दिया था, पंत ने उसी को रहस्यात्मक ढंग से 'अज्ञात' की लालसा के रूप में व्यक्त किया है। पंत का बाल-मन हर चीज से सवाल पूछता है। सुबह-सुबह गाती हुई चिड़िया को देखा तो उससे पूछ बैठा :

प्रथम रश्मि का आना रंगिणि
तूने कैसे पहचाना ?

जिसके हृदय में ज्ञान के आलोक की प्रथम किरण आई हो, वही इस तरह का प्रश्न कर सकता है।

रात में नक्षत्र-माला दिखाई पड़ी तो कवि को लगा कि वे उसे निमंत्रण दे रहे हैं अथवा उनके द्वारा और 'कोई' निमंत्रण दे रहा है। नए ज्ञान के कारण संपूर्ण प्रकृति से जो आंतरिक परिचय का अनुभव करता रहा होगा, उसी को इस तरह की जिज्ञासा हो सकती है।

फिर जब वह जिज्ञासु मन आक्षितिज फैले हुए खेतों को देखता है तो सोचता है कि उनके पार भी कुछ होगा और जो होगा, वह परियों के संसार की तरह मोहक होगा :

दूर, उन खेतों के उस पार
जहाँ तक गई नील झंकार
छिपा छाया-वन में सुकुमार
स्वर्ग की परियों का संसार

प्रसाद के यहाँ आत्म-विस्तार प्रायः एक अतींद्रिय आनंदानुभूति के रूप में अभिव्यक्ति पाता है; लेकिन उनकी *कामायनी* में छायावाद युग की प्रायः सभी रहस्य-भावनाओं का प्रतिनिधित्व हो गया है। आरंभ में प्राकृतिक सुषमा से अभिभूत होकर मनु के मन में भी 'जिज्ञासा' उत्पन्न होती है और वे मन ही मन प्रश्न करते हैं :

तरु वीरुध लहलहे हो रहे
किसके रस से सिंचे हुए?

लेकिन तुरंत ही उस पर वे 'विश्वसुंदरी' का आरोप कर देते हैं; वह विराट सत्ता धीरे-धीरे 'इंद्रजाल जननी' में रूपांतरित हो जाती है और तारादीप लेकर कामना-सिंधु-तट पर आ जाती है।

अन्यत्र मनु के मन में 'काम' का उदय भी बिलकुल रहस्यात्मक शक्ति के रूप में होता है, काम के प्रभाव से उन्हें संपूर्ण सृष्टि अणु-परमाणु के विराट नृत्योत्सव के रूप में दिखाई पड़ती है। और इन सबके अंत में निराला की तरह प्रसाद को भी समस्याओं का वास्तविक रूप तथा उनका समाधान (शिव के) विराट रूप में मिलता है। श्रद्धा मनु को अपने अलौकिक प्रभाव से आकाश में तीन तारों की तरह त्रिपुर के दर्शन कराती है, जो वस्तुतः ज्ञान, इच्छा और क्रिया के प्रतीक हैं। शक्ति रूपा श्रद्धा अपनी स्मिति-रेखा से उन तीनों को एक में मिला देती है और नटराज का तांडव-नृत्य होने लगता है। मनु तन्मय हो जाते हैं।

लेकिन प्रसाद की जिज्ञासा, अतींद्रियता और विराटता में पुरानी रूढ़ियों के प्रति न तो वैसा विद्रोह है और न आत्म-विस्तार की वैसी तीव्र आकांक्षा।

यहाँ यह न भूलना चाहिए कि छायावादी कवि अपने इस आत्म-विकास के बारे में अधिक स्पष्ट नहीं थे। इसीलिए जहाँ वे अपने असीम, अज्ञात और विराट को प्रियतम के रूप में व्यक्त करते हैं, उस पर वे एक आवरण डाल देते हैं। यदि प्रसाद के यहाँ :

शशि मुख पर घूँघट डाले
अंचल में दीप छिपाए
जीवन की गोधूली में
कौतूहल से तुम आए

की अनुभूति है तो महादेवी का प्रिय भी :

रजत रश्मियों की छाया में धूमिल घन-सा वह आता।

और कभी-कभी तो वह आवरण और भी ज्यादा गाढ़ा हो जाता है; जैसे :

करुणामय को भाता है तम के परदे में आना।

उनका ऐसा सोचना स्वाभाविक भी था। आनेवाली दुनिया के बारे में उनकी जानकारी काफी धुँधली थी। प्राचीन मर्यादाओं से तो वे परिचित थे; किंतु बननेवाली नवीन मर्यादाओं की स्पष्ट जानकारी उन्हें न थी। नवीन समाज-व्यवस्था उनके लिए अज्ञात ही नहीं, अव्यक्त भी थी। इसी को महादेवी ने 'अव्यक्त पूर्णता' और 'व्यक्त अपूर्णता' कहा है; प्राचीन व्यवस्था की अपूर्णता तो व्यक्त है लेकिन नवीन की पूर्णता व्यक्त नहीं है। इसीलिए उनके अनुसार 'अपनी व्यक्त अपूर्णता को अव्यक्त पूर्णता में मिटा देने की इच्छा' ही रहस्यवाद है। इसी बात को प्रायः खिड़की और आकाश के प्रतीकों से व्यक्त किया जाता है; और छायावादी कवियों ने जब उपनिषद् के 'अहं ब्रह्मास्मि' सूत्र को पुनर्जीवित किया तो उसका भी यही तात्पर्य था कि आधुनिक व्यक्ति अपने को अब विराट अनुभव करने लगा था। व्यक्ति को अपनी विराटता का बोध—यही व्यक्तिवाद है।

## 4

# पल-पल परिवर्तित प्रकृति-वेश

आधुनिक कवि की सामाजिक स्वाधीनता और वैयक्तिक विकास की भावना यदि एक ओर प्राचीन रूढ़ मर्यादाओं के विरोध के रूप में प्रकट हुईं तो दूसरी ओर प्रकृति-प्रेम के रूप में। प्रकृति-प्रेम से सामाजिक स्वाधीनता और वैयक्तिक विकास का क्या संबंध है, यह सहसा समझ में नहीं आता। लेकिन जब हम स्वच्छंदतावादी कवियों के मुख से यह सुनते हैं कि कविता करने की प्रेरणा उन्हें प्रकृति से मिली तो सोचना चाहिए कि प्रकृति में आखिर वह कौन-सी शक्ति थी, जिसने मुक्तिकामी स्वच्छंदतावादी कवि को सबसे अधिक आकृष्ट किया?

राष्ट्रीय जागरण के उस युग की प्रायः अनेक कविताओं और कहानियों में दिखलाया गया है कि देश-प्रेम की भावना प्रकृति-प्रेम से ही उत्पन्न हुई और फिर उसके परिणामस्वरूप भावुक-हृदय देश-सेवा तथा देशोद्धार के लिए प्रवृत्त हुए। चंडीप्रसाद 'हृदयेश' की 'संकल्प' कहानी में दिखलाया गया है कि राजीव, सरोजिनी और कुमुद का पूरा परिवार प्रकृत आनंद की खोज में घर से बाहर उन्मुक्त प्रकृति में निकल पड़ता है और वहाँ वे एक योगिराज की कृपा से देखते हैं कि "हिमालय के तुषार-मंडित शृंग पर रत्न-किरीटधारिणी, अपूर्व लावण्यमयी एक देवीमूर्ति, चंद्रिका से भी उज्ज्वल अंबर परिधान किए हुए खड़ी है।" प्रश्न करने पर योगिराज बतलाते हैं कि यह मातृभूमि की मूर्ति है; जो उस मूर्ति के सामने नतमस्तक होते हैं और देश-सेवा का संकल्प लेते हैं।

देश-प्रेम का आरंभ प्रकृति-प्रेम से किस तरह होता है, इसे समझाते हुए आचार्य शुक्ल कहते हैं, "यदि किसी को अपने देश से प्रेम है तो उसे अपने देश के मनुष्य, पशु, पक्षी, लता, गुल्म, पेड़, पत्ते, कण, पर्वत, नदी, निर्झर सबसे प्रेम होगा; सबको वह चाह भरी दृष्टि से देखेगा, सबकी सुध करके विदेश में आँसू बहाएगा। जो यह भी नहीं जानते कि कोयल किस चिड़िया का नाम है ··· वे यदि दस बने-ठने मित्रों के बीच प्रत्येक भारतवासी की औसत आमदनी का परता बताकर देश-प्रेम का दावा करें, तो उनसे पूछना चाहिए कि भाइयो, बिना परिचय का यह प्रेम कैसा?"

लेकिन आधुनिक युवक प्रकृति में गया क्यों ? क्या देश-प्रेम के लिए ? नहीं। क्योंकि यह भाव तो प्रकृति में जाने के बाद उत्पन्न हुआ। तो क्या स्वयं प्रकृति से प्रेम के कारण ? नहीं। क्योंकि प्रेम से पहले तो परिचय की आवश्यकता है। तब फिर आधुनिक युवक अपने समाज को छोड़कर प्रकृति के उन्मुक्त क्षेत्र में क्यों गया ? इसी 'क्यों' का जवाब रामनरेश त्रिपाठी का 'पथिक' अपनी प्रिया को देता है :

पुण्य चरित सज्जन से विषयी कल्मष-मध्य-निवासी
न्यायी से वंचक, दाता से कृपण विशेष विलासी
जहाँ श्रमी से क्रयी-विक्रयी, वेश्या सुखी सती से
निर्जन वन है परम सुखद उस न्याय-रहित जगती से।

क्योंकि यहाँ प्रेम का राज्य है, अनंत सुषमा है, अक्षय सौंदर्य है और सबसे बढ़कर यहाँ अबाध स्वच्छंदता है। 'पथिक' अपनी प्रिया से कहता है :

जाना नहीं चाहता हूँ मैं क्षण-भर को भी जग में।
चलता रहूँ, यही इच्छा है, सदा प्रेम के मग में।
यह इच्छा है, नदी और नालों का वेश धरूँगा।
गाता हुआ गीत मस्ती से पर्वत से उतरूँगा।
यह इच्छा है, वन सुगंध फूलों के बीच बसूँगा।
यह इच्छा है कुंज-कुंज में वायु बना विचरूँगा।

पुरानी समाज-व्यवस्था के घुटते हुए वातावरण की अपेक्षा आधुनिक युवक को प्रकृति के बीच खुला वातावरण मिला; प्रकृति के राज्य में उसे पशु, पक्षियों, नदी, नालों, हवा-बादल सबमें उन्मुक्त और निरंकुश स्वच्छंदता के दर्शन हुए। इसी स्वाधीनता की टोह में आधुनिक कवि प्रकृति के क्षेत्र में आया। पुरानी समाज-व्यवस्था में उसकी वैयक्तिकता खो गई थी; लोग हर जगह उसे बुरी तरह घेरे रहते थे, सम्मिलित परिवार में एकांत का सर्वथा अभाव था। एक वाक्य में, वर्ड्सवर्थ के अनुसार, 'द वर्ड इज़ टू मच विद अस।'

इसी जड़ सामूहिकता तथा सामाजिकता से उबरने के लिए आधुनिक युवक ने प्रकृति में प्रवेश किया और यहाँ उसे अपने व्यक्तित्व के विकास का वातावरण दिखाई पड़ा। और यहीं उसे अपनी जन्मभूमि के प्रति प्रेम तथा कर्तव्य का अनुभव हुआ। इससे एक नई बात पर प्रकाश पड़ता है; वह यह कि वैयक्तिक स्वाधीनता से ही स्वस्थ सामाजिकता का विकास संभव है। पुराने ढंग की निर्वैयक्तिक अथवा व्यक्तित्व को दबानेवाली सामाजिकता से राष्ट्रीय भावना का उदय न हो सका; लेकिन ज्यों ही आधुनिक युग में लोगों ने व्यक्तिगत-स्वाधीनता का अनुभव किया, राष्ट्रीय स्वाधीनता की ओर भी कदम उठाया। पारिवारिक सीमा में इसी बात को

यों समझ सकते हैं कि विशाल सम्मिलित परिवार में लोगों के बीच उतना सौहार्द नहीं रहता, जितना उसके विघटित हो जाने के बाद छोटे-छोटे परिवारों की विभिन्न इकाइयों में हो जाता है। इसलिए आधुनिक युग के प्रभाव से व्यक्तिगत स्वाधीनता, छोटे-छोटे परिवारों की रचना, नूतन सामाजिकता और राष्ट्रीयता का विकास प्रायः एक साथ और अन्योन्याश्रित रूप में हुआ। नवीन आर्थिक व्यवस्था ने नौकरी-पेशा व्यक्तियों की वृद्धि की; नौकरी-पेशा व्यक्ति अपने बीवी-बच्चों को घर से ले आकर शहरों में बसने के लिए मजबूर हुए; शहर के भी बड़े-बड़े परिवार वाणिज्य व्यवसाय की सुविधा के लिए अथवा परिवार के सदस्यों की व्यक्तिगत संपत्ति के कारण विभाजित होने लगे; इस तरह लोगों को एक हद तक वैयक्तिक स्वाधीनता मिली; नई शिक्षा ने विविध संस्थाओं तथा कार्यों का जाल बुना; व्यक्ति-व्यक्ति के बीच अनेक स्तरों पर सामाजिक संबंध स्थापित हुए। ऐसे नवीन सामाजिक संबंध समूचे देश में स्थापित हुए; रेल-तार-डाक वगैरह ने इन सभी सामाजिक इकाइयों को एक राष्ट्रीय चेतना में बाँध दिया और देश में राजनीतिक स्वाधीनता की लहर दौड़ गई।

इस प्रकार आधुनिक व्यक्ति का प्रकृति की ओर दौड़ना व्यक्तिगत स्वच्छंदता की आकांक्षा के लिए तो था ही, व्यक्तिगत स्वाधीनता का परिणाम भी था। यदि यह नूतन प्रकृति-परिचय इस स्वाधीनता का परिणाम न था, तो छायावाद युग से पूर्व द्विवेदी युग और द्विवेदी युग से पूर्व भारतेंदु युग तथा उससे भी पूर्व के पाँच-छः सौ वर्षों के संपूर्ण मध्ययुग में ऐसा प्रकृति-प्रेम संभव क्यों नहीं हो सका ? प्रकृति तो पहले से ही मौजूद थी और वह भी लगभग इसी रूप में, बल्कि आधुनिक रूप से अधिक वन्य रूप में। फिर भी पूर्ववर्ती कवि उससे उदासीन रहे। आधुनिक वैज्ञानिक युग के लोगों की अपेक्षा मध्ययुग के धार्मिक लोगों में प्रकृति के प्रति श्रद्धा भी अधिक थी। फिर भी वे लोग प्रकृति-सौंदर्य की उपेक्षा करते रहे।

कुछ लोगों को यह विरोधाभास प्रतीत हो सकता है। किंतु यह सच है कि विज्ञान के द्वारा प्रकृति से संघर्ष करते हुए भी आधुनिक मानव ने उससे प्रेम किया। जिस प्रकृति से संघर्ष, उसी से प्रेम—यह आधुनिक युग का ही सत्य नहीं है; बल्कि मानव जाति के समूचे इतिहास का यही निष्कर्ष है। आदिम युग से ही मनुष्य भयंकर वन्य प्रकृति से संघर्ष करता हुआ, उसे अपने अनुकूल बनाकर उसके सौंदर्य का उद्घाटन करता चला आ रहा है। वैज्ञानिकों ने सिद्ध किया है कि मानव स्वयं भी प्रकृति के अंतःसंघर्ष का परिणाम है; वह प्रकृति से ही पैदा हुआ है और प्रकृति का सर्वोत्तम विकास है; इसलिए मानव का अस्तित्व में आना ही प्रकृति पर विजय है।

तात्पर्य यह है कि छायावादी कवियों का प्रकृति की ओर झुकना, प्रकृति को इतना महत्त्व देना, प्रकृति की स्वतंत्र सत्ता को काव्य में प्रतिष्ठित करना और प्रकृति

के सौंदर्य को उद्घाटित करना--यह सब आधुनिक विज्ञान का परिणाम है। विज्ञान ने प्रकृति के रहस्यों को जानने की चेष्टा की। धर्म ने प्रकृति के प्रति अंधश्रद्धा का भाव जगाकर जहाँ प्रकृति को जानने से रोका, वहाँ विज्ञान ने विवेक के द्वारा उसका रहस्योद्घाटन किया। धार्मिक अंधविश्वास ने जिस प्रकृति से मानव को बाँध रखा था, विज्ञान ने उसी को बंधन से मुक्त किया। विज्ञान ने मनुष्य को प्रकृति से अलगाकर फिर उसे प्रकृति के साथ अच्छी तरह से लगा दिया। जिस तरह नवीन औद्योगिक व्यवस्था ने वैयक्तिक परिवारों को सम्मिलित कुटुंब से अलगाकर उनमें उच्च स्तर का परस्पर स्नेह-सौहार्द स्थापित किया, उसी तरह विज्ञान ने भी मनुष्य को प्रकृति के बंधनों से मुक्त करके प्रकृति के प्रति उसकी रागात्मकता बढ़ा दी। इसका प्रत्यक्ष प्रमाण यह है कि जिस युग में मनुष्य ने प्रकृति पर सबसे अधिक विजय प्राप्त की, उसी समय उसने प्रकृति पर सबसे अच्छी कविताएँ लिखीं। वाल्मीकि-कालिदास का प्रकृति-काव्य प्रकृति पर आरंभिक विजय का परिणाम है तो छायावादी कवियों का प्रकृति-चित्रण आधुनिक विजय का।

इस प्रकार सामाजिक स्वाधीनता और प्राकृतिक मुक्ति से छायावादी कवि को प्रकृति का जो नया परिचय प्राप्त हुआ, वह एकदम नूतन जीवन-दृष्टि (विजन) के समान मालूम हुआ। छायावादी कवि को ऐसा लगा कि यह आलोक स्वयं प्रकृति से ही आ रहा है। रवींद्रनाथ की 'निर्झरेर स्वप्न-भंग' कविता में इस 'प्राकृतिक आलोक' का चित्रण बड़े ही भावावेगपूर्ण ढंग से हुआ है :

आज ए प्रभाते रविर कर
केमने पशिलो प्राणेर पर
केमने पशिलो गुहार आँधारे प्रभात-पाखिर गान।
ना जाने कैनो रे एतदिन परे जागिया उठिलो प्रान।।

और इस आलोक में उन्हें दिखाई पड़ा कि भूधर थर-थर काँप रहा है, राशि-राशि शिलाएँ खसक रही हैं, सलिल फेनिल होकर फूल-फल रहा है, दारुण रोष से गरज रहा है और यहाँ-वहाँ पागल की तरह मत्त होकर दौड़ रहा है।

प्रभात की पहली किरण ने जिस प्रकार रवींद्रनाथ के निर्झर-हृदय का स्वप्न भंग कर दिया, उसी प्रकार सुमित्रानंदन पंत के कवि को भी 'स्वप्न में चौंका गई प्रभात!' *प्रथम रश्मि* ने पंत की बाल विहंगिनी को गान तो सिखाया ही, उनके तिमिराच्छन्न जगत को सहसा विभिन्न नाम-रूपों में बदल दिया। जहाँ निराकार तम के अतिरिक्त कुछ भी दिखाई न देता था, वहाँ सुंदर सृष्टि दिखाई पड़ने लगी :

निराकार तम मानों सहसा
ज्योति-पुंज में हो साकार
बदल गया द्रुत जगज्जाल में
धर कर नाम-रूप नाना

फिर तो द्रुम-दल पुलकित हो सिहर उठे, सुप्त समीरण अधीर हुआ, कुसुम अधरों पर हास झलका और :

> खुले पलक, फैली सुवर्ण छवि
> जगी सुरभि, डोले मधु बाल,
> स्पंदन, कंपन औ' नवजीवन
> सीखा जग ने अपनाना

कवि को संसार का नया परिचय प्राप्त हुआ।

निराला के *तुलसीदास* के भी सम्मुख जब चित्रकूट के तरु-वीरुध आए तो उनके भी मन में नए भाव पैदा हुए। प्रकृति ने उनसे ऐसी अभूतपूर्व भाषा में बातें कीं कि वे उसे अनुभव करते हुए भी ठीक-ठीक न समझ सके। जैसे उषा को कुहरे का टेढ़ा जाल घेरे हो, उसी तरह प्रकृति भी एक ऐसी भाषा में बातें कर रही थी, जो पूरी तरह समझ में न आती थी :

> वह भाषा-छिपती छबि सुंदर
> वह खुलती आभा में रँग कर
> वह भाव कुरल कुहरे-सा भरकर भाया।

फिर भी प्रकृति ने उन्हें एक ऐसी चेतना का पता दिया, जिसके स्पर्श से ही पाषाण-खंड हार बनते हैं, नहीं तो प्रकृति में झरने, झाड़ी, नदी, कगार, पशु-पक्षियों के विहार को छोड़कर और कुछ नहीं है।

तुलसी को यह चेतना पूर्वजन्म के संस्कार का ही उदय प्रतीत हुई। प्रकृति ने उनके मन में कल्पना के पंख लगा दिए और वह मुक्त नभ में वन-विहंग की तरह उड़ चला।

प्रकृति-दर्शन से छायावादी कवि को यह जो नया आलोक मिला, उसने सामान्य रूप से उसकी संपूर्ण जीवन-दृष्टि बदल दी और विशेष रूप से प्रकृति संबंधी सौंदर्य-दृष्टि। उसे पहली बार प्रकृति की स्वतंत्र सत्ता का बोध हुआ। पहले अधिक से अधिक प्रकृति का चित्रण या तो कथा-प्रसंग में किया जाता था अथवा किसी मानवीय क्रिया की पृष्ठभूमि के रूप में। जैसे *कुमार संभव* के आरंभ में हिमालय का विस्तृत वर्णन कथा-प्रसंग का एक अंग है और *मेघदूत* का मेघ विरह-निवेदन का 'दूत' मात्र है। लेकिन हिंदी के भक्त कवियों अथवा रीतिवादी कवियों ने तो प्रकृति को इससे भी गौण स्थान दिया है। वहाँ प्राय : प्रकति का चित्रण या तो अप्रस्तुत-विधान के रूप में हुआ है अथवा उद्दीपन के रूप में। इसलिए मध्ययुग के कवियों ने अधिक से अधिक प्राकृतिक वस्तुओं का नाम गिनाकर ही संतोष किया है। और उन प्राकृतिक वस्तुओं की सूची भी अधिक लंबी नहीं

है—यही कोकिल, चातक, मोर, दादुर-जैसे प्राणी तथा आम्र-मंजरी, पलाश, बेला, चमेली, गुलाब आदि कुछ फूल और छहों ऋतुओं के अनुसार काले बादल, शरत् राका, वसंतश्री आदि।

छायावाद युग ने प्रकृति को इतना महत्त्व दिया कि किसी अपरिचित और नन्हें-से फूल को भी स्वतन्त्र रूप से एक कविता का विषय बनाया। अकेली एक ओस की बूँद पर भी पूरी-की-पूरी कविता लिखी जा सकती है, जिसमें और किसी चीज का दखल न हो। अब कोई आवश्यक नहीं कि बादल किसी भाव का संदेशवाहक ही बनकर आए तो आए। पंत ने स्वतंत्र रूप से बादल पर एक पूरी की पूरी कविता लिखी, जिसमें 'बादल' चेतन प्राणी की तरह अपने बारे में स्वयं कहता है। कहाँ कालिदास का 'धूमज्योतिः सलिलमरुतां सन्निपातः' और कहाँ पंत का स्वतःचेता बादल! कालिदास का मेघ स्वयं नहीं सोच सकता और न कह ही सकता था कि वह 'सुरपति का अनुचर' है अथवा 'जगत्प्राण का सहचर' है। उसके बारे में यह सब तो चेतन-अचेतन में विवेक खो देनेवाला कामार्त्त यक्ष ही कह सकता है। लेकिन पंत का बादल अपनी चेतना के बारे में स्वयं सतर्क है।

इस प्रकार उपेक्षित प्रकृति को छायावादी कवि ने सम्मान दिया और उसे मध्ययुगीन बंधनों से मुक्त किया। यदि प्रकृति ने मध्ययुगीन बंधनों से मानव को मुक्त किया तो मानव ने भी बदले में प्रकृति को मुक्त किया। ठीक उसी तरह, जैसे *आकाशदीप* की चंपा ने बुद्धगुप्त को मुक्त होने के लिए जगाया और फिर बुद्धगुप्त ने चंपा को। और यह प्रकृति पर मानव की कोई कृपा नहीं थी। प्रकृति को मुक्त किए बिना मनुष्य अपनी मुक्ति का पूरा-पूरा उपभोग कर ही नहीं सकता।

इस तथ्य को आचार्य शुक्ल-जैसे पंडित ने भी स्वीकार किया और पुराने काव्य-शास्त्र की भाषा में उन्होंने कहा कि "प्राकृतिक वर्णन केवल अंग-रूप से ही हमारे भावों का आलंबन नहीं है, स्वतंत्र रूप में भी है।" पुराने आचार्यों की चुटकी लेते हुए वे कहते हैं कि "रीतिग्रंथों की बदौलत रस-दृष्टि परिमित हो जाने के कारण उसके संयोजक विषयों में से कुछ तो 'उद्दीपन' में डाल दिए गए और कुछ 'भाव-क्षेत्र' से ही निकाले जाकर 'अलंकार' के हाते में हाँक दिए गए।" फलतः "साहित्य के आचार्यों की दृष्टि में वन, उपवन, ऋतु आदि श्रृंगार के 'उद्दीपन' मात्र हैं, वे केवल नायक या नायिका को हँसाने या रुलाने के लिए हैं।"

भावों की व्यापकता के लिए शुक्ल जी ने प्रकृति की स्वतंत्र सत्ता को स्वीकार करके उसके संपर्क में आने का आग्रह किया। उनका कहना है कि "मनुष्य शेष प्रकृति के साथ अपने रागात्मक संबंध का विच्छेद करने से, अपने आनंद की व्यापकता को नष्ट करता है। बुद्धि की व्याप्ति के लिए मनुष्य को जिस प्रकार विस्तृत और अनेक-रूपात्मक क्षेत्र मिला है, उसी प्रकार 'भावों' (मन के वेगों) की व्याप्ति के लिए भी। अब यदि आलस्य या प्रमाद के कारण मनुष्य इस द्वितीय क्षेत्र

को संकुचित कर लेगा, तो उसका आनंद पशुओं के आनंद से विशाल किसी प्रकार नहीं कहा जा सकेगा।"

इस तरह छायावादी कवियों ने आधुनिक युग के मनुष्य को 'पशुओं के आनंद' से अधिक विशाल आनंद देने और उसके भागों का विस्तार करने के लिए उनका संबंध फिर से शेष प्रकृति के साथ जोड़ दिया। और यह बहुत बड़ा काम है।

संपर्क में आते ही प्रकृति मनुष्य के लिए सहचरी, सखी, प्रेयसी, माँ सबकुछ हो गई। एकांतवासी कवि पंत के बाल-हृदय के साथ तो प्रकृति सखी की ही तरह घुल-मिल गई। 'छाया' से आत्मीयता जताते हुए पंत कहते हैं :

हाँ सखि, आओ बाँह खोल हम
लगकर गले जुड़ालें प्राण
फिर तुम तम में, मैं प्रियतम में
हो जावें द्रुत अंतर्धान।

और महादेवी प्रकृति की विराटता में अखिल जगती की माँ का गरिमामय रूप देखते हुए कहती हैं :

इन स्निग्ध लटों से छा दे तन
पुलकित अंकों में भर विशाल
झुक सस्मित शीतल चुंबन से
अंकित कर इसका मृदुल भाल
दुलरा दे ना बहला दे ना
यह तेरा शिशु जग है उदास।

वस्तुत: प्रकृति ने जिस दिव्य रूप में आधुनिक मानव को दर्शन दिया था, उसकी विराटता के सामने कवि की यह श्रद्धा स्वाभाविक है। इसीलिए कुछ कवियों ने "विश्व सुंदरी प्रकृति पर चेतनता का आरोप" करके उसे विश्वप्रिया शक्ति का रूप दे दिया और कुछ ने "प्रकृति की अनेकरूपता में, परिवर्तनशील विभिन्नता में तारतम्य खोजने" के फलस्वरूप उसके "कारण पर मधुरतम व्यक्तित्व का आरोपण" करके अपना प्रिय बना लिया। पहली प्रवृत्ति प्रसाद की है और दूसरी महादेवी की।

पहले के कवियों ने प्रकृति के इस विराट रूप को नहीं देखा था। उन्होंने केवल कोकिल, चातक, मोर, राका, वर्षा, टेसू, आम वगैरह देखा था। इस तरह उन्होंने प्रकृति के केवल खंडों को देखा। इन खंडों से निर्मित प्रकृति का जो अखंड रूप है, उसे देखने की दृष्टि आधुनिक कवि को ही प्राप्त हुई। जिस तरह महाभारत-युद्ध आरंभ होने से पूर्व अर्जुन श्रीकृष्ण को अपना सखा समझकर उनकी महिमा से अनभिज्ञ होने के कारण 'हे कृष्ण, हे यादव, हे सखा' आदि संबोधनों से पुकारते थे,

उसी तरह पूर्ववर्ती कवि भी प्रकृति की महिमा से अनभिज्ञ होने के कारण उसके साथ अत्यंत सामान्य व्यवहार करते थे। लेकिन अब तो इस अर्जुन को प्रकृति ने श्रीकृष्ण की ही तरह अपना विराट रूप दिखला दिया। प्रकृति के इस सार्वभौम रूप से अभिभूत होकर छायावादी कवि ने अनेक भावोच्छ्वसित गीत लिखे।

लेकिन जब विराटता का आतंक कुछ कम हुआ तो उससे हृदय में एक और ही आलोक उदित हुआ। इस आलोक में छायावादी कवि ने प्रकृति के परिचित दृश्यों को नए रूप में देखा और अनेक अपरिचित तथा अदृष्ट वस्तुओं पर भी दृष्टिपात किया।

जैसे संध्या और निशा पूर्वपरिचित दृश्य हैं। इनका वर्णन कवि-जन न जाने कब से करते आ रहे हैं। लेकिन छायावादी कवि ने संध्या और निशा में नवीन सौंदर्य देखा। संध्या का वर्णन द्विवेदी-युग के कवि हरिऔध इस प्रकार करते हैं:

दिवस का अवसान समीप था
गगन था कुछ लोहित हो चला
तरु-शिखा पर थी अब राजती
कमलिनी-कुल-वल्लभ की प्रभा।

जिसमें गगन का लोहित होना और तरु-शिखा पर प्रभा का राजना—इन दो स्थूल रंगों का चित्रण है। लेकिन निराला की *संध्या सुंदरी* जब मेघमय आसमान से धीरे-धीरे उतरती है तो उसकी मंथर गति में अपूर्व ढंग की सांध्य शांति, नीरवता और शिथिलता का अनुभव होता है। यही नहीं, जब वह:

अलसता की सी लता
सखी नीरवता के कंधे पर डाले बाँह
छाँह सी अंबर पथ से चली

तो उसके "तिमिरांचल में चंचलता का कहीं नहीं आभास" मिलता है। निराला की 'संध्या सुंदरी' की गति जिस छंद में बँध उठी है और उसका रूप जिन सूक्ष्म रेखाओं और छायाओं में आभासित हुआ है, वह अभूतपूर्व है।

यही अंतर हरिऔध के नैश-वर्णन और प्रसाद के नैश-चित्रण में है। हरिऔध की सजी-धजी, आभूषणों से लदी, गोल और चौड़े मुँहवाली रात यह है:

अत्युज्ज्वला पहन तारक-मुक्त-माला
दिव्यांबरा बन अलौकिक कौमुदी से।
भावों भरी परम मुग्धकरी हुई थी
राका-कलाकार-मुखी रजनी पुरंध्री।

इस 'रजनी पुरंध्री' को प्रसाद की 'माधव यामिनी' के बराबर रखकर देखिए:

और उसमें हो चला जैसे सहज सविलास
मदिर माधव यामिनी का धीर पद-विन्यास
कालिमा धुलने लगी घुलने लगा आलोक
इसी निभृत अनंत में बसने लगा अब लोक।

कहाँ हरिऔध की रजनी की चटक-मटक और कहाँ प्रसाद की कामिनी का धीर पद-विन्यास! कहाँ अत्युज्ज्वला तारकमाला और कहाँ धुलती हुई कालिमा में घुलता हुआ आलोक! 'भावों भरी' का प्रमाण-पत्र पाकर भी हरिऔध की रजनी भावशून्य है, लेकिन प्रसाद की यामिनी उस प्रमाण-पत्र के अभाव में भी भावप्रवण है!

यह तो हुई परिचित दृश्यों की बात।

पंत ने हिंदी कविता में पहली बार कुछ ऐसे पर्वतीय दृश्यों का चित्रण किया, जो कवियों तथा पाठकों के लिए सर्वथा नए थे। यह रहा शैल और जलद का खिलवाड़:

बादलों का छायामय मेल
घूमते हैं आँखों में फैल
अवनि औ अंबर के वे खेल
शैल में जलद, जलद में शैल!
शिखर पर विचर मरुत रखवाल
वेणु में भरता है जब स्वर
मेमनों-से मेघों के बाल
कुदकते थे प्रमुदित गिरि पर

और पहाड़ी आकाश की भी अपनी विशेष शोभा होती है:

विहंगम-सा बैठा गिरि पर
सुहाता था विशाल अंबर!

दूसरी ओर प्रसाद का समुद्र-वर्णन है। समुद्र के रौद्र रूप का जैसा चित्रण *कामायनी* के चिंता सर्ग में हुआ है, संपूर्ण हिंदी कविता में उससे पहले नहीं मिलता। समुद्र का वर्णन बेचारे रीतिकाल के कवि क्या करते? उन्हें घर की दीवारों तथा अरहर के खेतों से ही फुरसत न थी; फिर वे समुद्र कैसे देखते? और:

उधर गरजतीं सिंधु लहरियाँ
कुटिल काल के जालों-सी
चली आ रहीं फेन उगलती
फन फैलाए व्यालों-सी

सबल तरंगाघातों से उस
क्रुद्ध सिंधु के, विचलित-सी
व्यस्त महा कच्छप-सी धरणी,
ऊभ-चूभ थी करती-सी

पुराने दृश्यों को नए रूप में तथा एकदम नए दृश्यों को चित्रित करने के अतिरिक्त छायावादी कवियों ने प्रकृति के विविध ऐंद्रिय-बोध जगानेवाले दृश्यों का भी अंकन किया। लाल-नीले रंगों के बादल; भौंरा, कोकिल, चातक आदि के स्वर तथा कुछ फूलों की गंधों की चर्चा संभवतः पहले के भी कवियों ने की है, लेकिन वर्ण, ध्वनि, गंध, स्पर्श और स्वाद संबंधी सूक्ष्म ऐंद्रिय-बोध जगानेवाले दृश्य जिस मात्रा में छायावादी कवियों ने आँके, पहले नहीं मिलते।

काँपती हुई अग्नि-शिखा के रंग को स्पष्ट करते हुए प्रसाद उसे "मधु पिंगल तरल अग्नि" कहते हैं तो हिम-संसृति पर पड़ते हुए आलोक का वर्ण-सौंदर्य दिखलाने के लिए इस प्रकार की कल्पना करते हैं :

सित सरोज पर क्रीड़ा करता
जैसे मधुमय पिंग पराग।

दूसरी ओर पंत नील लहरों पर सांध्य किरण के बुझते हुए आलोक को इन शब्दों में विविक्त करते हैं :

लहरों पर स्वर्ण रेख सुंदर पड़ नई नील ज्यों अधरों पर
अरुणाई प्रखर शिशिर से डर।

वर्ण-विवेक की ही तरह ध्वनि-विवेक के द्योतक चित्र पंत के यहाँ काफी मिलेंगे। रात के सन्नाटे के बारे में पंत कहते हैं :

गुंजित अलि-सा निर्जन अपार

और सांध्य वन में क्रमशः घिरती हुई नीरवता के लिए :

पत्रों के आनत अधरों पर सो गया निखिल वन का मर्मर।

पावस में विभिन्न प्रकार के घुले-मिले स्वर आते रहते हैं, उन्हें एक-एक करके अलगाते हुए पंत कहते हैं :

पपीहों की वह पीन पुकार
निर्झरों की भारी झर झर्
झींगुरों की झीनी झनकार
घनों की गुरु गंभीर घहर

बिंदुओं की छनती छनकार
दादुरों के वे दुहरे स्वर
हृदय हरते हैं विविध प्रकार
शैल-पावस के प्रश्नोत्तर।

और तो जो है सो है ही, लेकिन पहाड़ों में वर्षा के स्वर की प्रतिध्वनि का यह चित्र अद्वितीय है।

छायावादी कवियों ने प्रकृति के विषय में जो इतने सूक्ष्म और नवीन सौंदर्य-बोध का परिचय दिया, वह इसलिए नहीं कि इस बीच प्रकृति में कोई नया सौंदर्यवर्धक दृश्य जुड़ गया था अथवा पूर्ववर्ती कवियों की अपेक्षा छायावादियों में प्रतिभा अधिक थी। वस्तुतः यह नवीन सौंदर्य-बोध मानव और प्रकृति के नवीन संबंध से उत्पन्न हुआ है। प्रकृति ने मनुष्य में सौंदर्य-बोध जगाया और मनुष्य ने उस सौंदर्य-बोध के द्वारा प्रकृति में छिपे हुए नए-नए सौंदर्य का उद्घाटन किया। 'नेरे नयनों' से मनुष्य ने ज्यों-ज्यों प्रकृति को देखा, खरी निकाई निकलती चली गई। इस तरह प्रकृति और मानव दोनों परस्पर-वर्धमान हुए।

लेकिन प्रकृति के सौंदर्य से छायावादी कवि कभी-कभी इतना कल्पना-प्रवण हो उठा कि प्रस्तुत प्राकृतिक दृश्य को देखते-देखते उसके मन में कल्पना के पंख लग गए और वह ऊपर उड़ चला। फलतः उसकी आँखों के सामने प्रस्तुत से मिलते-जुलते तथा उससे संबद्ध अनेक अप्रस्तुत दृश्य तैर आए। जैसे छाया को देखते ही पंत बोल उठते हैं :

कहो, कौन तुम परिहत-वसना
म्लान-मना भू-पतिता-सी
वात-हता-विच्छिन्न लता-सी
रति-श्रांता ब्रज-वनिता-सी?

ऐसी अप्रस्तुत योजना में छायावादी कवियों ने आकार-साम्य की अपेक्षा नए ढंग के प्रभाव-साम्य पर विशेष ध्यान दिया। जहाँ तक यह प्रभाव-साम्य किसी गहरी अनुभूति पर आधारित रहता था, वहाँ तक तो ठीक है; लेकिन कभी-कभी वह भावावेग-जनित कल्पना में इतनी दूर बह जाता था कि सारी अप्रस्तुत-योजना केवल कौतुक के लिए जुटाए हुए सामानों की तरह मालूम होने लगती थी। जैसे उसी 'छाया' को पंत 'पछतावे की परछाईं', 'कटी-छँटी नव-कविता', दुर्बलता अँगड़ाई, दर्शन की अति जटिल ग्रंथि आदि-सी कहने लगते हैं तो छाया से हटकर मन इन भिन्न-भिन्न वस्तुओं पर बहक जाता है और थोड़ी देर बहकने के बाद इस 'बहक' का अनुभव करके खिन्न हो उठता है।

दूसरी ओर प्रकृति-सौंदर्य को देखकर कवि का मन कभी-कभी एकदम

अंतर्मुखी हो उठता है और वह प्रकृति के वस्तुनिष्ठ सौंदर्य को नहीं देख पाता। उसके स्थान पर वह अपने ही सूक्ष्म मनोभाव को देखने लगता है। इस भावनिष्ठता के परिणामस्वरूप पंत की चाँदनी धीरे-धीरे कपूर-सी उड़ती-उड़ती इतनी अदृश्य हो जाती है कि अंत में उन्हें हैरान होकर कहना पड़ता है :

वह है, वह नहीं, अनिर्वच !

जब तक वह 'लघु परमिल के घन-सी' थी तब तक तो गनीमत; लेकिन जब वह 'अनुभूति मात्र-सी उर में' रह गई, तो भाववादी दृष्टिकोण की हद हो गई। पर ऐसा पंत के ही यहाँ ज्यादा हुआ है।

5

# देवि माँ सहचरि प्राण

प्रकृति की भाँति ही छायावादी कविता में नारी की भी प्रधानता दिखाई पड़ती है—यहाँ तक कि छायावाद के विरोधी बहुत दिनों तक छायावाद को स्त्रैण काव्य कहते रहे। छायावाद के पूर्ववर्ती काव्य में नारी-संबंधी रचनाएँ न हों—ऐसा तो नहीं है, किंतु वे रचनाएँ पुरुष-प्रधानता की ही द्योतक हैं। द्विवेदी-युग की कविता में नारी के प्रति दया का भाव तो है, पर यथोचित सम्मान का भाव नहीं है; उस युग में निःसंदेह विधवाओं को लेकर अनेक कविताएँ लिखी गईं, लेकिन उन कविताओं में विधवा को खाना-कपड़ा दिलाने का ही आग्रह अधिक है, और इसीलिए विधवा-विवाह को आवश्यक ठहराया गया है। द्विवेदी-युग का यह काव्य एक प्रकार से अनाथालय प्रतीत होता है, जिसमें नारी को आश्रय देने के साथ ही वंदिनी भी बना दिया गया और इस तरह वह अपने सहज जीवन से विच्छिन्न कर दी गई। आर्यसमाज की कट्टर शुद्धिवादी (प्यूरिटन) नैतिकता ने द्विवेदी-युग के संपूर्ण काव्य को नीरसता और वर्जना से भर दिया; चारों ओर 'निरस विसद गुनमय फल' वाले कपास का वातावरण छा गया।

संभवतः इसी प्रभाव के कारण आरंभ की स्वच्छंदतावादी कविताओं में नारी की तुलना में प्रकृति को ही अपनाने योग्य कहा गया है। रामनरेश त्रिपाठी का 'पथिक' प्रकृति के लिए अपनी पत्नी को छोड़ देता है और 1918 में पंत भी इसी प्रकार सोचते हैं :

छोड़ द्रुमों की मृदु छाया
तोड़ प्रकृति से भी माया
बाले, तेरे बाल-जाल में कैसे उलझा दूँ लोचन ?

लेकिन धीरे-धीरे यह संकोच कम हुआ। द्विवेदी-युगीन आर्यसमाजी नैतिकता का प्रभाव क्षीण हुआ और प्रकृति के बीच ही छायावादी कवि को नारी के नैसर्गिक रूप का दर्शन हुआ। यही वजह है कि त्रिपाठी जी का 'पथिक' भी आगे चलकर अपनी

भूल महसूस करता है और प्रकृति से लौटकर पुनः अपनी पत्नी को स्वीकार करता है। पंत भी *उच्छ्वास, आँसू* और *ग्रंथि* की बालिका के साथ स्नेह-सूत्र में बँधते हैं और यहाँ तक कि 'भावी पत्नी' की कल्पना भी करने लगते हैं। वे अनुभव करते हैं कि प्रकृति से ही काम नहीं चल सकता; प्रकृति चाहे जितनी सुंदर और भाव-प्रवण हो, किंतु वह पूर्णरूप से पुरुष के भावों को प्रतिध्वनित नहीं कर सकती—अथवा अधिक से अधिक उन भावों को प्रतिध्वनित ही कर सकती है। प्रतिध्वनि को ज्यों का त्यों लौटा देने के सिवा शून्य क्षितिज के पास और सामर्थ्य ही क्या है? और तब स्वाभाविक है कि वह उस ''टकराती, बिलखाती-सी, पगली-सी फेरी देती'' हुई प्रतिध्वनि के लिए कोई दूसरा आश्रय ढूँढ़े—ऐसा आश्रय जो प्रत्युत्तर दे सके। कवि ने बड़ी विकलता के साथ अनुभव किया कि:

> हाय किसके उर में
> उतारूँ अपने उर का भार?

और यहीं प्रकृति की अपूर्णता प्रतीत हुई तथा उसके स्थान पर नारी का आविर्भाव हुआ।

निराला के *'तुलसीदास'* का मन जब रंग पर रंग छोड़ता हुआ निस्तरंग आकाश में उड़ रहा था तो वहीं उसे रत्नावली के दर्शन हुए। उसी समय छाया के ऊपर तारिका-सी चमकती हुई रत्नावली दिखाई दी। तुलसीदास क्षण भर वह सौंदर्य देखते रहे और फिर जब वहाँ से उतरे तो संपूर्ण प्रकृति रत्नावली की छवि से रँगी हुई दिखाई पड़ने लगी, फिर तो उन्हें सारा संसार ही अबलामय दिखाई देने लगा।

यही स्थिति प्रसाद के मनु की भी हुई। महाप्रलय समाप्त होने के बाद जब प्रकृति का रमणीय रूप सामने आया तो उसी दृश्य में उनकी ''अलस चेतना की आँखें'' भी खुल गईं और फिर तो:

> नव हो जगी अनादि वासना
> मधुर प्राकृतिक भूख समान;
> चिर परिचित-सा चाह रहा था
> द्वंद्व सुखद करके अनुमान।

इस ''अनादि वासना'' के जगते ही मनु के मन में ''अट्टहास कर उठा रिक्त का वह अधीर तम, सूना राज।'' फलतः पहले तो ''विश्वकमल की मृदुल मधुकरी'' तथा ''इन्द्रजाल जननी'' रजनी सामने आई और उसके बाद स्वयं काम-तनया श्रद्धा।

इस प्रकार जो प्रकृति आरंभ में नारी-विरोधी प्रतीत होती थी, वही नारी की आवश्यकता अनुभव करानेवाली तथा कारण बन गई। इस पर यह भी कहा जा सकता है कि द्विवेदी-युगीन आर्यसमाजी नैतिकता की प्रतिक्रिया का पहला सोपान

प्रकृति-प्रेम था, जिसने नारी-प्रेम के लिए पृष्ठभूमि तैयार की।

कविता में नारी-संबंधी दृष्टिकोण में यह जो परिवर्तन हुआ, यह आकस्मिक नहीं है। उन्नीसवीं सदी में जो सुधार-आंदोलन आरंभ हुआ था, वह बीसवीं सदी का प्रथम पाद समाप्त होते-होते बहुत जोर पकड़ गया। नारी-शिक्षा में बड़ी तेजी से प्रगति हुई। सरकारी आँकड़ों के अनुसार 1900 में शिक्षा-ग्रहण करनेवाली लड़कियों की संख्या जहाँ लगभग चार लाख थी, वहाँ 1925 में यह संख्या उसकी तिगुनी अर्थात् बारह लाख तीस हजार छः सौ अट्ठानबे हो गई और 1935 तक जाते-जाते सात गुनी से भी ज्यादा हो गई।

नई शिक्षा के द्वारा लड़कियों को नई दुनिया का ज्ञान हुआ और उनमें नए विचारों का अभ्युदय हुआ। इससे लड़कियों में स्त्री-स्वतंत्रता का भाव पैदा हुआ। नई पीढ़ी की देखा-देखी पुरानी पीढ़ी की महिलाओं में भी अनजाने ही नवजागरण के प्रति आकर्षण दिखाई पड़ा। लड़कियों ने अपनी माताओं और सासों के प्रति जकड़े हुए मन को थोड़ा-सा ढीला किया।

वैसे ज्ञान तो अपने-आपमें ही मुक्ति का कारण है, किंतु नई शिक्षा ने इससे भी बड़ा काम यह किया कि पढ़-लिखकर लड़कियाँ जीवन के व्यापक कार्य-क्षेत्र में आईं। विद्यालयों में एक ओर यदि वे लड़कों के संपर्क में आईं तो विद्यालयों से निकलकर अध्यापन, डॉक्टरी, वकालत वगैरह का पेशा अपनाकर उन्होंने व्यापक समाज के साथ संपर्क स्थापित किया। पुरुष और स्त्री के सहयोग से समाज का सदियों पुराना जीर्ण-शीर्ण परदा फट गया; दुराव कुछ कम हुआ और आपस में एक ऊँचे स्तर की समझ-बूझ का भाव पैदा हुआ। मुक्त नारी में पुरुष को अभिनव सौंदर्य का दर्शन हुआ, नारी के मुक्त मन में पुरुष को स्पृहणीय भाव-संपदा का परिचय मिला और इस तरह नारी की मुक्ति में उसे अपनी मुक्ति का द्वार दिखाई पड़ा। पुरुष और स्त्री के बीच का पुराना तनाव कुछ कम हुआ और पारस्परिक विचार-विनिमय के आधार पर उच्चतर सहभाव विकसित होने लगा। मिलने-जुलने से ही मेल-जोल होता है, गलतफहमी दूर होती है, परिचय बढ़ता है और फिर उस बीच यथोचित रागात्मक संबंध का उदय होता है।

सामाजिक जीवन के साथ ही स्त्रियों ने इस युग में राजनीतिक आंदोलन में सक्रिय भाग लिया। कांग्रेस के आंदोलन में काफी स्त्रियों ने योग दिया; उन्होंने दुकानों पर पिकेटिंग की; सार्वजनिक-सभाओं में भाग लिया; मंच से ओजस्वी भाषण दिए; वे जुलूसों में निकलीं और उन्होंने लाठियों का वार झेला तथा अंत में वे जेल भी गईं। इस तरह वे घर से बाहर आईं और बाहर आकर उन्होंने अपनी शक्ति का परिचय दिया।

इन तमाम बातों का असर कविता पर भी पड़ा। नारी के प्रति पहले जो दया का भाव था, वह बदल गया। इस युग में नारी ने पुरुष की दया के स्थान पर अपने

अधिकारों की माँग की। इस अधिकार-भावना ने नारी-पुरुष के बीच कहीं समानता का भाव पैदा किया, कहीं स्पर्धा का भाव और कहीं उसकी शक्ति-स्वीकार का भाव। कुल मिलाकर भिखारिणी अब मानसिक रूप से स्वामिनी बनी। एक उदाहरण से यह बात स्पष्ट हो सकती है। यदि 'विधवा' संबंधी द्विवेदी-युग और छायावादी-युग की दो कविताएँ अथवा कहानियाँ ले ली जाएँ तो दोनों युगों का अंतर साफ हो जाएगा।

सुधार-युग के नेता विधवा की समस्या का सबसे बड़ा हल विवाह समझते थे; इसमें विधवा को खाना-कपड़ा का जोग जुटाने का भाव तो था लेकिन उसमें नारी की स्वतंत्रता स्वीकार करने का भाव न था। इसलिए विवाह के लिए पुरुष को तैयार करते समय प्रायः बाल-विधवा होने का तर्क दिया जाता था। उन लोगों के अनुसार पुनर्लग्न का अधिकार बाल-विधवा को विशेष रूप से था, क्योंकि पवित्रता का सेहरा उसी के सिर बँधा होता है। इस धारणा का परदा-फाश आगे चलकर शरत्चंद्र-जैसे लोगों ने किया। लीलारानी गंगोपाध्याय को एक पत्र में शरत् बाबू लिखते हैं :

"तुमसे एक प्रश्न और करूँगा। 'जिस विधवा ने पति को जाना नहीं, पहचाना नहीं...' लेकिन जिसने एक बार जाना है, पहचाना है, अर्थात् जो सोलह-सत्रह वर्ष की उम्र में विधवा हुई है उसे क्या अपने लंबे जीवन में और किसी को प्यार करने या ब्याह करने का अधिकार नहीं? क्यों नहीं? जरा सोच देखने पर पता चल जाएगा कि इसमें यही संस्कार छिपा हुआ है कि स्त्री पतिं की वस्तु है। स्त्री के रूप में नारी की कोई स्वतंत्र सत्ता नहीं है। 'हेम संशय के अंदर दिन बिता रही है। जिसमें दृढ़ता नहीं है, उसके लिए क्या बंधन ही अच्छा नहीं है?' बंधन केवल तभी अच्छा होगा, जब इस प्रश्न का अंतिम निर्णय हो जाएगा कि विवाह ही नारी के लिए सर्वश्रेष्ठ श्रेय है। लेकिन मैंने कहीं भी विधवा-विवाह नहीं करवाया है, यह बात तुम्हें विचित्र लग सकती है।

बाल-वैधव्य के आधार पर विधवा को पवित्र मानने की यह भावना द्विवेदी-युग में ही न थी, बल्कि उसका प्रभाव छायावाद के आरंभिक दिनों तक था। निराला की प्रायः उद्धृत की जानेवाली कविता 'विधवा' (1919) में भी यही मनोवृत्ति है। निराला ने जिस विधवा को "इष्टदेव के मंदिर की पूजा-सी" पवित्र कहा है, उसने अपना "मधु-सुहाग" दर्पण में देखा था :

बस एक बार बिंबित अपना जीवनधन।

पति के साथ कुछ वर्ष बिताकर विधवा होनेवाली नारी को "इष्टदेव के मंदिर की पूजा-सी" पवित्र कहने का साहस उस समय स्वयं निराला को भी न था। इसे उस युग के नारी संबंधी दृष्टिकोण का ही प्रभाव समझना चाहिए। शरत् बाबू ने इसीलिए लीलारानी की कहानी के माध्यम से इस प्रवृत्ति का विरोध किया है। और

फिर उन्होंने स्वयं विधवा-विवाह न करवाने की जो बात लिखी है, उसके मूल में भी वही प्रतिक्रिया है । आखिर विधवा-विवाह क्यों ? किसी बाल-विधवा से यदि एक पुरुष ने विवाह ही कर लिया तो क्या हो गया ? उस पुरुष ने आखिर कौन-सा बड़ा काम कर दिया ? विवाह तो उसने तभी किया जब प्रमाणित हो गया कि लड़की अनाघ्रात पुष्प और अनास्वादित मधु की तरह विशुद्ध है ! इतने बड़े प्रमाणपत्र के बाद भी उसने किसी सहज स्नेह के कारण उसे पत्नी-रूप में अंगीकार नहीं किया, बल्कि समाज की दृष्टि में उसे अपनाकर उस पर, उसके माता-पिता पर तथा समाज पर बहुत बड़ा एहसान किया और स्वयं बहुत बड़े समाज-सुधारक होने का गौरव लिया सो अलग । स्वयं तो इतना बड़ा गौरव लिया और उसके बदले उस नारी को दिया क्या ? उसके पाँवों में दासता की वही पुरानी जंजीर !

शरत् बाबू ने जो विधवा-विवाह नहीं करवाया है, उसके पीछे इसी ढोंग की प्रतिक्रिया हैं । इसका मतलब यह है कि सन् '20 के बादवाले युग में विचारकों ने विधवा-समस्या को नारी-स्वाधीनता के व्यापक परिदृश्य में रखकर देखा । इस तरह देखने से अकेले विधवा अथवा विधवा-विवाह की समस्या ही खत्म हो गई । यही वजह है कि छायावाद-युग के कवियों ने विधवा पर कविताएँ नहीं लिखीं । उन्होंने सवाल को नए सिरे से उठाया । उन्होंने अनुभव किया कि मूल प्रश्न नारी-स्वाधीनता का है । प्रश्न विवाह का नहीं, प्रेम का है; बंधन का नहीं, मुक्ति का है । यदि विवाह में बंधन है तो चाहे वह विधवा-विवाह हो अथवा कुमारी का—दोनों का आग्रह व्यर्थ है ।

इस तरह साहित्य में पहली बार स्त्री और पुरुष के बीच वैयक्तिक स्वच्छंद प्रेम का अभ्युदय हुआ । यह स्वच्छंद प्रेम व्यक्ति-स्वातंत्र्य का ही अनिवार्य परिणाम तथा उसका आवश्यक अंग है । इसके फलस्वरूप पहली बार छायावादी कविता में नारी को प्रेयसी का ऊँचा आसन प्राप्त हुआ । 'प्रेयसि,' 'प्रिये,' 'प्रियतमे' और 'सखि,' 'सजनी'-जैसे संबोधन जिस मात्रा में छायावादी कविता में व्यक्त किए गए, पहले शायद ही किए गए हों । 'सखी' और 'सजनी' शब्दों की बहुलता को देखकर कुछ लोगों ने विनोद में छायावाद को सजनी-संप्रदाय नाम दे दिया, जैसे यह मध्ययुगीन सखी-संप्रदाय का पुनरुत्थान ही हो । छायावादी कविता के इन सखी-सजनी संबोधनों की काफी खिल्ली उड़ाई गई, परंतु इन सबसे स्त्री-पुरुष के बीच स्थापित होनेवाली समानता की नवीन भावना के प्रति प्राचीनता के पोषकों का पूर्वाग्रह ही प्रकट होता है । वास्तविकता यह है कि पूर्व पीढ़ी के साहित्यकार स्वयं तो प्रेम-काव्य लिखने से कतराते रहे, लेकिन जब छायावादी कवियों को प्रेम की राशि लुटाते देखा तो और कुछ न पाकर उसका उपहास करके ही अपनी तृप्ति करने लगे ।

छायावादी कविता में प्रेम को जो प्रधानता मिली, वह अपूर्व है; यहाँ तक कि

छायावाद को सामान्यतः प्रेम-काव्य समझा जाता है। द्विवेदी-युग में सुधारवादी नैनिकता का इतना आतंक था कि प्रेम की कविता लिखते हुए कवि-जन संकोच करते थे; क्योंकि उन्हें रीतिकालीन कहे जाने का डर था। वस्तुतः द्विवेदी-युग में भी नारी के प्रति पुरुष का दृष्टिकोण बहुत कुछ वही था, जो रीतिकाल में था। दोनों युगों में दृष्टिकोणों में मौलिक अंतर नहीं था। अंतर इतना ही था कि रीतिकालीन कवि जिन बातों को निधड़क कह देता था, द्विवेदी-युग का कवि उन्हें मन ही मन दबा लेता था। रीतिकाल में स्त्री-सुधार का कोई आंदोलन नहीं हुआ, इसलिए उन कवियों पर कोई नैतिक अंकुश न था और द्विवेदी-युग में प्राचीनता के गर्भ से रूढ़ियों के विरुद्ध नवीन प्रतिक्रिया शुरू हो गई थी, इसलिए ये कवि अपने ऊपर एक प्रकार का नैतिक अंकुश अनुभव करते थे।

छायावाद-युग तक आते-आते नवीन प्रतिक्रिया काफी पुष्ट हो गई और पुरानी रूढ़ियाँ जर्जर हो चलीं, इसलिए स्त्री-पुरुष के संबंधों में नवीन नैतिकता की प्रतिष्ठा हो गई। द्विवेदी-युग में प्राचीनता और नवीनता का संघर्ष आरंभ ही हुआ था, जबकि छायावाद-युग में इस संघर्ष की नवीन शक्ति काफी प्रबल हो गई। द्विवेदी-युग में इच्छा और क्रिया, विवेक और संस्कार के बीच जो असंगति थी, वह छायावाद-युग में बहुत संतुलित हो गई।

इसका मतलब यह नहीं है कि द्विवेदी-युग के लोग छायावाद-युग में आकर नवीनै तिकता अपना चले। वह तो होना कठिन था। इसका मतलब केवल इतना ही है कि छायावाद-युग में युवकों की जो नई पीढ़ी आई, उसने स्त्री-पुरुष संबंध का यह विकसित रूप सामने रखा, जिसका सूत्रपात द्विवेदी-युग में ही हो चुका था। यह नवीन नैतिकता विवेक पर प्रतिष्ठित थी, इसीलिए पुरानी पीढ़ी के लोग बौद्धिक स्तर पर उसका खंडन न कर सकते थे और हारकर इसकी प्रधानता उन्होंने स्वीकार कर ली। छायावाद-युग में उभरनेवाली यह नवीन नैतिकता प्रेम-प्रधान थी--इसमें द्विवेदी-युगीन द्विधा न थी।

छायावादी कवियों ने प्रेम को इतनी प्रधानता दी कि स्वतंत्र रूप से 'प्रेम' के ऊपर कई कविताएँ लिख डालीं। जिस प्रकार अत्यंत प्राचीन काल में 'काम-देव' अथवा 'मार' की प्रधानता थी और काव्य में उसकी उपासना का प्रायः वर्णन किया जाता था--जैसे कालिदास के काव्यों और नाटकों में--उसी तरह छायावाद-युग में प्रेम को प्रधानता दी गई। प्रेम के विश्वव्यापी प्रभाव से सभी छायावादी कवि प्रभावित थे। वे प्रेम के जादू में थे। उन्होंने प्रेम को अत्यंत महिमामय रूप प्रदान किया।

प्रेम का ही एक सरल स्निग्ध रूप स्नेह है, जिसकी महिमा गाते हुए पंत *उच्छ्वास* में लिखते हैं:

अनिल सा लोक-लोक में
हर्ष में और शोक में
कहाँ नहीं है स्नेह ? साँस-सा सबके उर में !

और फिर स्नेह के **एकतामय नाद** का गुणगान करते हुए वे आगे कहते हैं :

बँधे हैं जीवनतार
सबमें छिपी हुई है यह झंकार !
हो जाता संसार
नहीं तो दारुण हाहाकार ।

और सूक्ष्म स्नेह के वर्णन से जब तृप्ति नहीं हुई तो पंत ने उससे भी आगे बढ़कर 'अनंग' पर विस्तृत कविता लिखी । निःसंदेह यह 'अनंग' कालिदास के युग का मूर्त कामदेव नहीं है । कालिदास-युगीन पौराणिक कामदेव तो शंकर के तीसरे नेत्र से भस्म हो गया; यदि वह उस तरह भस्म न भी हुआ होता, तो आधुनिक विज्ञान उसे अवश्य ही भस्म कर देता ! लेकिन वास्तविकता यह है कि पौराणिक पुरुष कामदेव का बाह्याकार बहुत पहले ही दग्ध हो चुका था और वह सूक्ष्म अनंग हो चुका था । छायावाद तक आते-आते उसकी रही-सही स्थूलता भी समाप्त हो गई और पंत का अनंग सभी प्रकार छायावादी 'अनंग' है, जिसमें अतीत की केवल स्मृति भर रह गई है और अतीत की स्मृति का वह पुनरुत्थान भी अनंग को अधिकाधिक मोहक बनाने के लिए ही है । इस तरह यह 'अनंग' पौराणिक अनंग का नवीन संस्करण है, जैसा कि हर पुनरुत्थान में हुआ करता है ।

पंत की कामना है :

ऐ असीम-सौंदर्य-सिंधु की
विपुल वीचियों के शृंगार !
मेरे मानस की तरंग में
पुन : अनंग ! बनो साकार !

ध्यान देने योग्य है कि यह अनंग असीम-सौंदर्य-सिंधु की विपुल वीचियों का शृंगार है और इसे साकार भी होने के लिए कवि कहता है तो "मानस की तरंग में ।" छायावादी कवि अनंग से पुनः शरीर धारण करने के लिए नहीं कहता, कहता है केवल मनोजगत में फिर से उठने के लिए—निःसंदेह नवीन रूप में । और इसमें कोई शक नहीं कि छायावाद में प्राचीन भावना ने प्रेम के नवीन, सूक्ष्मतर तथा अधिक सुसंस्कृत रूप में पुनर्जन्म ग्रहण किया :

*देवि माँ सहचरि प्राण* / :

विपुल-कल्पना से, भावों से
खोल हृदय के सौ-सौ द्वार
जल-थल, अनिल, अनल नंभ से कर
जीवन को फिर एकाकार।

यदि शैशव-स्नेह के कवि पंत ने प्रेम के विषय में इतना लिखा तो प्रेम पथिक प्रसाद के हृदय का अनुमान सहज ही लगाया जा सकता है। आरंभ में उन्होंने जो कुछ लिखा सो तो है ही, अंत तक जाते-जाते उन्होंने अपने संपूर्ण जीवन-दर्शन की प्रतिष्ठा ही 'काम' की आधार-शिला पर की। उसके मन के विश्वास को सुदृढ़ करनेवाली तथा उच्च स्तर पर ले जाकर प्रतिष्ठित करनेवाली श्रद्धारूपिणी *कामायनी* काम-तनया ही है।

प्रसाद के मनु को काम-गोत्रजा कामायनी तो आनंद-लोक में ले ही जाती है, स्वयं 'काम' भी समय-समय पर आत्मा की आवाज़ बनकर जीवन-संदेश दे जाया करता है। और प्रसाद का 'काम' यही नहीं कि पौराणिक काम से अधिक भव्य, उदात्त और आधुनिक है, बल्कि पंत के 'अनंग' से भी कहीं अधिक व्यापक है।

काम को संभवतः आधुनिक कवि के हृदय का आश्रय लेना न पड़ता, यदि प्राचीन कवियों की अभिव्यक्ति से ही उसे तृप्ति हो गई होती! लेकिन ऐसा भी कहीं हुआ है! मनुष्य की यह जो जय-यात्रा है, उसमें उसके मनोजगत का भी निरंतर विकास होता चल रहा है। ऐसी दशा में प्रेम-भावना का भी विकास होना स्वाभाविक है। इसीलिए प्राचीन काल की प्रेम-भावना से ही आधुनिक मानव की तुष्टि नहीं हो सकती। आधुनिक मानव-मन में जो अनेक प्रकार की सूक्ष्म अनुभूतियाँ पैदा हो गई हैं, उनकी प्रतिध्वनि प्राचीन काव्य में कैसे मिल सकती है? इसीलिए वह अपनी तृप्ति के लिए नवीन अभिव्यक्ति करता है। प्रसाद के मनु को जब काम की यह प्रतिध्वनि सुनाई पड़ती है कि:

प्यासा हूँ मैं अब भी प्यासा
संतुष्ट ओघ से मैं न हुआ

तो वह वस्तुतः आधुनिक मानव-हृदय की ही प्यास की पुकार है।

प्रसाद के मनु के जीवन-वन में यह मधुमय वसंत चुपके से रजनी के पिछले पहरों में आता है, जिसके प्रभाव से संपूर्ण सृष्टि बदली हुई दिखाई देती है। इस उद्दाम भावना के प्रभाव से आकाश भी शेषनाग की भाँति:

अपना फेनिल फन पटक रहा
मणियों का जाल लुटाता सा

उन्निद्र दिखाई देता हो
उन्मत्त हुआ कुछ गाता-सा

और उस **मूल शक्ति** के पुनरुत्थान से संपूर्ण ब्रह्मांड के अणु पर परमाणुओं में बिजली-सी दौड़ गई। लता-वृक्ष से लेकर पशु-पक्षी और देव-दनुज तक संपूर्ण चराचर में काम के प्रभाव का वर्णन तो पहले भी किया गया है, किंतु प्रसाद की *कामायनी* में जो :

अंतरिक्ष के मधु उत्सव में
विद्युत्कण मिले झलकते से।

दिखाई पड़ते हैं, उसका वैभव कुछ और है!

उधर काम के आगमन पर मनु के मन की जो दशा होती है, वह तो और भी गूढ़ है; इस गहन मनःस्थिति से प्राचीन कवियों द्वारा वर्णित सीधी कामोत्तेजना की कोई तुलना नहीं :

श्रुतियों में चुपके चुपके से
कोई मधु धारा घोल रहा;
इस नीरवता के परदे में
जैसे कोई कुछ बोल रहा।
है स्पर्श मलय के झिलमिल-सा
संज्ञा को और सुलाता है;
पुलकित हो आँखें बंद किए
तंद्रा को पास बुलाता है।
उठती है किरनों के ऊपर
कोमल किसलय के छाजन सी;
स्वर का मधु निःस्वन रंध्रों में
जैसे कुछ दूर बजे वंशी।
था व्यक्ति सोचता आलस में
चेतना सजग रहती दुहरी;
कानों के कान खोल करके
सुनती थी कोई ध्वनि गहरी।

लेकिन यह तो हुआ काम का केवल एक पक्ष। प्रसाद का 'काम' उनके मनु में एक ओर जीवन की लालसा उत्पन्न करता है तो दूसरी ओर कर्म की प्रेरणा भी देता है

और इन सबके ऊपर वह मंगलमय है। प्रसाद के अनुसार सारा श्रेय काम-मंगल से मंडित है और संपूर्ण सर्ग इच्छा अथवा काम का ही परिणाम है। इस तरह प्रसाद ने काम को वासना की सीमा से निकालकर व्यापक जिजीविषा अथवा **इच्छा** के रूप में प्रतिष्ठित किया है। प्रेम की मूल प्रवृत्ति काम और रति को यह व्यापकता प्रदान ने आधुनिक जागरण की व्यापक सामाजिक चेतना को प्रतिबिंबित और प्रभावित किया।

प्रेम को यह प्रधानता निराला के यहाँ भी मिली। परोक्ष रूप से प्रेम की अभिव्यंजना तो अनेक गीतों और कविताओं में हुई है, परंतु उन्होंने **प्रेम** की महिमा में अलग से एक कविता भी लिखी है। *अनामिका* की 'प्रेम के प्रति' (1932) कविता में वे लिखते हैं:

प्रेम सदा ही तुम असूत्र हो
उर-उर के हीरों के हार,
गूँथे हुए प्राणियों को भी
गुँथे न कभी, सदा ही सार।

प्रेम को असूत्र कहकर मुक्तमना निराला ने नवीन युग की स्वच्छंदता का परिचय तो दिया ही, बँधे हुए प्रेम को मुक्त भी कर दिया।

निराला का प्रेम एक ओर **असूत्र** है तो दूसरी ओर **प्रगल्भ** भी है, इसे उन्होंने 'प्रगल्भ प्रेम' (1924) कविता में प्रमाणित कर दिया है।

इस युग की अभिनव प्रेम-भावना से पुरुषों के साथ नारियाँ भी प्रभावित हुई थीं और उन्होंने भी सामाजिक दबाव के बावजूद अपने हृदय की स्वच्छंद प्रेम-भावना की अभिव्यक्ति की। महादेवी के गीतों में प्रेम की जो पीर व्यक्त हुई है, वह सहृदयों से छिपी नहीं है। उनके लिए तो "प्रिय से कम मादक पीर नहीं।"

छायावादी कवियों ने प्रेम को जो इतनी प्रधानता दी, उससे नीरस जीवन में सरसता का संचार हुआ। सुधार-युग की अस्वाभाविक सधुक्कड़ी वृत्ति से छुट्टी मिली; नीरस जीवन-यापन के स्थान पर रागात्मक जीवनचर्या आरंभ हुई; जीने का स्वाद कुछ और बढ़ गया। साथ ही मध्ययुगीन ओछी रति-भावना से ऊपर उठकर मनुष्य प्रेम की उच्च भूमि पर विचरण करने लगा।

लेकिन इस प्रेम की लहर ने इससे भी बड़ा काम एक और किया। व्यावसायिक प्रसार के कारण आधुनिक युग में मनुष्य-मनुष्य के बीच जो मानवीय संबंध के स्थान पर व्यावसायिक संबंध स्थापित हो गए थे, उनकी शुष्कता को मिटाने में इस प्रेम-भावना ने बहुत बड़ा काम किया। कृषि-सभ्यता पर आधारित पुरानी समाज-व्यवस्था में लोगों के बीच अधिक मानवीय संबंध थे। गाँवों में चाहे कोई शूद्र हो अथवा तेली, बनिया और अहीर या क्षत्रिय, ब्राह्मण; धनी हो या गरीब;

लेकिन ब्याह-शादी अथवा जन्म-मरण में प्रायः एक-दूसरे के साथ सहयोग करने की परंपरा रही है। उत्सव-समारोह में भी लोग प्रायः भेद-भाव भूलकर भाग लेते रहे हैं। लेन-देन में भी एक प्रकार की उदारता रही है। विद्या-दान दान ही रहा है, उसे बेचने-खरीदने की चीज़ नहीं समझा जाता था। लेकिन आधुनिक औद्योगिक क्रांति ने धीरे-धीरे उन पुराने सामाजिक संबंधों को तोड़ना शुरू कर दिया। व्यावसायिकता की जड़ जमने लगी। सभी लोग रुपए-पैसे की भाषा में सोचने लगे। लोगों की दृष्टि उपयोगितावादी हो गई। स्वार्थों के संघर्ष होने लगे। ज़िंदगी में होड़ बढ़ गई। सहज और मंथर जीवनचर्या समाप्त हो गई।

ऐसे युग में प्रेम की अमृतवाणी की बहुत बड़ी आवश्यकता है। छायावादी कवि ने अपने प्रेम-गीतों द्वारा इस आवश्यकता की पूर्ति की। इसी आशय की एक कविता स्वामी विवेकानंद की 'सखार प्रति' है, जिसका अनुवाद निराला ने उन्हीं दिनों 1926 में 'सखा के प्रति' शीर्षक से किया था। उस कवि का सन्देश यह है कि :

प्रेमवंत ! सब स्वार्थ-मलिनता अनल-कुंड में भस्मीकृत
कर दो, सोचो, भिक्षुक हृदय सदा का ही है सुख-वर्जित,
और कृपा के पात्र हुए भी तो क्या फल, तुम बारंबार
सोचो, दो, न फेर कर लो यदि हो अंतर में कुछ भी प्यार
अंतस्तल के अधिकारी तुम, सिंधु प्रेम का भरा अपार
अंतर, में, दो जो चाहे, हो विंदु-सिंधु उसका निःसार
ब्रह्म और परमाणु-कीट तक, सब भूतों का है आधार
एक प्रेममय, प्रिय, इन सबके चरणों में दो तन-मन वार

इस उदात्त भूमि पर आकार प्रेम मानवतावाद का पर्याय हो जाता है। यहाँ से वह व्यापक बंधुत्व का संदेश सुनाता है।

लेकिन जिस प्रकार प्रज्ञा का वही सत्य स्वरूप कभी हृदय में अपार प्रणय बनता है, कभी लोचनों में अनूप लावण्य बनता है और कभी लोक-सेवा में अविकार शिव; उसी प्रकार छायावाद-युग की व्यापक प्रेम-भावना ने भी विविध सामाजिक संबंधों के अनुसार भिन्न-भिन्न रूप धारण किया।

स्त्री-पुरुष के बीच प्रणय-संबंध के क्षेत्र में छायावाद ने परस्पर सहकारिता तथा स्वच्छंदता का सूत्रपात किया। प्रणय संबंधी कविताएँ तो पहले से ही होती आ रही हैं, लेकिन छायावादी कविता में प्रणय का जो आवेगपूर्ण तथा प्रगाढ़ रूप मिलता है, वह अनूठा है। इसका मुख्य कारण यह है कि छायावादी प्रणय-भावना स्त्री और पुरुष दोनों के पारस्परिक मानस-द्वंद्व का परिणाम है। इस युग में स्त्री-स्वातंत्र्य के कारण दोनों पक्षों को मुक्त हृदय से भाव-विनिमय तथा साहचर्य स्थापित करने का अवसर प्राप्त हुआ। इससे प्रेम के पूर्ण विकास तथा उन्मुक्त अभिव्यक्ति के लिए द्वार खुल गया। एक ही कोटि की दो स्वतंत्र सत्ताओं के योग से

प्रेम का अधिक गूढ़ और समृद्ध होना स्वाभाविक है।

मध्ययुग में यह सुविधा प्राप्त न थी। नारी को वह स्वतंत्रता प्राप्त न थी, जो पुरुष को थी। फलतः पुरुष के लिए नारी प्रेम की वस्तु-मात्र थी; पुरुष के लिए नारी की इच्छाओं और आकांक्षाओं को उसने महत्त्व देना भी चाहा तो स्वयं नारी में वह सामर्थ्य नहीं था, जो खुलकर अपने को व्यक्त कर सके, क्योंकि सदियों पुराने बंदी-जीवन ने नारी वास्तविक नारीत्व को कुंठित कर दिया था। इस तरह नारी का बंदी बनाकर पुरुष ने अपने ही आनंद की सीमा छोटी कर ली। प्रेम के पूर्ण विकास के लिए जो दोनों पक्षों की समान प्रबुद्धता अपेक्षित मानी गई है, उसका रीतिकाल में अभाव दिखाई पड़ता है, क्योंकि दोनों पक्षों में से एक पक्ष दास था।

छायावाद-युग में यह असमानता काफी दूर हुई। नई पीढ़ी के युवकों और युवतियों को शिक्षा के नए वातावरण में मिलने का सुयोग प्राप्त हुआ; एक को दूसरे का नया परिचय मिला; साहचर्य ने भाव-विनिमय को सुलभ बनाया; दो हृदयों के पारस्परिक घात-प्रतिघात से प्रणय-संबंध के जटिल ताने-बाने बुन उठे; इस अंतयोग से प्रणय के क्षेत्र में एक नए अध्याय का आरंभ हुआ। प्रसाद की *कामायनी* में इस नूतन-परिचय तथा प्रणय के सूत्रपात का अत्यंत सुंदर चित्रण मिलता है। मनु और श्रद्धा का मिलन जिस गंभीर ढंग से होता है और जिस प्रकार दोनों एक-दूसरे को अपना परिचय देते हुए क्रमशः हृदय खोलते चले जाते हैं, वह देखने योग्य है। यह प्रथम परिचय सूर के किशोर कृष्ण और राधा के प्रथम मिलन की शैशव-सरलता से अधिक गंभीर है तथा तुलसी के राम और सीता के लतांतराल-दर्शन से अधिक स्वच्छंद है।

मनु तरंगों से फेंकी हुई एक मणि के समान संसृति-जलनिधि के तीर पर पड़े हुए हैं और उनके इस मधुर एकाकी रूप को देखकर श्रद्धा प्रश्न भरा गीत गाती हुई प्रवेश करती है। मनु को एक सहसा झटका लगता है और वे लुटे-से उस रूपराशि की ओर निरखने लगते हैं। उस रूप में न जाने कौन-सा विश्वासदायक प्रभाव है, जो मनु विश्रब्ध भाव से अपने हृदय की संपूर्ण निराशा खोलकर उसके सामने रख देते हैं। इसके साथ ही वे उस "वसंत के दूत" का भी परिचय पूछते हैं। श्रद्धा भी सहज भाव से अपना ललित-कला-प्रेम उसी के कारण इस ओर आने का प्रयोजन कह जाती है। न कोई छिपाव, न दुराव। जितने निर्जन एकांत और उन्मुक्त वातावरण में उनका मिलन होता है, उतना ही एकाकी और उन्मुक्त उनका हृदय भी है। प्रथम परिचय में ही श्रद्धा मनु को नारी-सुलभ ढाढ़स बँधाती है और यहाँ तक कि उनकी निराशा को दूर करने के लिए आत्मसमर्पण भी कर देती है। संपूर्ण क्रिया भाव-प्रबलता से प्रेरित आवेग द्वारा चालित होती है। फलस्वरूप श्रद्धा मनु के पास अतिथि की तरह रहने लगती है।

इस प्रथम परिचय में धीरे-धीरे साहचर्यजन्य प्रगाढ़ता आने लगती है; फिर भी

एक-दूसरे के प्रति एक तरह का रहस्य अनुभव होता है। परस्पर समीप आते हुए भी कहीं कुछ कमी मालूम होती है। जितना ही एक-दूसरे को जानते जाते हैं, उतने ही अज्ञेय प्रतीत होते हैं। सामान्य परिचय में एक नए ढंग के रागात्मक कुतूहल का उदय होता है :

> नित्य परिचित हो रहे तब भी रहा कुछ शेष;
> गूढ़ अंतर का छिपा रहता रहस्य विशेष।
> दूर जैसे सघन बन-पथ अंत का आलोक;
> सतत होता जा रहा हो, नयन की गति रोक।

यह रहस्य मध्ययुगीन और प्राचीन कवि के लिए सर्वथा अपरिचित है। इस तरह की गूढ़ता दुष्यंत और शकुंतला के प्रथम परिचय में भी नहीं है। यह आधुनिक युग के विकसित मन की क्रिया है और इसलिए आधुनिक युवकों और युवतियों के प्रणय-संबंध अथवा परिचय के विकास-क्रम में ही मिल सकती है।

यह रहस्य परिचय की प्रगाढ़ता का सूचक है। धीरे-धीरे इसमें और भी प्रगाढ़ता आती है और एक राका निशा में श्रद्धा को अपने समीप पाकर मनु पूछ बैठते हैं :

> कौन हो तुम खींचते यों मुझे अपनी ओर;
> और ललचाते स्वयं हटते उधर की ओर!
> ज्योत्स्ना-निर्झर! ठहरती ही नहीं यह आँख,
> तुम्हें कुछ पहचानने की खो गई-सी साख।

इस भावावेगपूर्ण प्रश्न का भला क्या उत्तर होगा? ऐसे प्रश्नों का उत्तर कहीं शब्दों में दिया जाता है? और फिर ये प्रश्न प्रश्न भी तो नहीं होते! यह तो एक प्रकार का मुखर चिंतन अथवा स्वगत-संलाप है। फलतः श्रद्धा ने हँसकर इस प्रश्न को टाल दिया और कहा कि मैं अतिथि हूँ, बस। इससे अधिक परिचय व्यर्थ है। लेकिन इसके लिए तुम आज उद्विग्न क्यों हो? पहले तो कभी ऐसा नहीं हुआ था। और फिर उसने मनु का ध्यान जलद-खंड पर समासीन विधु की ओर आकृष्ट किया!

और इस संकेत से ही नारी ने जैसे सारा उत्तर दे दिया। मनु अपने आवेग को सँभाल नहीं पा रहे थे :

> कहा मनु ने "तुम्हें देखा अतिथि! कितनी बार;
> किंतु इतने तो न थे तुम दबे छवि के भार!"

उन्हें क्या पता कि सौंदर्य स्नेह से उत्पन्न होता है और फिर बदले में वह स्नेह उत्पन्न करता है। स्नेह और सौंदर्य दोनों की उत्पत्ति द्वंद्वात्मक प्रक्रिया से होती है! इसके बाद प्रसाद ने प्रणय-लुब्ध मनु के आविष्ट मन का जो चित्रण किया है, वह

आधुनिक कवि के लिए ही संभव था। मानस-मंथन का यह चित्र पूर्ववर्ती साहित्य में शायद ही कहीं मिले।

मनु को मदिर घन में वासना के गीत गूँजते-से प्रतीत होने लगे; उनकी चेतना की परिधि चक्राकार घूमने लगा; उनकी "धमनियों में वेदना-सा रक्त का संचार" होने लगा; नारी-मूर्ति उन्हें साकार विश्व-माया-कुहक-सी प्रतीत होने लगी; उसे वे "प्राण सत्ता के मनोहर भेद-सी सुकुमार" समझने लगे; वक्ष में मधुर ज्वाला धधक उठी और "वातचक्र समान कुछ था बाँधता आवेश!" उत्तेजना-उद्भ्रांत चिनगारियाँ छूट रही थीं और चाँदनी ऐसी मालूम पड़ रही थी, जैसे अनंत सतत स्वच्छ मदिर कण बरस रहा हो।

वासना का ऐसा उद्दाम किंतु अश्लीलता-वर्जित चित्रण विरल है। अशरीरी होने के साथ ही यह पर्याप्त मांसल है। इसकी सारी विशेषता भावावेग में निहित है।

निराला ने भी इस नवीन प्रणयानुभूति का चित्रण किया है। प्रथम दर्शन की अनुभूति को ही सबसे पहले लें। सायंकाल युद्ध से लौटे हुए राम के निराशाच्छन्न मन में सहसा पृथ्वी-तनया की कुमारिका छवि विद्युत के समान कौंध उठती है और फिर:

याद आया उपवन
विदेह का,—प्रथम स्नेह का लतांतराल मिलन
नयनों का—नयनों से गोपन—प्रिय संभाषण,—
पलकों का नव पलकों पर प्रथमोत्थान—पतन,—
काँपते हुए किसलय,—झरते पराग—समुदय,—
गाते खग नव जीवन-परिचय,—तरु मलय-वलय,—
ज्योतिः प्रपात स्वर्गीय,—ज्ञात छवि प्रथम स्वीय,—
जानकी-नयन-कमनीय प्रथम कंपन तुरीय।

इसी प्रसंग का वर्णन तुलसीदास ने भी किया है; परंतु निराला के इस चित्रण में जो मानसिक उथल-पुथल तथा प्रेम के जिस विश्वव्यापी प्रभाव की अभिव्यक्ति हुई है, वह तुलसीदास की सीधी-सादी अभिव्यंजना में कहाँ! तुलसी की सीता को जब सखियाँ लता-ओट से श्यामल गौर किशोर को लखाती हैं, तो वे एकटक रघुपति की शोभा देखती ही रह जाती हैं और फिर थोड़ी देर के बाद:

लोचन मग रामहि उर आनी।
दीन्हें पलक-कपाट सयानी।।

लेकिन निराला के यहाँ तो "नयनों का नयनों से गोपन-प्रिय-संभाषण" हो जाता है। नयनों का यह गोपन-संभाषण और फिर पलकों का उत्थान-पतन! प्रेम की

इस दशा में निराला के राम को संपूर्ण प्रकृति प्रेमोन्मत्त दिखाई पड़ती है—किसलय काँप रहे हैं, फूलों से पराग झर रहे हैं, खग नए जीवन के परिचय का गीत गा रहे हैं और तरु मलय पवन से वलयित हो उठे हैं। लगता है कि स्वर्गीय ज्योति का प्रपात झर रहा है! प्रणयानुभूति की यह भावाकुल अलौकिकता तथा व्यापकता तुलसी के उस वर्णन में कहाँ! वहाँ तो सीता को देश-दुनिया की खबर ही नहीं। एक सखी के व्यंग्य-वचन पर जब उनकी आँखें खुलती हैं तो तुरंत "भयउ विलंब मातु-भय मानी" वे घर के लिए चल पड़ती हैं। और इन सबसे बढ़कर जो निराला की जानकी के कमनीय नयनों के प्रथम कंपन की तुरीयावस्था है, वह तुलसी के "दीन्हें पलक-कपाट सयानी" की सूक्ष्म व्याख्या है—महाकवि की उस सीधी अभिव्यक्ति की गहनता का उद्घाटन है!

तुलसीदास और निराला के इन चित्रों का अंतर दो युगों का अंतर है। पिछले तीन सौ वर्षों में मानव के मन का जो विकास हो गया है, उसकी छाप निराला की कविता में स्पष्ट है। आधुनिक प्रणयानुभूति की यही बारीकियाँ हैं, जो पुरानी कविता से आधुनिक कविता को अलग करके इसकी विशिष्टता प्रकट करती हैं।

प्रणय की प्रथम अनुभूति का चित्रण निराला ने अन्य कविताओं में भी किया है पर *अनामिका* की 'रेखा' (1927) कविता इनमें अग्रणी है। इसमें उस रेखा का चित्रण है, जो यौवन के तीर पर सौंदर्य-स्रोत के पहली बार आने पर खिंची थी। किशोरावस्था बीतते-बीतते और युवावस्था चढ़ते समय मन में जितने प्रकार के भाव उठते हैं, उनका सूक्ष्मातिसूक्ष्म चित्रण यहाँ हुआ है।

उस समय प्रीति की धारा संसृति की वाहिनी की तरह आती हुई मालूम होती है; पता नहीं चलता कि यह विशाल वाहिनी कहाँ, किस दूर देश से चली आ रही है। एकदम अज्ञात और नीरव! उसके चरण-चिह्न भी नहीं दिखते। युवा हृदय अनायास ही इस वाहिनी के वेग में आ जाता है और देखते-देखते अपनी सीमा भूलकर अकूल का साथी हो जाता है। मन में एक विलक्षण अपनाव उमड़ पड़ता है, जिसमें :

> प्रेम-भाव बिना भाषा का
> तान तरल कंपन वह बिना शब्द-अर्थ की।

परिचय बिना भी यदि कोई कुछ कहता तो उसे हृदय अपना लेता है। प्रकृति में भी अपनी ही भावना की चिर-पोषित छायाएँ दिखाई पड़ती हैं। जीवन-यौवन के इस प्रथम उत्थान में चारों ओर जीवन ही जीवन मिलता मालूम होता है। प्रकृति ऐसी मालूम होती है, जैसे विस्मृति से कोई स्मृति खुल आई हो!

मन की यह वह स्थिति है, जब हृदय के मंच पर सौंदर्य की कोई प्रतिमा नहीं आई है। उस विपुल अज्ञान में भी युवक के प्राण निरुद्देश्य प्राणों को खोजते रहते

हैं। अभी हृदय ने किसी आगंतुक के लिए स्वागत की वंदना ही सीखी है। अभी तक उसे ऐसी कोई एक भी मूर्ति नहीं मिली है जिसके अधरों में विह्वलता, कंठ में वेदना, हृदय में मृदुता, हाथों में निपुणता, चरणों में शिथिलता तथा उत्सुकता-वेदना, भीति, नयनों की नयनों से मौन प्रार्थना, सिंचन, सुहाग-प्रेम आदि सबकुछ एकत्र ही मिल जाए। फिर भी अनायास ही ऐंद्रिय-बोध जाग रहा है। सबकुछ चेतन प्रतीत होता है। स्पर्श में रोमांच, अनुभव, रूप में परिचय, गंध में सुख, रस में मज्जन का आनंद और शब्दों में अलंकार—ये सभी अनुभूतियाँ विकसित हो गई हैं।

'रेखा' में यदि पुरुष के युवा हृदय की पहली अनुभूति अभिव्यक्त हुई है तो 'प्रेयसी' (1937) में नारी हृदय की। युवती अनुभव करती है जिस समय तारुण्य की वह प्रथम तरंग अंग-अंग को घेरकर लहर उठती है, वह अपने तरुतन को घेरनेवाली ज्योतिर्मयी लता के समान प्रतीत होने लगती है। वह चक्राकार कलरव-तरंगों के मध्य उठी हुई उर्वशी-सी मालूम होती है। ऐसे ही समय उसे कृतविद्य प्रिय का साक्षात्कार होता है। यह मिलना ऐसा ही है जैसे "रससृष्टि को मूक शुचि-दृष्टि" मिली हो। फलस्वरूप समष्टि में फैला मन खिंचकर स्तब्ध हो गया और :

> दूर थी
> खिंचकर समीप ज्यों मैं हुई
> अपनी ही दृष्टि में;
> जो था समीप विश्व
> दूर दूरतर दिखा।

दो ज्योति-छवियाँ मिलीं और नीलिमा शून्य से जैसे बँधकर रह गई हैं, वैसे ही प्रिया प्रिय से बँध गई। आँखों में न जाने कैसा निरंजन अंजन लग गया कि प्रिय से ही बँधी हुई वह पृथ्वी को देखने लगी।

उधर प्रिय ने जिस दृष्टि से उसे देखा उसमें ऐसी अपूर्व पवित्रता का अनुभव हुआ, जैसे :

> सजल शिशिर धौत पुष्प ज्यों प्रात में,
> देखता है एकटक किरण-कुमारी को।

अपने प्रति युवती को यह स्वानुभूति तथा प्रिय के दृष्टिपात में पवित्रता की अनुभूति ये दोनों ही बातें अभूतपूर्व हैं। इस प्रकार की स्वानुभूति आधुनिक युग में ही संभव हो सकती थी।

स्त्री-पुरुष के प्रणय-संबंध का एक दूसरा ही रूप पंत के यहाँ दिखाई पड़ता है। इसमें न तो प्रसाद की-सी मधु-चर्या है और न निराला का-सा उद्दाम आवेग। पंत के प्रणय-चित्रण की विशेषता उसकी शैशव-सरलता में है; इसमें न तो मधु

की-सी प्रगाढ़ मिठास है, न ज्वार का उफ़ान। इसमें छोटे-से पहाड़ी झरने की-सी तरलता है। *उच्छ्वास, आँसू* और *ग्रंथि* की सरल बालिका को जिस भोलेपन के साथ पंत ने स्मरण किया है, उसके सख्य-संबंध को जिस सहजता से प्रकट किया है और उसके विछोह में बच्चे की भाँति जिस तरह सारा हृदय खोलकर रख दिया है, वह बेजोड़ है। इस सख्य-भाव से पुराने सखी-संप्रदाय की प्रणय-भावना की कोई तुलना नहीं। पंत के *उच्छ्वास* में किसी परिणत विरही का ताप नहीं, बल्कि अनुभवहीन युवक की प्रथम विरह-व्यथा का उद्गार है। यह उच्छ्वास 'बाल-बादल' की तरह अभी-अभी उठा है, साथ ही वह 'सरल' और 'अस्फुट' भी है। अभी उसे अपनी व्यथा का पूरा-पूरा बोध भी नहीं है। इसीलिए उसमें युवा-सुलभ प्रगल्भता नहीं है, बल्कि उसके स्थान पर कैशोर-संकोच है। यही वजह है कि यह प्रणय अस्फुट रूप में अभिव्यक्त हुआ है।

इस प्रेम की सरलता पर कवि इतना मुग्ध है कि उसके अनुसार :

शैशव ही है एक स्नेह की वस्तु सरल, कमनीय।

यह सारा प्रेम-व्यापार आदि से अंत तक लड़कपन का खिलवाड़ ही बना रहा। प्रेमी को उसकी प्रिया ने जो ठेस पहुँचाई, वह भी एक तरह के लड़कपन वश ही :

बालकों का-सा मारा हाथ
कर दिए विकल हृदय के तार!

इसीलिए वह प्रेमी भी बालकों की ही तरह जार-जार रोता है :

बालकों-सा ही तो मैं हाय
याद कर रोता हूँ अनजान।

और बालकों के-से इस रुदन में भी सहज ही प्रेम की ऐसी-ऐसी सूक्ष्म अनुभूतियाँ अभिव्यक्त हो उठी हैं, जो बड़े-बड़े प्रौढ़ काव्यों में भी दुर्लभ हैं।

जुगनुओं से उड़ मेरे प्राण
खोजते हैं तब तुम्हें निदान।
पूर्व सुधि सहसा जब सुकुमारि।
सरल शुक-सी सुखकर-सुर में
तुम्हारी भोली बातें
कभी दुहराती है उर में;

इन पंक्तियों में जो अतीत की बातों को याद कर मन ही मन दुहराने की विमूढ़ता है और :

अगन से मेरे पुलकित प्राण
सहस्रों सहस स्वरों में कूक
तुम्हारा करते हैं आह्वान।

में जो विक्षिप्त हृदय की अस्थिरता व्यक्त हुई है, वह कम कविताओं में मिलेगी। पंत ने अत्यंत भोलेपन के साथ प्रणय की जो गूढ़-गहन अनुभूतियाँ शब्दों में उतार दी हैं, उनकी विशेषता इसी बात में है कि अनुभव में वे सहजगम्य हैं लेकिन अभिव्यक्ति के प्रयास में वे कितनी दुर्गम हैं, इसे कोई रचयिता ही समझ सकता है।

छायावादी प्रेम-भावना की एक विशेषता उसका **भावावेग** है। मध्ययुगीन कवि प्रेम की व्यंजना में बहुत कुछ मर्यादित और मितव्ययी थे; निःसंदेह वे कभी-कभी आँसुओं की गंगा-जमुना बहा देते थे, लेकिन उन आँसुओं के बावजूद मध्ययुग के नायक अथवा नायिका का हृदय बहुत कम खुलता था। मध्ययुग का नायक खूब लंबी-लंबी आहें भी भरता था, शिकवे भी करता था, छाती भी पीटता था और सिर भी धुनता था, किंतु इतना सारा व्यायाम करने पर भी अपने हृदय के भावों को व्यक्त करने के प्रति उदासीन था।

इसके विपरीत छायावादी कवि की प्रणयानुभूति अनुभावों की दृष्टि से न-कुछ होते हुए भी भावों की दृष्टि से समृद्ध थी। छायावादी कवि शारीरिक चेष्टाएँ तो कम करता था, परंतु अपना हृदय खोलकर रख देने में कसर नहीं रहने देता था। और इसे मानव-सभ्यता के विकास का ही परिणाम समझना चाहिए। मजनू तो तब भी होते थे, लेकिन मजनू की तरह अपने जनून को जाहिर-जहान करते नहीं फिरते थे।

छायावाद की इस नवीन प्रणय-भावना ने प्रेम के आलंबन—**सौंदर्य का मानदंड** ही बदल दिया। जिस प्रणय संबंध में भाव की प्रधानता हो, उसमें स्थूल अंग-यष्टि को महत्त्व मिलना असंभव है। भावावेग में मनुष्य साक्षात् रूप को भी अपनी कल्पना से रँग लेता है और प्रत्यक्ष रूप में भी किसी परोक्ष सौंदर्य के दर्शन करता है। छायावादी कवि ने नारी की पुनः सृष्टि की। उसने विधाता की सृष्टि को अपनी कल्पना के योग से नवीन रूप दे डाला; इस तरह छायावादी कवि की नारी विधाता की सृष्टि से कहीं अधिक कवि-सृष्टि है। इसीलिए छायावादी नारी आधी मानवी है और आधी कल्पना। इस बात को रवींद्रनाथ ने *चैतालि* की 'मानसी' कविता में बहुत अच्छी तरह व्यक्त किया है :

शुधु विधातार सृष्टि नह तुमि, नारी,
पुरुष गड़ेछे तोरे सौंदर्य संचारि
आपन अंतर हते। वसि कविगन
सोनार उपमासूत्रे वुनिछे वसन।

सँपिया तोमार' परे नूतन महिमा
अमर करिछे शिल्पी तोमार प्रतिमा।
अर्धेक मानवी तुमि अर्धेक कल्पना।

नारी-सौंदर्य के चित्रण में उपमाओं की राशि तो पहले के कवियों ने भी लुटाई है, लेकिन छायावादी कवियों ने अद्भुत कल्पना-शक्ति के द्वारा नारी का जो भव्य रूप खड़ा किया है, उसके सामने पुराने कवियों की रूढ़ उपमाओं से अलंकृत नारी तुच्छ है। प्रसाद की श्रद्धा, पंत की अप्सरा और निराला की रत्नावली के सामने जायसी की पद्मावती, सूर की राधा, तुलसी की सीता और रीतिवादी कवियों की समस्त नायिकाएँ फीकी पड़ जाएँगी।

मनु की आँखों के सामने श्रद्धा अभिराम इंद्रजाल प्रतीत हुई; उसका कांत वपु गांधार देश के नील और मसृण रोमवाले मेषों के चर्म से ढँका हुआ था। श्रद्धा के नील परिधान के बीच जो अधखुला अंग खुल रहा था, उसे देखकर ऐसा मालूम होता था, जैसे मेघों के वन में बिजली का फूल खिला हो। उसके मुख की कांति को देखकर ऐसा लगता था कि इंद्रनील के लघु शृंग को फोड़कर ज्वालामुखी धधक रहा है। और श्रद्धा की मोहिनी मुस्कान तो अद्भुत थी। वह मुस्कान क्या थी मानो रक्त-किसलय पर अरुण की एक अलसाई हुई किंतु अम्लान किरण पड़ी हो। और संपूर्ण अंग-यष्टि जैसे :

कुसुम कानन-अंचल में मंद
पवन-प्रेरित सौरभ साकार
रचित परमाणु पराग शरीर
खड़ा हो ले मधु का आधार।

जो अंग-यष्टि हवा में हिलते हुए पराग के परमाणुओं के पुंज की तरह प्रतीत हो उसकी सूक्ष्मता, सुकुमारता और सुरभिमयता का अनुमान सहज ही लगाया जा सकता है।

पंत की *'अप्सरा'* तो निखिल कल्पनामयी ही है। उषा उसकी पद-लालिमा है, शशि स्मित है, उडु-कंपन उर-स्पंदन है, चपल वीचियाँ पद-संचार है, विकच दल ही हृदय के भाव हैं और इस तरह वह अपने आप जगत में प्रथम-सौंदर्य-पद्म-सी विकसित हुई है। इसका वर्णन करते-करते अंत में कवि कहता है कि 'अप्सरा' कोई एक नारी-मूर्ति नहीं है, बल्कि नारी-सौंदर्य संबंधी समस्त संपदा का पुंजीभूत रूप है, जो प्रत्येक युग में नवीन रूप रच-रचकर आया करती है और जिसके निर्माण में संपूर्ण मानव-जाति की पूरी प्रतिभा लग गई है।

निखिल विश्व ने निज गौरव
महिमा सुखमा कर दान,

निज अपलक उर के स्वप्नों स
प्रतिमा कर निर्माण,
पल पल का विस्मय, दिशि-दिशि की
प्रतिभा कर परिधान,
तुम्हें कल्पना औ' रहस्य में
छिपा दिया अनजान।

पूर्ववर्ती कवि इस प्रकार के शाश्वत, युग-व्यापी, विश्व-व्यापी तथा कल्पनामय नारी सौंदर्य की सृष्टि करने में असमर्थ थे। नारी-सौंदर्य की स्थूल शारीरिकता तक ही सीमित रहने के कारण वे भीतर-भीतर नारी-रूप की नश्वरता के प्रति इतने अधिक सतर्क थे कि उनके लिए किसी शाश्वत, सार्वभौम नारी-रूप की कल्पना असंभव थी। सौंदर्य की अनश्वरता का विश्वासी ही 'अप्सरा' की कल्पना कर सकता है।

वस्तुतः आधुनिक नारी ने अपनी शक्ति का ऐसा परिचय दिया कि पुरुष के लिए वह रहस्यमयी शक्ति प्रतीत होने लगी; पुरुष उसकी शक्ति से इतना अभिभूत हो उठा कि उसके बाह्य रूप की सीमा को भूलकर उसमें किसी अतींद्रिय सौंदर्य का अनुभव करने लगा। आधुनिक नारी ने पुरुष की संस्कारबद्ध वासना को ऐसा धक्का दिया कि उसकी आँखों में बसी हुई प्राचीन नारी-प्रतिमा चूर-चूर हो गई और उसके स्थान पर एक दिव्य रमणी-मूर्ति प्रतिष्ठित हो गई। निराला के तुलसीदास का कामातुर रूप देखकर रत्नावली में ऐसी ही आधुनिक नारी जाग उठी :

जागी जोगिनी अरूप-लग्न
वह खड़ी शीर्ण प्रिय-भाव-मग्न निरुपमिता।

और अपने इस विराट रूप में जब रत्नावली ने तुलसीदास को धिक्कारा, तो कवि की आँखों में नारी का और ही रूप सजीव हो उठा :

देखा, शारदा नील-वसना
हैं सम्मुख स्वयं सृष्टि रशना,
जीवन-समीर शुचि-निःश्वसना, वरदात्री।

स्पष्ट ही यह अनुभूति आधुनिक तुलसीदास की है, प्राचीन की नहीं। नारी को स्वयं शारदा के रूप में देखना—मध्ययुगीन कवि के लिए असंभव था। अब तक कवि ने नारी की जिस वासना-मूर्ति की धारणा बना रखी थी, वह नारी के लिए ही नहीं बल्कि स्वयं पुरुष के लिए भी बंधन थी। परंतु नारी के उन्मुक्त विराट रूप के प्रतिष्ठित होते ही नारी के साथ-साथ पुरुष भी मुक्त हो गया। और इस तरह दोनों

की मुक्ति से जीवन का नवीन संगीत फूट पड़ा। मुक्त होते ही नारी पुरुष के हृदय की मुक्ति-रागिनी बनकर बह निकली :

जिस कलिका में कवि रहा बंद
वह आज उसी में खुली मंद
भारती-रूप में सुरभि-छंद निष्प्रश्रय।

सौंदर्य-संबंधी धारणा के बदलते ही छायावादी कवि ने नारी के स्थूल-सौंदर्य की अपेक्षा उसके भाव-सौंदर्य की ओर ध्यान दिया। रीतिवादी कवि को भौंहें कमान मालूम होती थीं, आँखें तीर और हँसी जहर। लेकिन छायावादी-कवि की दृष्टि में :

सरल भौंहों में था आकाश
हास में शैशव का संसार
तुम्हारी आँखों में कर वास
प्रेम ने पाया था आकार।

इतना ही नहीं, छायावादी कवि के अनुसार नारी के "कपोलों में उर के मृदुभाव" हैं, "सरल संकेतों में संकोच" है, उसके उर में उषा का आवास है, तथा :

चाँदनी का स्वभाव में वास
विचारों में बच्चों की साँस !

स्वाभाविक है कि ऐसा सौंदर्य केवल कामोत्तेजना ही पैदा नहीं कर सकता। इस सौंदर्य के संपर्क में "जो लहिए सँग सुजन हू धरक नरक हू कीन"-जैसी बात कह सकने का साहस नहीं हो सकता—बात कहना तो दूर, ऐसा कुत्सित विचार भी मन में नहीं उठ सकता। इसीलिए पंत कहते हैं :

तुम्हारे छूने में था प्राण
संग में पावन गंगा स्नान !

जिस कवि को नारी के संग में पावन गंगा-स्नान की-सी अनुभूति है, उसका प्रेम यदि गंगा-जल की धार की तरह पावन हो तो क्या आश्चर्य ! लेकिन खेद है कि बूढ़ी मटमैली आँखों को वह मदिरा मालूम हुआ !

छायावाद में सौंदर्य का चित्रण जितना आदर्शवादी हुआ, प्रेम की अभिव्यक्ति भी उतने ही आदर्शवादी धरातल पर हुई। दोनों की ही भूमिका अत्यंत उदात्त है। द्विवेदी-युग की शुद्धिवादिता भी इस ऊँचाई को नहीं छू सकती। उस उदात्त वृत्ति ने ही छायावादी कवि को ऐसी सूक्ष्म सौंदर्य-दृष्टि दी कि उसने नारी-सौंदर्य के चटकीले रंगों की जगह सूक्ष्म रेखाओं और वर्णच्छायाओं को भी उरेहने में सफलता

प्राप्त की। इसी उदात्त वृत्ति के कारण छायावादी कवि को प्रेम की बारीक-से-बारीक अनुभूतियों को अभिव्यक्त करने की शक्ति मिल गई; साथ ही वह प्रेम का ऊँचा आदर्श भी प्रतिष्ठित कर सका। प्रेम की इस उदात्त वृत्ति ने आधुनिक कवि को वह शक्ति दी कि उसने मार्ग में विघ्नस्वरूप आनेवाले धन और जाति संबंधी भेद-भाव को भी तोड़ने का प्रयत्न किया। प्रसाद के 'प्रेम-पथिक' की 'पुतली' अथवा 'चमेली' अनचाहे पति की क्रीत दासी होकर किसी तरह जीवन व्यतीत करती रही, किंतु पति के मर जाने पर उसने तमाम बंधनों को तोड़कर प्रेम की पर्णकुटी बसा ली और वहीं उसे पूर्व-प्रेमी का साहचर्य प्राप्त हुआ। जिस समय प्रसाद ने 'प्रेम-पथिक' (1913) लिखा, उस समय यह संभव भी न था कि कोई नारी अपने वैवाहिक जीवन से असंतुष्ट होकर विवाह-बंधन तोड़ने की कल्पना कर सके। फिर भी इस रचना में स्वच्छंद प्रेम की जो अभिव्यक्ति हुई है, वह आधुनिक प्रेम-भावना की पहली झाँकी है। अपने बाल-सखा को पति के रूप में प्राप्त करने की ललक 'चमेली' के मन में कितनी थी, यह उसके इन शब्दों से ही मालूम होता है :

> "पुतली ब्याही जावेगी, जिस से वह परिचित कभी नहीं—"
> यही ध्यान था उठता मन में—"हाय प्राणप्रिय ! क्या होगा ?"
> किंतु कौन सुनता उस शहनाई में हृत्तंत्री-झनकार
> —जो नौबतखाने में बजती थी अपनी गहरी धुन में—
> रूखा शीशा जो टूटे तो सब कोई सुन पाता है
> कुचला जाना हृदय-कुसुम का किसे सुनाई पड़ता है।

स्वच्छंद प्रेम के लिए आधुनिक स्त्री-पुरुष तड़पते ही रहे मगर पुरानी रूढ़ियों की चट्टानों ने जुंबिश न ली। जो व्यथा 'प्रेम-पथिक' की चमेली को हुई, वही 'ग्रंथि' के युवक को भी हुई। जिस लड़की के साथ उसका साहचर्य-जन्य प्रेम विकसित हुआ, उसके साथ उसका विवाह न होकर किसी और के साथ हो गया। यह ग्रंथि-बंधन तो अन्यत्र हुआ किंतु युवक-हृदय में एक ग्रंथि पड़ गई जो समय-समय पर खटकती रही। 'ग्रंथि' में "वृद्ध अनुभव की सिकोड़" और "ज्ञान-जृंभा" को जो खरी-खोटी सुनाई गई है उससे रूढ़ियों के प्रति आधुनिक युवक-हृदय का आक्रोश पूर्णतः प्रकट होता है। दूसरी ओर 'ग्रंथि' में टूटे हुए हृदय का जो रुदन व्यक्त हुआ है, उससे स्वच्छंद प्रेम की मार्मिकता का पता चलता है। प्रेम की यह स्वच्छंदता पूर्ववर्ती काव्य में दुर्लभ है।

चिर-विद्रोही निराला ने अपनी रचनाओं में प्रेम के मार्ग में बाधक जाति-भेद को तोड़ डाला है। क्या हुआ जो यह दीवार वास्तविक जीवन में नहीं ढहती ! कवि के पास कल्पना का भी तो एक अपना लोक है; वहाँ वह जो चाहे कर सकता है।

निराला की जो 'प्रेयसी' एक बार "कुल-मान-ग्रंथि में बँधकर चली गई" थी, वह कुछ दिनों बाद अपने पूर्व-प्रेमी का आह्वान सुनकर मुक्त हो साथ चल देती है; क्योंकि उसके अनुसार :

दोनों हम भिन्न वर्ण
भिन्न जाति भिन्न रूप
भिन्न धर्म-भाव, पर
केवल अपनाव से, प्राणों से एक थे

परंतु यह विद्रोह मानसिक ही रहा। यही वजह है कि छायावादी कविता में नारी के पत्नी-रूप का सर्वथा अभाव है; छायावादी कवि के लिए पत्नी सदैव 'भावी' ही रही, वह वर्तमान न हो सकी। 'ग्रंथि' के कवि पंत की प्रणय-भावना 'भावी पत्नी' की कल्पना में ही व्यक्त हो सकी। वस्तुत: छायावाद के स्वच्छंद प्रेम का आलंबन 'प्रेयसी' ही रही और आजीवन वह 'प्रेयसी' ही बनी रही, पत्नी के रूप में उसे प्राप्त करने का सौभाग्य प्राप्त न हो सका। इसीलिए छायावाद की अधिकांश कविताओं का नारी-सौंदर्य अशरीरी और हवाई है तथा प्रेम-भावना भी कल्पनावासी तथा अतृप्ति-परक है। पंत की रचनाओं में इस प्रवृत्ति की प्रधानता है; इसके विपरीत प्रसाद में प्रेम की तृप्ति का वर्णन कहीं-कहीं मिल जाता है और निराला तो मुख्यत: स्वस्थ मांसलता और तृप्ति के ही कवि हैं। *जूही की कली* से लेकर *गीतिका* के गीतों तक सर्वत्र निराला ने प्रेम की परिणति तृप्ति में ही दिखाई है। यदि 'जूही की कली' :

हेर प्यारे को सेज पास
नम्र मुखी हँसी-खिली
खेल रंग प्यारे संग

तो *गीतिका* में भी 'स्पर्श से लाज लगी' गीत के अंत तक जाते-जाते :

मधुर स्नेह के मेह प्रखरतर
बरस गए रस-निर्झर झर-झर
उगा अमर अंकुर उर भीतर
संसृति भीति भगी।

*गीतिका* के अनेक गीत कवि-प्रिया 'मनोहरा' के रंग से रंजित हैं और 'परिमल' तो पुष्पद्वार पर खड़े गुंजार करनेवाले मधु-लुब्ध भ्रमर का प्रेरणास्रोत ही है!

कुल मिलाकर छायावाद में नारी के प्रेयसी-रूप की ही प्रधानता दिखाई पड़ती है; माँ, बहिन और कन्या के रूप दबे ही रह गए। निराला जैसे हर जगह अपवाद हैं, वैसे यहाँ भी। 'सरोज-स्मृति' कविता में उन्होंने अपनी कन्या 'सरोज' का चित्रण

करके आलोचकों को पहले से ही छायावाद के विषय में सामान्य-आरोप करते समय आगाह कर दिया है। 'सरोज-स्मृति' में प्रेम के जिस वत्सल भाव की अभिव्यंजना हुई है, वह छायावाद में ही नहीं, बल्कि संपूर्ण काव्य के इतिहास में महत्त्वपूर्ण स्थान का अधिकारी है।

यदि इस अपवाद को अपवाद ही मान लें तो भी छायावादी कविता में नारी को जो महत्त्व प्राप्त है, वह पहले की अपेक्षा कहीं अधिक गौरवशाली है। नारी के सभी सामाजिक रूपों को न अपनाते हुए भी छायावादी कवि ने एक ही क्षेत्र में नारी को जो महिमा प्रदान की, वह स्तुत्य है। श्रद्धामयी, करुणामयी, कल्याणी, कलामयी तथा प्रेममयी जीवन-सहचरी नारी का चित्रण करके छायावादी कवियों ने समाज और साहित्य को अभिनव जीवन-रस से सींच दिया। कवि के शब्दों में :

अकेली सुंदरता कल्याणि
सकल ऐश्वर्यों की सन्धान।
देवि! माँ! सहचरि! प्राण!

6

# जागो फिर एक बार

व्यक्तित्व की स्वाधीनता, प्रकृति का साहचर्य और स्वतंत्र नारी की शक्ति का सहयोग पाकर आधुनिक पुरुष व्यापक सामाजिक और राजनीतिक जीवन में सक्रिय रूप से भाग लेने लगा। वह केवल प्रेम और सौंदर्य का ही बंदी नहीं रहा। उसने केवल प्रेम-राज्य में ही रूढ़ियों के विरुद्ध विद्रोह नहीं किया; बल्कि जीवन के जिस क्षेत्र में उसे विषमता, पराधीनता और अन्याय दिखाई पड़ा, वहीं उसने संघर्ष आरंभ कर दिया। इस व्यापक राष्ट्रीय जागरण का प्रभाव छायावाद की कविता पर भी पड़ा। निःसंदेह यह प्रभाव सब समय अत्यंत स्पष्ट और प्रत्यक्ष नहीं था। और यह छायावाद का कोई अपराध नहीं है। कविता राजनीतिक और सामाजिक घटनाओं का अविकल अनुवाद नहीं है। विविध राजनीतिक, आर्थिक, सामाजिक घटनाएँ मानव-व्यक्ति के मन पर जो सम्मिलित प्रभाव डालती हैं, कविता उसकी भावात्मक प्रतिक्रिया है। काव्य में अभिव्यक्त अनुभूति इतनी संश्लिष्ट होती है कि उसमें से राजनीतिक, आर्थिक, धार्मिक, सामाजिक आदि तत्त्वों का विश्लेषण सरलता से नहीं किया जा सकता। किसी गीत की व्यथा का मूल स्रोत कौन-सी सामाजिक घटना है, यह उस गीत में उतराती नहीं फिरती जो चट से छानकर हथिया ली जाए। साहित्य अंततः साहित्य ही है—वह परिस्थितियों के सहित अथवा सम्मिलित प्रभाव की अभिव्यंजना है। साहित्य मानव के संपूर्ण व्यक्तित्व की वाणी है; अविभक्त जीवन की इकाई का प्रतिबिंब है। फिर छायावाद तो अपनी छाया के लिए प्रसिद्ध ही है। इसके नाम से ही प्रकट है कि इसमें समकालीन सामाजिक परिस्थितियों की अभिव्यक्ति छाया रूप में हुई है :

वह केवल जीवन के वन में
छाया एक पड़ी।

और जहाँ सामाजिक जीवन की अभिव्यक्ति भाव-सत्ता के जितने ही गहरे स्तर पर होती है, जैसा कि श्रेष्ठ साहित्य में सदैव होता है, आलोचक का कार्य कठिन हो

जाता है। जो आलोचक यह कठिन कार्य करने में अलसाता है अथवा जिसमें विश्लेषण की इतनी क्षमता नहीं होती या जो अपने दृष्टिकोण-विशेष के कारण साहित्य में तात्कालिक घटनाओं का अनुवाद ढूँढ़ता फिरता है, वह छायावाद के बारे में प्राय: शिकायत करता रहता है कि वह समकालीन सत्य से दूर रहा अथवा युगधर्म की उपेक्षा कर गया या वह तत्कालीन राष्ट्रीय आंदोलन से उदासीन रहा।

परंतु हमने देखा है कि छायावाद ने काव्यात्मक ढंग से किस प्रकार नर-नारी दोनों की पुरानी सामाजिक और नैतिक रूढ़ियों से मुक्त होने की कामना को वाणी दी, किस प्रकार उसने जड़ सामूहिकता में बँधे हुए व्यक्ति की वैयक्तिकता के लिए संघर्ष किया और फिर उसके व्यक्तित्व के विकास में सहयोग दिया और किस तरह छायावाद ने मानव-मन में सार्वभौम भावना का बीजारोपण करके उसके मन:क्षितिज का विस्तार किया। इन सभी बातों का संबंध समकालीन सामाजिक जीवन से ही है। इसीलिए कुछ आलोचक कहते हैं कि राजनीतिक ढँग से जो कार्य गाँधीवाद ने किया, साहित्यिक ढँग से वही कार्य छायावाद ने किया। इसी बात को वैज्ञानिक ढंग से कहना चाहें तो कह सकते हैं कि बुद्धिजीवी मध्य-वर्ग के नेतृत्व में भारतीय जनता ने अपनी राजनीतिक और सामाजिक स्वाधीनता के लिए जो संघर्ष किया, उसके कई पहलुओं को छायावाद ने सचाई के साथ प्रतिबिंबित किया और यथाशक्ति उसे आगे बढ़ाने में योग भी दिया।

यह तो हुई छायात्मक अभिव्यक्ति की बात। कभी-कभी छायावाद ने सीधे ढंग से भी राजनीतिक और सामाजिक बातों के प्रति अपनी प्रतिक्रिया व्यक्त की। सबसे पहले **राष्ट्रीयता की भावना** को ही लें।

हर पराधीन देश में राष्ट्रीयता की भावना का उदय **पुनरुत्थान-भावना** से होता है। इसकी वजह है। विजेता जाति प्राय: विजित जाति को दबाने के लिए उसमें से सभी प्रकार की शक्तियों का अपहरण करने का प्रयत्न करती है। भारतवर्ष पर अपनी साम्राज्यवादी छाया डालने के बाद अंग्रेजों ने भी यही किया। उन्होंने भारतीयों के आत्म-गौरव को कुचलने के लिए हर तरह की कोशिश की। उनको बर्बर और असभ्य कहा; उनकी सांस्कृतिक परंपरा को तुच्छ ठहराया; उन्हें शुरू से ही हार खानेवाला साबित किया और भारतीयों के मन में यह भाव भरने की कोशिश की कि अपनी भौगोलिक परिस्थितियों के कारण सदा से ही भारतवासी अकर्मण्य, परलोक की चिंता करनेवाले तथा सैनिक भाव से हीन रहे हैं। अंग्रेजों ने हर तरह भारत के इतिहास को विकृत करने की कोशिश की।

नि:संदेह उन्होंने अपने उद्देश्य की पूर्ति के लिए भारतीय इतिहास की छिपी-दबी अनेक सामग्रियों को खोजकर प्रकाश में रखा। अंग्रेजों में भी सभी एक ही प्रवृत्ति के न थे। उनमें कुछ शुद्ध विद्याव्यसनी भी थे; उनके मन में भारतीय संस्कृति को जानने की सच्ची लगन थी। इन सबके सम्मिलित प्रयत्न से भारतवर्ष

के कोने-कोने में खुदाई हुई। पुरातत्त्व विभाग ने अतीत की बहुत-सी सामग्री खोज निकाली और एक बार प्रकाश में आ जाने पर इन सामग्रियों ने अपना स्वतंत्र अस्तित्व प्राप्त कर लिया। तथ्य तो तथ्य हैं—इनकी व्याख्या करने के लिए सभी लोग स्वतंत्र हैं। यदि इन तथ्यों के आधार पर साम्राज्यवादी अँग्रेज विद्वान भारत की सांस्कृतिक परंपरा को हेय ठहराने की कोशिश कर सकते हैं तो भारतीय विद्वान उसी आधार पर अपनी परंपरा को गौरवशाली भी तो दिखा सकते हैं। एक बार प्रकाश में आकर तथ्य स्वयं प्रकाश में लानेवाले की इच्छा से भी स्वतंत्र हो जाते हैं और फिर वे सबकी संपत्ति बन जाते हैं। यही हालत भारतीय इतिहास की पुरातात्विक सामग्री की हुई। अंग्रेजों ने इनकी खुदाई चाहे जिस उद्देश्य से की, परंतु इन्होंने भारतीयों में अपनी सांस्कृतिक परंपरा का बोध जगा दिया। भारतवासियों को अपने भूले हुए अतीत का नवीन परिचय प्राप्त हुआ। संपूर्ण जाति में आत्म-गौरव का भाव जाग उठा।

भारतवासियों ने वर्तमान पराधीनता के अपमान को भूलने के लिए अतीत के स्वर्ण-युग का सहारा लिया। वर्तमान की हार का उत्तर उन्होंने अतीत की जीत से दिया। हीनता का भाव दूर हुआ। जो जाति वर्तमान में विभाजित थी, वह अतीत की पृष्ठभूमि पर एक हो उठी। इस तरह अतीत के पुनरुत्थान ने संपूर्ण देश में एक जातीय अथवा राष्ट्रीय भावना का सूत्रपात किया।

इस पुनरुत्थान-परक जातीय भावना को छायावादी कवियों ने भी प्रतिध्वनित किया। पुनरुत्थान-भावना प्रसाद में सबसे अधिक थी। चंद्रगुप्त, स्कंदगुप्त आदि अनेक ऐतिहासिक नाटकों के द्वारा उन्होंने जातीय जागरण के प्रसार में सहयोग तो दिया ही, इस भावना के उन्होंने कई गीत भी लिखे, जिनमें 'स्कंदगुप्त' का प्रसिद्ध गीत "हिमालय के आँगन में उसे प्रथम किरणों का दे उपहार" मूर्धन्य है। आत्म-गौरव का जैसा ओजस्वी उद्बोधन इस गीत में है, वैसा उस युग के शायद ही किसी गीत में मिले। इस गीत में प्रसाद कहते हैं कि संस्कृति का जन्म सबसे पहले भारत में ही हुआ। राम की दक्षिण-विजय, बुद्ध की अहिंसा और अशोक की करुणा संसार को भारत की देन है। संसृति में संस्कृति का प्रसार भारत से ही हुआ है। अनेक जातियों के उत्थान-पतन और आक्रमण के बावजूद भारत अपनी संस्कृति की रक्षा करता हुआ आगे बढ़ता आ रहा है। अंत में वे कहते हैं :

> वही है रक्त, वही है देह, वही साहस है, वैसा ज्ञान।
> वही है शांति, वही है शक्ति वही हम दिव्य आर्य संतान।
> जिएँ तो सदा, उसी के लिए, यही अभिमान रहे यह हर्ष।
> निछावर कर दें हम सर्वस्व, हमारा प्यारा भारतवर्ष।

पेशोला की प्रतिध्वनि' और 'शेरसिंह का शस्त्र-समर्पण' ये दो और कविताएँ प्रसाद की ऐसी हैं, जिनमें जातीय पराजय की मार्मिक झाँकी दिखलाते हुए विजय

की आकांक्षा जगाई गई है।

मेवाड़ की पेशोला झील में "निर्धूम भस्म रहित ज्वलन पिंड" का जो 'अरुण करुण बिंब' है, वह वस्तुतः जातीय सूर्य के अस्तमित गौरव का प्रतिबिंब है। पेशोला के किनारे किसी समय अपनी जीवन-संध्या में महाराणा प्रताप ने जो प्रश्न किया था, उसकी प्रतिध्वनि कवि को आज भी पेशोला की लहरों में सुनाई पड़ती है। यह पुकार केवल पेशोला की नहीं, बल्कि संपूर्ण अतीत की है और केवल अतीत की ही नहीं, बल्कि पराधीन वर्तमान की है, क्योंकि उस अतीत की व्यंजना में व्यंग्य तो वर्तमान ही है :

> कौन लेगा भार यह ?
> कौन विचलेगा नहीं ?
> साधना पिशाचों की बिखर चूर चूर होके
> धूलि-सी उड़ेगी किस दृप्त फूत्कार से ?

इस कविता में जिस 'पिशाच' की ओर संकेत किया गया है वह कौन है, इसे बतलाने की आवश्यकता नहीं है। जिनमें साहित्य का थोड़ा-सा भी संस्कार है वे जानते हैं कि यह 'पिशाच' अतीत का नहीं, बल्कि वर्तमान का है।

और 'शेरसिंह का समर्पण' तो एकदम आधुनिक घटना है। शेरसिंह को अँग्रेजों के ही सम्मुख शस्त्र समर्पित करना पड़ा था। शेरसिंह के मुख से जैसे सारा भारतवर्ष अंग्रेजों को जवाब दे रहा है :

> "आज विजयी हो तुम
> और हैं पराजित हम
> तुम तो कहोगे, इतिहास भी कहेगा यही,
> किंतु यह विजय प्रशंसा भरी मन की—
> एक छलना है !"

इस तरह की बातें अंग्रेजी शासन के मध्याह्न में कहने का साहस एक छायावादी कवि ही कर सका।

छायावादी कवियों में प्रसाद के बाद जिनमें अपनी परंपरा के गौरव का बोध सबसे अधिक था, वे हैं निराला। 'छत्रपति शिवाजी का पत्र' (1922) औरंगजेब के समर्थक जयसिंह के लिए नहीं, बल्कि अंग्रेज-बहादुर के समर्थक आधुनिक 'जयसिंहों' के लिए है, जिसमें अंत तक जाते-जाते वे कहते हैं :

> एकीभूत शक्तियों से एक हो परिवार
> फैले समवेदना
> व्यक्ति का खिंचाव यदि जातिगत हो जाए,

देखो परिणाम फिर,
स्थिर न रहेंगे पैर,
पस्त हौसला होगा,
ध्वस्त होगा साम्राज्य।
जितने विचार आज
मारते तरंग हैं,
साम्राज्यवादियों की भोगवासनाओं में
हिंदुस्तान मुक्त होगा घोर अपमान से,
दासता के पाश कट जाएँगे।

इस कविता का बाहरी रूप हिंदू-पुनरुत्थान का भले ही हो, परंतु इसमें अंग्रेजी साम्राज्यवाद के विरुद्ध विद्रोह तथा जातीय एकता का बीज स्पष्ट है। इस कविता तथा ऐसी ही अन्य कविताओं का जो रूप-विन्यास हिंदू-पुनरुत्थान से सीमित हो गया है, उसके मूल कारण भारत के सांस्कृतिक पुनर्जागरण में हैं। साम्राज्यवादियों की भेद-नीति के कारण सांस्कृतिक पुनर्जागरण में भी आरंभ से ही धार्मिक दरार पड़ गई, जिसके प्रत्यक्ष अथवा परोक्ष प्रभाव से उस युग के बहुत कम विचारक बच सके।

'जागो फिर एक बार' कविता की दूसरी किस्त (1921) में भी निराला ने सांस्कृतिक परंपरा की दुहाई देकर आत्म-गौरव और उद्बोधन का भाव जगाया है। अकाली सिक्खों के शौर्य तथा गीता की वाणी को स्मरण कराते हुए निराला कहते हैं :

शेरों की माँद में
आया है आज स्यार
जागो फिर एक बार

और फिर :

मुक्त हो सदा ही तुम
बाधा-विहीन-बंध-छंद ज्यों।
तुम हो महान,
तुम सदा हो महान,
है नश्वर यह दीन भाव।

*तुलसीदास* (1935) में स्वाधीनता की इस भावना का पूर्ण प्रस्फुटन हुआ है। भारत के सांस्कृतिक सूर्य के अस्त होने पर देश में किस तरह अंधकार छाया हुआ है, इसका मार्मिक चित्रण करते हुए निराला ने दिखलाया है कि किस प्रकार एक कवि

इस अंधकार को दूर करने की चेष्टा करता है। 'तुलसीदास' के रूप में निराला ने आधुनिक कवि के स्वाधीनता-संबंधी भावों के उदय और विकास का चित्रण किया है। छायावादी कवि की तरह निराला के 'तुलसीदास' को भी देश की पराधीनता का बोध प्रकृति की पाठशाला में ही होता है; किंतु छायावादी कवि की तरह वे भी कुछ दिनों के लिए नारी-मोह में पड़कर उस भाव को भूल जाते हैं। अंत में जो ज्ञान प्रकृति की पाठशाला में मिला था, उसका दीक्षांत भाषण उसी नारी के विश्वविद्यालय में सुनने को मिलता है, और भविष्यवाणी होती है कि :

देश-काल के शर से विंधकर
यह जागा कवि अशेष छवि धर
इसके स्वर से भारती मुखर होयेंगी।

इस तरह हिंदी जाति के सबसे बड़े जातीय कवि की जीवन-कथा के द्वारा निराला ने अपनी समसामयिक परिस्थितियों में रास्ता निकालने का संकेत दिया है।

इन सभी प्रसंगों और उपाख्यानों से साफ मालूम होता है कि आधुनिक कवि ने अपने युग की समस्याओं को सुलझाने के लिए इतिहास अथवा परंपरा का उपयोग किस प्रकार किया। छायावादी कवियों ने कहीं भी अतीत के स्वर्णयुग में लौटने की चर्चा नहीं की; उन्होंने अतीत को प्रायः प्रेरणा-स्रोत के ही रूप में स्वीकार किया है।

उन्होंने यह भाव तो अवश्य प्रकट किया है कि अतीत युग आज से अधिक सुंदर और सुखद था और कभी-कभी भावावेग में यह भी आकांक्षा प्रकट की है कि किसी प्रकार वह बीता हुआ स्वर्ण-युग लौट आए; परंतु इस सबका अर्थ अतीत का यथावत् पुनरुत्थान नहीं है। प्रसाद की *कामना* नाटिका में आदिम-युग के सरल जीवन का आकर्षण अवश्य दिखाया गया है, पर उसे भी वर्तमान वाणिज्य-व्यवस्था की प्रतिक्रिया ही समझना चाहिए। अतीत के विषय में छायावादी कवियों ने प्रायः यही कहा है कि आह, अब वह स्वर्ण-युग लौट नहीं सकता!

पंत का कहना है :

कहाँ आज वह पूर्ण पुरातन वह सुवर्ण का काल
भूतियों का दिगंत छवि-जाल।

देव-सृष्टि के ध्वंस पर प्रसाद के मनु भी रोते हुए कहते हैं कि 'गया, सभी कुछ गया!' परंतु जैसा कि निराला ने लिखा है, प्राचीन परंपरा से आधुनिक कवि का संबंध बहुत कुछ प्रेरणा-मूलक ही था :

कठिन शृंखला बजा-बजा कर
गाता हूँ अतीत के गान
किंतु कभी क्या उस अतीत को

आता है मेरा भी ध्यान ?
शिशु पाते हैं माताओं के
वक्षःस्थल पर भूला गान,
माताएँ भी पातीं शिशु के
अधरों पर अपनी मुस्कान ।

जातीय अथवा राष्ट्रीय भावना के इतिहास में यदि पुनरुत्थान-भावना प्रथम चरण है, तो देश-प्रेम द्वितीय चरण । अपने गाँव और प्रांत की सीमा से बाहर निकलकर संपूर्ण देश को अपनी जन्मभूमि समझना राष्ट्रीयता का मंगलाचरण है । लेकिन सच्चे देश-प्रेम के लिए आवश्यक है अपने देश के पेड़-पौधे, पशु-पक्षी, नदी-नाले, पहाड़-झरने, ग्राम-प्रांतर तथा यहाँ के रहनेवाले लोगों से घनिष्ठ परिचय तथा सहज स्नेह । अपने देश की प्राकृतिक सुषमा से जो आदमी प्रभावित न होगा, वह उसकी रक्षा के लिए जान क्या देगा ? इसीलिए पुनरुत्थान-भावना के साथ ही हमारे देश में प्राकृतिक देश-प्रेम का भी उदय हुआ है ।

कवियों ने भावुकतावश भारतमाता के भव्य रूप की कल्पना की, जिसके सिर पर हिमालय का हिम-किरीट है, चरण-तल में पादार्घ्य लेने के लिए समुद्र खड़ा है; कटि-मेखला की तरह विंध्यमाला है और हृदय के स्नेह-स्रोत की जगह गंगा-जमुना बह रही है । मैथिलीशरण गुप्त की :

नीलांबर परिधान हरित पट पर सुंदर है
चंद्र-सूर्ययुत् मुकुट मेखला रत्नाकर है
नदियाँ प्रेम-प्रवाह, फूल तारे मंडन है
बंदीजन खग-वृंद, शेष-फन सिंहासन है
करते अभिषेक पयोद हैं, बलिहारी उस देश की ।
हे मातृभूमि, तू सत्य ही सगुण मूर्ति सर्वेश की ।

कविता कुछ-कुछ इसी भावना का प्रतिनिधित्व करती है ।

परंतु छायावाद तक आते-आते देश-प्रेम की इस स्थूल मूर्ति-पूजा का और भी विकास हुआ । विश्व-मानवतावाद की विराट भावना ने देश-प्रेम की प्राचीन संकीर्णता को दूर कर उसके क्षितिज का विस्तार किया । स्थूल मूर्ति का स्थान सूक्ष्म भावात्मक संज्ञा ने ले लिया । पहले प्रकृति के नाम पर जहाँ चौहद्दी बयान की जाती थी, वहाँ अब प्रकृति का जीवंत और भव्य चित्रण किया गया । द्विवेदीयुगीन स्थूल और संकीर्ण देश-प्रेम से छायावादी देश-प्रेम कितना भावात्मक और व्यापक था, इसे प्रसाद के *चंद्रगुप्त* नाटक में कॉर्नेलिया के द्वारा गाए हुए इस गीत से अनुभव किया जा सकता है :

अरुण यह मधुमय देश हमारा।
जहाँ पहुँच अनजान क्षितिज को मिलता एक सहारा।

सरस तामरस-गर्भ-विभा पर, नाच रही तरुशिखा मनोहर।
छिटका जीवन हरियाली पर मंगल-कुंकुम सारा।
लघु सुरधनु से पंख पसारे, शीतल मलय समीर सहारे।
उड़ते खग जिस ओर मुँह किए समझ नीड़ निज प्यारा।
बरसाते आँखों के बादल, बनते जहाँ भरे करुणा-जल।
लहरें टकरातीं अनंत का पाकर जहाँ किनारा।

पुराना कवि अधिक से अधिक भारतमाता को शेष-फन के सिंहासन पर बैठाकर खग-वृंद-जैसे बंदीजनों द्वारा उसकी स्तुति कराना ही बड़ी बात समझता था। लेकिन छायावादी कवि भारतमाता को सामंत युग की राजरानी बनाने में विश्वास नहीं करता था। छायावादी कवि की भारत भूमि ऐसी है जिससे क्षितिज को भी एक सहारा मिलता है और अनंत की लहरों को भी किनारा प्राप्त होता है। इसका आकाश खगों के छोटे-छोटे इंद्रधनुषों से रंजित रहता है और यहाँ जीवन की हरियाली पर उषा मंगल-कुंकुम की वर्षा करती है। ये सभी प्रतीक क्रमशः भारत भूमि के नव-जागरण के विविध पक्षों पर प्रकाश डालते हैं। क्षितिज और अनंत की लहरें राष्ट्रीयता के बीच से विकसित होती हुई अंतर्राष्ट्रीयता की सूचना देती हैं, तो हरियाली नव-जीवन की और मंगल-कुंकुम बरसानेवाली उषा नव-जागरण की; और चिड़ियों के इंद्रधनुष विविध कल्पनाओं की ओर संकेत करते हैं। छायावाद के इस उदात्त और भावप्रवण देश-प्रेम के सम्मुख पूर्ववर्ती युग का देश-प्रेम बिना रंग-भरे चित्र का रेखाचित्र-मात्र है।

भावुक देश-प्रेम से भी आगे बढ़कर छायावादी कवियों ने देश की स्वतंत्रता के लिए उद्‌बोधन गीत लिखे। उसी *चन्द्रगुप्त* नाटक में देश के युवकों को ललकारते हुए प्रसाद गाते हैं :

हिमाद्रि तुंग शृंग से
प्रबुद्ध शुद्ध भारती
स्वयं प्रभा समुज्ज्वला
स्वतंत्रता पुकारती—

"अमर्त्य वीर पुत्र हो, दृढ़-प्रतिज्ञ सोच लो,
प्रशस्त पुण्य पंथ है—बढ़े चलो, बढ़े चलो !"

इस प्रकार छायावादी कवियों ने स्पष्ट रूप से राजनीतिक स्वतंत्रता के लिए भी कविताएँ लिखीं।

लेकिन राजनीतिक स्वतंत्रता तो स्वतंत्रता का केवल एक अंग है। स्वतंत्रता बड़ी व्यापक भावना है जिसमें मनुष्य की आर्थिक, सामाजिक, नैतिक, धार्मिक आदि सभी प्रकार की मुक्ति का भाव निहित है। समष्टि में स्वतंत्रता का अर्थ है मनुष्य के समूचे व्यक्तितत्व के विकास के लिए पूर्ण सुविधाओं की प्राप्ति और व्यक्तित्व-रोधी समस्त बाधाओं की समाप्ति।

स्वतंत्रता के इस व्यापक अर्थ पर विचार करते ही तुरंत सवाल उठता है कि देश की स्वतंत्रता माने किसकी स्वतंत्रता? यदि अंग्रेज यहाँ से चले गए तो क्या संपूर्ण भारतवासियों को स्वतंत्रता मिल जाएगी? क्या समाज के निचले स्तर के लोग अर्थात किसान-मजदूर भी स्वतंत्र हो जाएँगे? अंग्रेजों के चले जाने से क्या गरीबों को भी सुविधाएँ मिल जाएँगी?

जिस देश में धर्मप्राण धनी-मानी लोग चींटियों के बिल पर चीनी भुरभुराते फिरते हों अथवा रामभक्त द्विज बंदरों को पुए खिलाते चलें वहाँ दीन मानव की क्या गति होगी—इसका अनुमान सहज ही किया जा सकता है। अंग्रेजों के चले जाने के बाद शासन की बागडोर तो ऐसे ही लोगों अथवा इन्हीं के भाई-बंद के पास आती। इनसे गरीबों की भलाई होगी, इसकी क्या उम्मीद? जिनकी जीव-दया चीटियों और बंदरों तक ही सीमित है, उनकी करुणा मानव को कितनी मिल सकती है, इसे समझना कठिन नहीं है। *अनामिका* की 'दान' (1935) कविता में निराला ने ऐसे ही दयालु ढोंगियों का पर्दाफाश किया है। इस कविता में एक ऐसे राम-भक्त का चित्रण है, जो दुख पाने पर कपियों से हाथ जोड़कर प्रार्थना करते हैं; वर्ण के द्विज हैं, बारहो मास शिव को भजते हैं, रामायण का पारायण करते हैं और प्रतिदिन सरिता-मज्जन करते हैं। इन्हीं द्विजोत्तम ने एक दिन गोमती तट पर:

झोली से पुए निकाल लिए
बढ़ते कपियों के हाथ दिए;
देखा भी नहीं उधर फिर कर
जिस ओर रहा वह भिक्षु इतर;
चिल्लाया किया दूर मानव,
बोला मैं—"धन्य, श्रेष्ठ मानव!"

स्वाधीनता का अभिलाषी छायावादी कवि ऐसे ही मानव के भविष्य के लिए चिंतित था। वह जानना चाहता है कि इस गरीब ने आखिर क्या किया है, जो उसे यह पाप भोगना पड़ रहा है? वह इस सवाल का जवाब चाहता है, मगर जवाब इसका कौन दे?

ढोता जो वह, कौन-सा शाप?
भोगता कठिन, कौन-सा पाप?

यह प्रश्न सदा ही है पथ पर
पर सदा मौन इसका उत्तर!

इसके जवाब में अधिक से अधिक यही दिखाई पड़ता है कि उसकी गरीबी को जड़ से दूर करने की जगह धनी लोग दान देकर उसका मुँह बंद कर देते हैं! और वह दान भी कितना है? बस एक पैसा! इतनी बड़ी दया और ऐसा दान!

जो बड़ी दया का उदाहरण
वह पैसा एक, उपायकरण!

स्वाधीनता के इस बढ़ते हुए संघर्ष में निराला ने गरीबों का ध्यान बराबर रखा और उनका पक्ष लिया। *तुलसीदास* में भारत की दीन-दशा पर प्रकाश डालते हुए वे लिखते हैं:

रण के अश्वों से शस्य सकल
दलमल जाते ज्यों, दल के दल
शूद्रगण क्षुद्र जीवन-संबल, पुर-पुर में।
वे शेषश्वास, पशु, मूक भाष
पाते प्रहार अब हताश्वास;
सोचते कभी, आजन्म ग्रास द्विज गण के।
होना ही उनका धर्म परम
वे वर्णाधम, रे द्विज उत्तम,
वे चरण, चरण बस, वर्णाश्रम रक्षण के।

स्वाधीनता की लड़ाई में इन चरणों की ओर ध्यान तो सन् तीस के बाद दिया जाने लगा, क्योंकि उसी के आसपास किसान-आंदोलन ने ज्यादा जोर पकड़ा। परंतु किसानों की दीन-दशा की ओर निराला का ध्यान बहुत पहले से ही रहा है। सन् '23 में ही *विप्लव के बादल* का आह्वान करते हुए निराला कहते हैं:

रुद्ध कोष है क्षुब्ध तोष
अंगना-अंग से लिपटे भी
आतंक अंक पर काँप रहे हैं
धनी, वज्रगर्जन से बादल।
त्रस्त-नयन-मुख ढाँप रहे हैं।
जीर्ण बाहु, है शीर्ण शरीर,
तुझे बुलाता कृषक अधीर,
ऐ विप्लव के वीर।

इस तरह छायावाद ने प्रत्यक्ष रूप से भी समकालीन राष्ट्रीय आंदोलन को प्रतिबिंबित और प्रभावित करने में महत्त्वपूर्ण कार्य किया। यह जरूर है कि सभी कवियों ने समान रूप से इस भाव की कविताएँ नहीं लिखीं, लेकिन यह सच है कि सभी कवियों ने राष्ट्रीय आंदोलन के किसी न किसी पहलू को यथाशक्ति चित्रित करने की कोशिश की। इन सबमें निराला सबसे आगे रहे। उन्होंने अधिक से अधिक व्यापक क्षेत्र तथा प्रगतिशील सामाजिक शक्ति को अपनाने की चेष्टा की। उन्हीं के प्रयत्न से छायावादी कविता 'बहुजीवन की छवि' कहलाने का गौरव प्राप्त कर सकी।

# कल्पना के कानन की रानी

स्वाधीनता-आंदोलन के दौरान भारतवासियों को पूर्ण रूप से राजनीतिक और आर्थिक स्वतंत्रता भले ही न प्राप्त हुई हो, परंतु मानसिक स्वाधीनता अवश्य प्राप्त हुई है। और कविता के लिए इस मानसिक स्वाधीनता का महत्त्व बहुत बड़ा है। मानसिक स्वाधीनता विचारों और भावों के अबाध प्रसार के लिए द्वार खोल देती है और छायावादी कवि के लिए इस मानसिक स्वाधीनता ने यही कार्य किया। नई पीढ़ी के युवकों का हृदय पुरानी मर्यादाओं से मुक्त हुआ। परिपाटियों और सामाजिक विधि-निषेधों से छुट्टी मिली। औचित्य-अनौचित्य की नियमावली शिथिल हुई। इतना होना था कि हृदय से भावों का निर्झर फूट पड़ा। प्राणों से उच्छ्वास और आँखों से आँसू उमड़ चले। इसी **उच्छ्वास** और **आँसू** से छायावाद का आरंभ हुआ। भावुकता कविता का पर्याय हो गई।

इससे पहले के कवियों में हृदय का ऐसा अबाध आवेग नहीं मिलता। द्विवेदी-युग के कवि अपने भावों की अभिव्यक्ति के विषय में बड़े सतर्क थे। रीतिकाल के कवियों के लिए तो जैसे हृदय का कोई महत्त्व ही न था; उनकी सभी बातें इस कदर साँचे में ढली-ढलाई निकलती प्रतीत होती हैं कि उनसे व्यक्ति-वैशिष्ट्य का बोध ही नहीं होता। और संत-भक्त कवियों के संयम का क्या कहना! अपने भगवान के सामने हृदय खोलकर रखते हुए भी भक्त संयत रहता था। भक्ति-भावना ने भक्त कवि के चित्त को सदैव संतुलित रखा। वहाँ गलदश्रु भावुकता की झलक भी कहीं-कहीं मिल जाती है, परंतु उसमें भी एक प्रकार की मर्यादा है। भक्तों के यहाँ चित्त की अस्थिरता में भी स्थिरता है, विह्वलता में भी धैर्य है, आवेग में भी विवेक है, आत्म-दुर्बलता में भी दृढ़ता है और संदेह में भी विश्वास है।

परंतु यही बातें छायावादी कवियों के विषय में नहीं कही जा सकतीं। छायावादी कवि अपने भावावेग में धीरज, विवेक और विश्वास को किस प्रकार

भूल जाता है—इसे पंत के *उच्छ्वास, आँसू* और *ग्रंथि* में अच्छी तरह देखा जा सकता है ।

जितनी विह्वलता छायावादी कवि की व्यथा में है, उतनी ही विह्वलता उसके उल्लास में भी है । इंद्रधनुष को देखकर वह बच्चों की तरह उछल पड़ता है, जैसे उसने एकदम नई चीज देख ली । वह अपने सुख और दु:ख की अनुभूति को थोड़ी देर के लिए भी रोकने में असमर्थ है । बिना किसी सोच-विचार और भय-संकोच के छायावादी कवि अपने हर्ष-शोक को ज्यों-का त्यों प्रकट कर देता है ।

इस भावावेश से छायावादी कवि में कुछ गंभीरता की कमी भले ही आ गई हो, परंतु इसने जीवन और जगत को समझने की एक बहुत बड़ी शक्ति दे दी और यह शक्ति है संवेदनशीलता । अक्सर ऐसा होता है कि विचारों से जहाँ हम नहीं पहुँच पाते, भावों से पहुँच जाते हैं । ऐंद्रिय-बोध ज्ञान का पहला सोपान है । किसी वस्तु का ज्ञान हमें सबसे पहले ऐंद्रिय-बोध से ही होता है, जिसे सामान्य व्यवहार की भाषा में हम अनुभव करते हैं । अनुभव की अवस्था में बोध्य-वस्तु हमारें भावों का ही विषय होती है । जब एक ही प्रकार के ऐंद्रिय-बोध जगानेवाली अनेक वस्तुएँ हमारे अनुभव में आती-जाती हैं, तो हम उन विशिष्ट अनुभवों के आधार पर एक सामान्य मत बनाते हैं और वही विचार होता है । तात्पर्य यह है कि भावावेग ही वह पहली मन:स्थिति है जिससे किसी वस्तु का ज्ञान होता है, और छायावाद में इसकी प्रधानता थी । इसीलिए जगत और जीवन को समझने के लिए छायावादी कवियों को विशेष प्रकार की अंतर्दृष्टि मिल गई । छायावादी कवि प्रकृति और संसार के रहस्यों के विषय में जो इतने अधिक जिज्ञासु दिखाई पड़ते हैं, वह इसी अंतर्दृष्टि का प्रमाण है। हर चीज के प्रति अथक **जिज्ञासा** और **कुतूहल** छायावाद का मंगलाचरण है, और यही वह रचनात्मक शक्ति है जिसके द्वारा कवि, दार्शनिक अथवा वैज्ञानिक अपने-अपने क्षेत्र में कोई नई चीज दे जाता है । छायावाद में इस नई शक्ति का उन्मेष था, इसलिए उसने हिंदी-साहित्य को कुछ नया दिया । द्विवेदी-युग में अथवा रीतिकाल में इसकी कमी थी, इसलिए इन युगों की रचनात्मक देन बहुत कम है ।

दबे हुए मन में जिज्ञासा का उदय असंभव है । रीतिकाल के कवियों के मन पर परिपाटियों का चिर-संचित भार था । इसलिए उनमें जीवन और जगत के रहस्यों के प्रति कोई कुतूहल ही न था । इसके विपरीत छायावादी कवियों का मन उन्मुक्त था । इसलिए उनका मन हर दिशा में दौड़ लगाने के लिए तैयार रहता था । इस स्वच्छंद जिज्ञासा की ही बदौलत छायावादी कवियों ने प्रकृति और नारी-सौंदर्य के अनेक रहस्यों का उद्घाटन किया ।

जिज्ञासा अपने आप में किसी वस्तु को जानने में समर्थ नहीं है । केवल प्रश्न से ही उत्तर नहीं मिल जाता । जिज्ञासा की तीव्रता जिज्ञासु के मन में एक दूसरी शक्ति

को जन्म देती है, जिसके द्वारा मन उस वस्तु के अंतस्तल में प्रवेश करता है। इस शक्ति का नाम है **कल्पना**। कल्पना-शक्ति के द्वारा मन अगम वस्तु तक पहुँच जाता है, दुर्लभ वस्तु को भी प्राप्त कर लेता है, अज्ञात और अज्ञेय वस्तु को भी जान लेता है तथा अदृष्ट वस्तु का भी रूप निर्धारित कर सकने में समर्थ हो जाता है। जिज्ञासा ने छायावादी कवि को यही कल्पना-शक्ति प्रदान की।

इस प्रकार भावावेग ने अंततोगत्वा कल्पना का सृजन किया। छायावाद की विशेषता बतलाते समय आलोचक अक्सर भावुकता और कल्पना का उल्लेख अलग-अलग दो शक्तियों के रूप में करते हैं। परंतु विचार करने पर दोनों का कारण-कार्य संबंध स्पष्ट हो जाएगा। भाव और कल्पना अलग-अलग तो हर युग के काव्य में किसी न किसी मात्रा में मिल जाएँगे, लेकिन छायावाद में जिस कल्पना के दर्शन होते हैं, वह अप्रस्तुत-विधायिनी सामान्य कल्पना नहीं है। छायावादी कल्पना केवल अलंकारों और प्रतीकों की योजना करनेवाली सामान्य प्रवृत्ति नहीं है; वह सत्यान्वेषी अंतर्दृष्टि है, और ऐसी कल्पना का अभ्युदय भावावेग में ही होता है। तीव्र भावावेग में ही उदात्त कल्पना का जन्म होता है। किसी वस्तु को देखते ही मन में उससे मिलते-जुलते चित्रों का जो ताँता बँध जाता है, वह तीव्र भावावेग के ही कारण। किसी वस्तु के सौंदर्य से उद्बुद्ध होकर मन की गति इतनी तीव्र हो जाती है कि वह अनेक तद्रूप वस्तुओं तक क्षण में पहुँच जाता है। भावावेग जितना ही तीव्र होता है, अप्रस्तुत चीजों का रूप उतना ही अद्भुत और असामान्य होता है, और फिर ये अद्भुत तथा असामान्य चित्र हृदय में नए ढंग का आह्लाद और कंपन उत्पन्न करते हैं। संवेदना कल्पना को जाग्रत करती है और कल्पना संवेदना में वृद्धि करती है। इस तरह दोनों शक्तियों को अलगाना तथा अलगाकर इन पर विचार करना कठिन है। एक ही कविता में अनुभूति की तीव्रता और कल्पना की उड़ान दोनों साथ-साथ मिल सकती हैं। उदाहरण के लिए *राम की शक्ति-पूजा* में राम के हृदय की तीव्र व्यथा और फिर उस व्यथा के कारण लतांतराल मिलन की सुधि और सामने के शैल-शृंग में नूतन शक्ति की प्रतिमा का दर्शन—सब साथ-साथ होता है। *उच्छ्वास* में पंत का हृदय धीरज छोड़कर रोता भी है और शैल की सुधि भी करता है। *कामायनी* में मनु एक ओर चिंता में डूबे हुए भी हैं और दूसरी ओर उनकी कल्पना में ध्वस्त देव-सृष्टि के मोहक चित्र भी उभरते जाते हैं। इसीलिए छायावाद में कल्पना को इतना महत्त्व दिया गया है।

कल्पना का जितना गुण-गान छायावाद में हुआ, उतना कभी नहीं हुआ था। संभवतः कविता के क्षेत्र में छायावाद से पहले **कल्पना** का प्रचार भी नहीं हुआ था। छायावाद-युग में कल्पना और कविता पर्याय हो गए। पंत अपने *पल्लव* को 'कल्पना के ये विह्वल बाल' कहते हैं। निराला तो कविता मात्र को 'कल्पना के कानन की रानी' मानते हैं। प्रसाद आरंभिक रचना-काल में ही कल्पना की स्तुति करते हुए कहते हैं :

हे कल्पना सुखदान
तुम मनुज जीवन प्रान
तुम विशद व्योम समान ।

छायावादी कवियों को कल्पना इतनी अधिक प्रिय थी कि उन्होंने सबसे अधिक सुंदर, उदात्त, भव्य और महान वस्तुओं की उपमा कल्पना से दी । प्रसाद हिमालय को 'विश्व-कल्पना' कहते हैं, पंत *बादल* को 'त्रिभुवन की कल्पना महान' मानते हैं तथा 'छाया' को भी 'कवियों की गूढ़ कल्पना-सी' कहते हैं ।

मध्ययुग में कविता में कल्पना केंद्रबिंदु न थी । कल्पना-शक्ति का उपयोग निःसंदेह मध्ययुग के संत, भक्त और रीतिवादी कवि भी करते थे, परंतु अधिक से अधिक इसके द्वारा वे थोड़ी-सी उपमाओं और रूपकों का संग्रह करते थे । वे उपमाओं के मोह में इतनी दूर तक नहीं बह जाते थे कि मूल भाव छूट जाए । उनकी कल्पना सृष्टि सदैव भावों से अनुशासित, नियंत्रित और मर्यादित रहती है । इसीलिए वे लोग कविता में रस की प्रधानता मानते थे—स्वयं उस रस की स्थिति क्या थी, यह दूसरा सवाल है । उन कवियों का **औपम्य-विधान** सदैव लोगों के सामान्य अनुभव की पहुँच में होता था । छायावादी कवियों की भाँति उनके औपम्य-विधान में निजी तरंग की अतिशय बहक नहीं होती थी । उनकी उपमाएँ उपमान की सीमा से आगे बढ़कर किसी दूसरी दुनिया की झाँकी नहीं दिखाती थीं । उनका अप्रस्तुत जगत सदैव प्रस्तुत की सीमा में ही रहता था । कल्पना-शक्ति के द्वारा वे वर्ण्य की व्याख्या मात्र करते थे, वे किसी नए वर्ण्य-विषय की सृष्टि नहीं करते थे । दूसरे शब्दों में, वे केवल व्याख्याता थे, छायावादियों की तरह स्रष्टा नहीं थे ।

मध्ययुग के कवि पूर्वपरिचित वस्तुओं को कल्पना-शक्ति के द्वारा अधिक से अधिक थोड़ा-सा अलंकृत करके आकर्षक बना सकते थे; उन वस्तुओं में वे किसी सर्वथा अपरिचित तथा अदृष्ट दृश्य की झाँकी दिखाने में असमर्थ थे, मध्ययुग और आधुनिक छायावादी कविता की कल्पना में यही मौलिक अंतर है ।

*काव्य में रसात्मक बोध के विविध रूप* शीर्षक निबंध में 'कल्पना' के विषय में लिखते हुए आचार्य शुक्ल ने भी स्वीकार किया है कि आजकल तो 'भाव' की बात दब-सी गई है, केवल इसी का नाम लिया जाता है; क्योंकि 'कवि की नूतन सृष्टि' केवल इसी की कृति समझी जाती है ।

मध्ययुगीन और छायावादी कल्पना में अंतर स्पष्ट करने के लिए बिहारी और निराला की यमुना-संबंधी कविताओं की तुलना की जा सकती है । यमुना नदी को देखकर बिहारी कहते हैं :

सघन-कुंज छाया-सुखद, सीतल सुरभि समीर ।
मन ह्वै जात अजौं वहै, वा जमुना के तीर । ।

जबकि निराला यमुना को देखते ही घोर स्वप्न में डूब जाते हैं और उनकी आँखों के सामने राधा-कृष्ण और गोपियों की विविध क्रीड़ाओं के चित्रों की लड़ी लग जाती है। निराला दिखाई पड़नेवाली सामान्य यमुना के ऊपर अतीत की यमुना को एकदम नए और मोहक रूप में पुनर्जीवित कर देते हैं; वस्तुतः निराला एक नई यमुना की सृष्टि कर डालते हैं, जिसका आरंभ इस प्रकार होता है :

स्वप्नों-सी उन किन आँखों की
पल्लव-छाया में अम्लान
यौवन की माया-सा आया
मोहन का सम्मोहन ध्यान?
गंध-लुब्ध किन अलि बालों के
मुग्ध हृदय का मृदु गुंजार
तेरे दृग-कुसुमों की सुषमा
जाँच रहा है बारंबार?

यमुना किनारे बिहारी को केवल तीन चीजें दिखाई पड़ती हैं : सघन कुंज, सुखद छाया तथा शीतल सुरभित समीर और ये तीनों ही चीजें प्रत्यक्ष हैं। इस प्रस्तुत दृश्य से उनके हृदय में जिस अप्रस्तुत दृश्य की याद आती है, उसका वे संकेत भर करके रह जाते हैं। मध्ययुगीन कवि को इतना अवकाश नहीं है कि यहाँ थोड़े विस्तार में जाकर अप्रस्तुत दृश्य का वर्णन करे। वह प्रस्तुत से इतना बँधा हुआ है कि कल्पना के अप्रस्तुत लोक में उड़ने की क्षमता ही नहीं है; हृदय अत्यंत मर्यादित है।

इसके विपरीत निराला प्रस्तुत दृश्य की सर्वथा उपेक्षा करके अप्रस्तुत का ही कल्पना-लोक रच देते हैं। यहाँ ध्यान देने की बात यह है कि अप्रस्तुत-योजना में निराला राधा-कृष्ण की उन्हीं लीलाओं की याद करते हैं, जिनका वर्णन *भागवत, सूरसागर, रास-पंचाध्यायी* आदि मध्ययुगीन काव्यों में हो चुका है; परंतु यदि निराला के संस्मृत लीला-चित्रों की तुलना उन काव्यों के वर्णन से की जाए तो दो युगों का अंतर स्पष्ट हो जाएगा। निराला के चित्र *भागवत, सूरसागर, रास-पंचाध्यायी* आदि के चित्रों से अधिक कल्पना-प्रवण और मोहक हैं।

इसी तरह यदि कालिदास के *मेघदूत* और पंत के *बादल* की तुलना की जाए तो छायावादी स्वच्छंद कल्पना की विशेषता स्पष्ट हो जाएगी। कालिदास ने वर्णन-क्रम में बस कहीं-कहीं मेघ को उपमाओं और उत्प्रेक्षाओं से अलंकृत किया है; अन्यथा संपूर्ण काव्य में यथार्थ जगत का ही वर्णन है। 'पूर्वमेघ' में मेघ का पथ बतलाने के बहाने रास्ते में पड़नेवाले प्रांतों और नगरों का वर्णन किया गया है और 'उत्तरमेघ' में भी अधिकांशतः अलकापुरी, अलकापुरी के नर-नारियों, यक्ष-प्रिया

तथा प्रिया की विरह-व्यथा का वर्णन है। इस तरह कालिदास के काव्य में कल्पना कम, वास्तविकता अधिक है।

इसके विपरीत पंत के *बादल* में आदि से लेकर अंत तक बादल के विविध रूपों की कल्पना की गई है और फिर उन रूपों को मूर्त करने के लिए अद्भुत-अद्भुत अप्रस्तुतों की योजना की गई है; जैसे बादल का यह कथन :

बुद्बुद्-द्युति तारक-दल-तरलित
तम के जमुना-जल में श्याम
हम विशाल जंबाल-जाल से
बहते हैं अमूल, अविराम;
दमयंती-सी कुमुद कला के
रजतकरों में फिर अभिराम
स्वर्ण-हंस से हम मृदु ध्वनि कर
कहते प्रिय संदेश ललाम।

पंत के बादल में आद्योपांत इसी प्रकार कल्पना की ऊँची उड़ान है और कल्पना के ये चित्र मन में अद्भुत ढंग का विस्मय और आह्लाद उत्पन्न करते हैं। कालिदास के मेघ की तरह ये किसी गहरी अनुभूति में हमें, निःसंदेह, नहीं डुबाते लेकिन इन चित्रों की विलक्षणता से मन में जो आह्लादपूर्ण कंपन महसूस होता है, वह अपूर्व है! इससे एक अद्भुत और अपरिचित प्रदेश में मानस-यात्रा करने की सुखद अनुभूति होती है।

छायावाद में जो 'हृदय-सत्ता का सुंदर सत्य' व्यक्त हुआ है और प्रकृति तथा नारी-सौंदर्य की जो सूक्ष्म रेखाएँ चित्रित हुई हैं, उन सबका श्रेय इसी स्वच्छंद कल्पना को है। द्विवेदी-युग के कवियों के लिए जो प्रकृति पेड़-पौधों, पशु-पक्षियों की सूची-मात्र थी, उसी में छायावादी कवि की कल्पना-प्रेरित अंतर्दृष्टि ने चेतन-सौंदर्य की झलक देखी। द्विवेदी-युग के कवियों के लिए जो जगत घटनाओं और तथ्यों का समुदाय था, उसमें छायावादी कवि की कल्पना-प्रेरित अंतर्दृष्टि ने भावात्मक सत्य का अनुभव किया।

जिन रूपों, वस्तुओं और घटनाओं के बाहरी रूप तक जाकर सामान्य लोगों की दृष्टि रुक जाती थी, छायावादी कवियों ने उनके भीतर जाकर देखने की शक्ति दी। छायावाद ने दृश्य को दर्शन बना दिया। साधारण लोग जिसे देखते हुए भी नहीं देखते थे, सुनते हुए भी नहीं सुनते थे—उसी को छायावाद ने उनके लिए सर्वांग उद्घाटित करके रख दिया। छायावादी कल्पना ने दैनिक जीवन-चर्या से कुंठित मन को संवेदनशील बनाया।

कल्पना के ही द्वारा छायावादी कवि ने इस दुःखद वर्तमान में भी मनोहर स्वप्न-लोक की सृष्टि की; छायावादी कवि कल्पना के पंखों पर चढ़कर कभी अतीत

के स्वर्ण-युग में घूम आता था, कभी 'क्षितिज के उस पार' हो आता था और कभी भविष्य का भीं आदर्श-लोक देख लेता था। कल्पना ने छायावादी कवि को स्वप्न-जीवी बना दिया। इसी शक्ति के द्वारा कवि ने शाश्वत सौंदर्य की सृष्टि की। इस नश्वर-जगत में भी अनश्वरता को प्राप्त करने की चेष्टा की। कवि के शब्दों में :

तुम सत्य रहे चिर सुंदर
मेरे इस मिथ्या जग के

कल्पना के ही द्वारा उसमें सार्वभौम भावना आई। अपनी काल्पनिक उड़ान में कवि ने अनुभव किया कि वह संपूर्ण विश्व को अपनी बाँहों में बाँध सकता है! जैसे छोटा-सा फूल अपनी सुरभि से संपूर्ण व्योम को बाँध लेने का हौसला रखता है, उसी तरह छायावादी कवि ने भी अपनी कल्पना से अखिल चराचर को समेट लेने का सुख अनुभव किया।

इसीलिए छायावादी कवि के लिए कल्पना उसके व्यक्तित्व का अभिन्न अंग थी। कल्पना पर रोक लगाने का अर्थ था उसके व्यक्तित्व को बाँधना; कल्पना की हँसी उड़ाने का अर्थ था, स्वयं उसकी हँसी उड़ाना। कठोर वास्तविकता जब-जब उस पर प्रहार करती, उसे सबसे पहले इसी बात का भय होता कि कहीं यह मेरे कल्पना-पंखों को कतर न दे। ऐसे ही क्षणों में एक बार निराला ने लिखा था :

विश्व सीमाहीन;
बाँधती जाती मुझे कर-कर
व्यथा से दीन!
कह रही हो—"दुःख की विधि—
यह तुम्हें ला दी नई निधि,
विहग के वे पंख बदले—
किया जल का मीन;
मुक्त अंबर गया, अब हो
जलधि-जीवन को!"

इसीलिए छायावाद में दुःख और विषाद का इतना गहरा रंग है। यदि छायावादी कवि इतना कल्पना-प्रवण न होता तो उसे दुःख की इतनी तीव्र अनुभूति भी न होती। व्यथा के क्षणों में कल्पना उसके लिए अभिशाप हो गई। उसने अपने अभावों को कल्पना के द्वारा बहुत बढ़ाकर देखा। यों भी कल्पना के रथ पर चढ़कर वह वस्तुस्थिति से बहुत आगे निकल गया था। लेकिन इस दौड़ में एक स्थिति ऐसी आ गई जब तनाव बढ़ गया। वास्तविकता पीछे खींचने लगी और आकांक्षा आगे। इस खींचतान में, जैसा कि हमेशा होता है, वास्तविकता प्रबल पड़ी; फलतः

आकांक्षाएँ टूटने लगीं। छायावाद आँसुओं से गीला हो उठा। कहा भी है—आशा हि परमं दु:खम्!

इस खींचतान में एक ओर तमाम रूढ़ि-समर्थक शक्तियाँ और दूसरी ओर अकेले कवि का वैयक्तिक बल। पराजय अनिवार्य थी। बड़ी व्यथा के साथ छायावादी कविता की देवसेना ने स्वीकार किया :

चढ़कर मेरे जीवन-रथ पर
प्रलय चल रहा अपने पथ पर
मैंने निज दुर्बल पद बल से
उससे हारी होड़ लगाई!
आह! वेदना मिली विदाई!

8

# रूप-विन्यास

भावावेग से उत्पन्न अंतर्दृष्टि-दायिनी और सृष्टि-विधायिनी कल्पना ने कविता के रूप-विन्यास में इतना क्रांतिकारी परिवर्तन कर दिया कि बड़े-बड़े सुधी समालोचकों को भी छायावाद केवल नई काव्य-शैली प्रतीत हुआ। आचार्य शुक्ल के अनुसार, "छायावाद जिस आकांक्षा का परिणाम था, उसका लक्ष्य केवल अभिव्यंजना की रोचक प्रणाली का विकास था।" निःसंदेह द्विवेदी-युग की तुलना में छायावादी कविता का रूप-विन्यास इतना भिन्न और भव्य था कि अधिकांश पाठकों की आँखें चौंधिया उठीं। उस रूप की कांति से आतंकित होकर वे उसी को सबकुछ समझने लगे। उस हुस्न का इतना रोब था कि देखनेवाले उसके भीतर की और कोई चीज देख ही न सके। उस रूप-विन्यास के पीछे काम करनेवाली रुचि और सौंदर्य-भावना उनसे अनदेखी ही रह गई। मुग्ध दर्शक केवल रूप ही देखते रह गए। छायावादी कवि ने भी बड़े गर्व के साथ इस रूप-सृष्टि को उपस्थित किया था और अपने 'मित्र' को चुनौती देते हुए कहा था :

> लखो, दिया है पहना
> किसने यह हार बना
> भारति-उर में अपना
> देख दृग थके!

और सचमुच ही 'मित्र' के दृग उसे देख थके। उसने उस 'हार' का सौंदर्य तो देखा परंतु उसकी समझ में नहीं आ सका कि यह हार आया कहाँ से? कवि ने तो अपनी ओर से स्पष्ट कर दिया था कि यह 'हार' किसी बाजार से नहीं खरीदा गया है; यह हार उन मोतियों से बना है, जो हृदय की शुक्तियों से पैदा हुए और फिर हृदय की शुक्ति ने भी वह मोती अपने-आप नहीं पैदा किया। कल्पना के आकाश से भावों की जो वर्षा हुई, उसी के कणों को हृदय में धारण करके कवि ने ये मोती उपजाए थे। परंतु वर्षा का वह जल भी शुद्ध आकाश की उपज न था। वह जल भी मूलतः

धरती का ही था। वे बादल भी पृथ्वी के हृदय-समुद्र से ही उठे थे। उस कल्पना की भी उत्पत्ति समाज से हुई थी। प्राचीन और नवीन के संघर्ष के फलस्वरूप जो भयंकर सामाजिक तूफान उठा था, उसी के द्वारा समुद्र से वे वारिकण उड़े थे :

उड़े हुए थे जो कण
उतरे पा शुभ वर्षण!
शुक्ति के हृदय से बन
मुक्ता झलके!

इस तरह छायावादी काव्य-सौंदर्य की उत्पत्ति के विषय में छायावाद की ओर से बोलते हुए निराला ने स्पष्ट कर दिया कि इसकी उत्पत्ति कवि के उस हृदय से हुई है जो सामाजिक आंदोलन से उत्थित भावावेग और कल्पना को धारण करनेवाला है। दूसरे शब्दों में उसका आधार भावात्मक और सामाजिक है। 'निराला' की इस युक्ति को तुलसी के अनुलिखित रूपक के साथ मिलाकर देखिए तो बातें और स्पष्ट हो जाएँगी :

हृदय सिंधु मति सीप समाना।
स्वाति सारदा कहहिं सुजाना।।
जौं बरखइ बर बारि बिचारू।
होहिं कबित मुक्ता-मनि चारू।।
जुगुति बेधि पुनि पोहिअहिं, राम चरित वर ताग।
पहिरहिं सज्जन विमल उर, सोभा अति अनुराग।।

तात्पर्य यह कि रूप-विन्यास आंतरिक सौंदर्य-भावना का परिणाम होता है। छायावाद के पूर्ववर्ती द्विवेदी-युग की कविता में जो अत्यंत सादगी और अनलंकृति दिखाई पड़ती है, उसे शुद्धतावादी भावना का परिणाम समझना चाहिए। द्विवेदी-युग की कविता का रूप-विन्यास आर्यसमाजी सौंदर्य-भावना से प्रेरित था; इसीलिए वह कविता आर्यसमाज के उपदेशकों की तरह अपने वेश-विन्यास में एकदम सादी थी; उसमें राग-रंग की वस्तुओं का सर्वथा बहिष्कार था। अपने को सजाकर मोहक बनाने की जगह केवल जरूरत की चीजों से ही काम लेने की प्रवृत्ति थी। उपमाएँ बहुत कम और भरसक पूर्वपरिचित ही रखी गईं। तथ्य के सीधे कथन का आग्रह अधिक था। जैसे प्रकृति-चित्रण करना हुआ तो :

कहीं लौकियाँ लटक रही हैं
काशीफल कुष्माण्ड कहीं हैं

और यदि किसी मार्मिक तथ्य का उल्लेख करना हुआ तो :

हम कौन थे ? क्या हो गए हैं ? और क्या होंगे अभी ?
आओ विचारें आज मिलकर ये समस्याएँ सभी।

न कहीं उपमा, न रूपक। व्यर्थ का बतबढ़ाव नहीं। जो बात है, ज्यों की त्यों रख दी गई। आवश्यकता से अधिक एक भी शब्द नहीं। सुंदर बनाने की परवाह नहीं। जैसी रुचि वैसा रूप। तापस भाव, तापस रूप।

लेकिन छायावादी कवि के हृदय में प्रेम और शृंगार की भावना हिलोरें ले रही थी। यदि किसी कवि के हृदय में साज-सज्जा के लिए बाल-सुलभ उमंग थी, तो किसी के मन में यौवन-सुलभ शृंगार की तरंग और किसी में अल्हड़ मस्ती की बाँकी अदा। यह रुचि कोरी आवश्यकता से कहीं आगे की सोचती थी; उपयोगिता की संकुचित सीमा से निकलकर वह कला के क्षेत्र में नए-नए प्रयोग करनेवाला कलाकार था। सादगी उसका आदर्श नहीं और न कट्टर शुद्धिवादी रूप-विन्यास में उसका विश्वास ! जहाँ एक उपमा से काम चल सकता है, वहाँ दस उपमाएँ उँडेल दीं और वे भी एक से एक अनूठी। सीधी बात भी एक प्रकार की विलक्षण-सी भंगिमा में खड़ी है। भाव की तरंगें रूप-सागर में उठकर हिलोरें ले रही हैं। रूप की रेखाएँ बारीक भाव को सँजोए हुए हैं। सजावट कुछ ज्यादा हो गई तो क्या ? रंग अधिक चटक हो गया तो हो। लोग कृत्रिमता का आरोप करते हैं तो करें। स्वयं प्रसाधन के ये साधन भी यदि कलरव-कोलाहल करके कविता का उपहास करते हैं तो करते रहें। कवि इसके कारण कहीं भी कुंठित नहीं है; क्योंकि वह प्रिय के पथ पर चल रहा है :

प्रिय पथ पर चलती
सब कहते शृंगार !
मौन रही हार !

सेब की तरह रस की मधुर लालिमा भीतर न समा सकने के कारण यदि बाहर झलक पड़े तो कोई क्या करे ? छायावादी कवि के हृदय में सौंदर्य का जो अपार सागर लहरा रहा है, वह यदि कविता के रूप-विन्यास को भी उमड़कर रंजित कर गया तो क्या आश्चर्य !

परंतु यह अलंकार-प्रियता, यह रूप-सज्जा रीतिवादी कविता से काफी भिन्न है। रीतिकाल और छायावाद की कविता के रूप-विन्यास में वही अंतर है, जो दोनों युगों की नारियों अथवा पुरुषों के रूप-विन्यास में अंतर है। रीतिकाल की कविता मध्ययुगीन राजा और रानी की तरह अनेक प्रकार के आबेध्य, निबंधनीय, प्रक्षेप्य और आरोप्य अलंकारों का पुंज मालूम होती है। रीतिकालीन कविता की इस अलंकृति पर आधुनिक रुचि के लोगों ने काफी नाक-भौं सिकोड़ी है। स्वयं छायावादी कवियों ने भी उसकी कम आलोचना नहीं की। *पल्लव* की भूमिका में

इसका मजाक उड़ाते हुए पंत कहते हैं : ''स्वस्थ वाणी में जो एक सौंदर्य मिलता है, उसका कहीं पता नहीं। उस 'सूधे पाँय न धरि सकै शोभा ही के भार' वाली ब्रज की वासक-सज्जा का सुकुमार शरीर अलंकारों के अस्वाभाविक बोझ से ऐसा दबा दिया गया, उसके कोमल अंगों में कलम की नोक से असंस्कृत रुचि की स्याही का ऐसा गोदना भर दिया गया कि उसका प्राकृतिक रूप-रंग कहीं दीख ही नहीं पड़ता।''

परंतु रीतिकाल की अलंकृति का यह दोष नहीं था कि उसमें अनावश्यक बहुलता थी। जहाँ तक साज-सज्जा की अतिशयता का सवाल है, छायावाद रीतिवादी कविता से किसी बात में कम नहीं है। स्वयं पंत ने ही *आधुनिक कवि* पुस्तक-माला में संकलित अपनी रचनाओं का 'पर्यालोचन' करते हुए स्वीकार किया है कि ''छायावाद काव्य न रहकर अलंकृत संगीत बन गया और उसमें केवल टेकनीक और आवरण मात्र रह गया।''

इसलिए रीतिकाल और छायावाद की कविता के रूप-विन्यास का अंतर अलंकारों की बहुलता और न्यूनता का नहीं, बल्कि उन अलंकारों के पीछे काम करनेवाली रुचि अथवा सौंदर्य-भावना का है। एक के पीछे मध्ययुगीन रुचि है तो दूसरी के पीछे आधुनिक रुचि। ऐतिहासिक विकास के परिणाम-स्वरूप आधुनिक युग ने मध्ययुग के अधिकांश अलंकारों और वेश-विन्यास के ढंग छोड़ दिए।

यह केवल यूरोपीय प्रभाव ही नहीं है। भारत में आधुनिक सौंदर्य-बोध के विकास में निःसंदेह एक हद तक यूरोपीय सौंदर्य-बोध का काफी योग है, परंतु यह भी निश्चित है कि यूरोपीय प्रभाव के बावजूद भारत में स्वतंत्र रूप से आधुनिक सौंदर्य-भावना का विकास हुआ। छायावादी कविता का रूप-विन्यास इसी आधुनिक सौंदर्य-भावना पर आधारित है।

इस सौंदर्य-भावना की पहली विशेषता है स्वाभाविक सौंदर्य की अधिक से अधिक रक्षा तथा उसकी सहजता का ध्यान रखते हुए अतिरिक्त प्रसाधन का आरोप।

रीतिकाल तक आते-आते इस सहज प्रसाधन का अभाव हो गया था। जिस सामंती सौंदर्य-भावना का अभ्युदय कालिदास की रचनाओं में दिखाई पड़ता है, वह सामंती व्यवस्था के ह्रास के साथ धीरे-धीरे परिपाटी-विहित हो गई। कालिदास की नायिकाएँ धातु-निर्मित अलंकारों से अधिक अशोक, कुरबक, कदंब, शिरीष, कमल आदि कुसुमों से अपना शृंगार करती थीं। उनकी अलका की वधुओं का यह चित्र है--जिसके हाथ में लीलाकमल है, अलक में कुंद के ताजे फूल गुँथे हुए हैं, मुख पर लोध के फूल की पांडुर रज मली हुई, चूड़ापाश में नव कुरबक है, कानों में सुंदर शिरीष है तथा माँग के अग्रभाग में कदंब सुशोभित है।

लेकिन धीरे-धीरे जीवन का दायरा संकुचित होता गया। प्रकृति से संबंध

टूटता गया। नारी की स्वतन्त्रता कम होने लगी; वह दिन पर दिन दीवारों से घिरती गई। उसके प्रसाधन की सामग्रियाँ बदल चलीं। उन सामग्रियों में से कुछ तो केवल परंपरा-पालन के लिए थीं और शेष भोग-विलास-मूलक। अलंकृति में फूलों का स्थान धातुओं ने ले लिया। स्वतंत्रता छिनते ही शृंगार-प्रसाधन की दिशा में नए-नए प्रयोग का उत्साह नारी से लुप्त हो गया। उसकी सौंदर्य-भावना संकुचित और रूढ़िग्रस्त हो गई। सामंती व्यवस्था के अंतिम दिनों के समाज और साहित्य में इस प्रवृत्ति को देखा जा सकता है। राजपूत शैली के चित्र इसके साक्षी हैं। काव्यात्मक अलंकार भी इस प्रभाव के सूचक हैं। रीतिकालीन कविता के अलंकारों में नवोन्मेष कम, रूढ़िपालन अधिक है। रूढ़ि-निर्वाह का संबंध तो हृदय से होता नहीं, इसलिए रीतिकालीन कविता के अलंकार एकदम ऊपर से आरोपित प्रतीत होते हैं। इस तरह अलंकारों के जबर्दस्ती आरोप से भाव-धारा दबी हुई जान पड़ती है। इसीलिए वे भार मालूम होते हैं; साथ ही कृत्रिम भी। क्योंकि जो अलंकार हृदय की सहज उमंग के साथ धारण नहीं किए जाते, उनके प्रति धारण करनेवाले के मन में इतनी उदासीनता रहती है कि वे शरीर पर होते हुए भी शरीर के नहीं मालूम होते। पहननेवाले की उपेक्षा उन अलंकारों की कृत्रिमता प्रमाणित कर देती है।

छायावादी कवियों ने रीतिकालीन कविता की इस रूढ़िवादिता और कृत्रिमता को अच्छी तरह भाँप लिया। इसलिए उन्होंने कविता के रूप-विन्यास में भावों को प्रमुखता दी। और भावों ने जिस तरह विचारों के क्षेत्र में रूढ़ियों का विरोध किया, उसी तरह रूप-विधान के भी क्षेत्र में। जब उन्होंने देखा कि रूप-विधि-संबंधी रूढ़ियों के संकीर्ण ढाँचे में नवीन भाव अच्छी तरह नहीं अँट पाते तो उन्होंने प्राचीन रूप-विधि का विरोध सैद्धांतिक आधार पर किया। *पल्लव* की भूमिका में पंत लिखते हैं: "अलंकार केवल वाणी की सजावट के लिए नहीं; वे भाव की अभिव्यक्ति के विशेष द्वार हैं। भाषा की पुष्टि के लिए, राग की परिपूर्णता के लिए वे आवश्यक उपादान हैं; वे वाणी के आचार, व्यवहार, रीति, नीति हैं; पृथक् स्थितियों के पृथक् स्वरूप, भिन्न अवस्थाओं के भिन्न चित्र हैं।"

मतलब यह कि जो अलंकार यह शर्त पूरी न करें, उन्हें छोड़ देना चाहिए और इस आधार पर छायावाद ने पुराने अलंकारों की परिपाटी छोड़ दी। आवश्यकतानुसार उन्होंने नई परिपाटी का निर्माण किया।

वस्तुतः अंग्रेजी में जिसे **फॉर्म** कहते हैं उसका सटीक अर्थ *संगति* है अर्थात् 'फॉर्म' वह है जिसमें भाव के साथ रूप की पूर्ण संगति हो। भाव और रूप में जहाँ असंगति दिखाई पड़े, वहाँ रूप में कोई त्रुटि रह गई है। चारुता वही है जो 'प्रियेषु सौभाग्यफला' हो। **फॉर्म** अथवा **रूप** को संगति कहने का दूसरा अर्थ यह है कि स्वयं रूप-विन्यास के विभिन्न उपादानों और पक्षों में भी संगति होनी चाहिए; क्योंकि जब तक स्वयं रूप-विन्यास के भीतर संगति न होगी, वह समष्टि में भाव के साथ

संगति कैसे बैठा सकेगा ?

आचार्यों ने रूप-विन्यास की इस आंतरिक संगति को ही **सौंदर्य** नाम दिया है :

> अंगप्रत्यंगकानां यः सन्निवेशों यथोचितम्।
> संश्लिष्ट-संधिबंधः स्यात् तत् सौंदर्यमुदाहृतम्।।

जब रूप-विन्यास अंग-प्रत्यंग से यथोचित सन्निविष्ट, संश्लिष्ट तथा संधिबंध होता है, तभी वह स्वाभाविक प्रतीत होता है। भावों के साथ उसका मेल भी तभी बैठ सकता है और ऐसी ही स्थिति में किसी प्रकार के आभूषण बिना ही शरीर विभूषित मालूम होता है। सुढार और सुडौल अंग यष्टि अपने-आप ही शोभन है। इसी को आचार्यों ने **रूप** अथवा **फॉर्म** संज्ञा दी है :

> अंगान्यभूषितान्येव केनचिद् भूषणादिना।
> येन भूषितवद् भांति तद् रूपमिति कथ्यते।।

भाव और रूप की पूर्ण संगति के बाद कभी-कभी काव्य की रूप-विधि एक और कार्य करती है। अपनी सार्थकता प्रमाणित कर चुकने के बाद जब 'रूप' अथवा 'फार्म' किसी अतिरिक्त भाव की व्यंजना करता है तब वह 'प्रतीक' हो जाता है। 'झंझा' जब अपनी ध्वनि से आँधी-पानी दोनों का पूर्ण बोध करा देती है तो उसके रूप की सार्थकता पूरी हो जाती है। किंतु इससे आगे बढ़कर जब वह किसी हृदय की व्यथा और क्षोभ की ओर संकेत करती है तो अपनी सार्थकता के अतिरिक्त कार्य करती है। काव्य के क्षेत्र में 'रूप' का यह अतिरिक्त कार्य 'प्रतीक' और 'व्यंजना' कहलाता है तथा वस्तु-जगत में 'लावण्य'। रूप की इस व्यंग्यात्मक शक्ति को मोती की उपमा के सहारे समझाते हुए आचार्यों ने कहा है कि वह मोती की 'आब' अथवा 'तरल छाया' है :

> मुक्ताफलेषु छायाथास्तरलत्वमिवांतरा।
> प्रतिभाति यदंगेषु तल्लावण्यमहोच्यते।।

छायावादी कवियों ने अपनी अनुभूतियों के अनुरूप रूप-विधि का निर्माण करते समय 'रूप' की संगति और सार्थकता के साथ-साथ उसके अतिरिक्त-संकेत की भी ओर ध्यान रखा। इसीलिए छायावाद की रूप-योजना में एक ओर जहाँ सूक्ष्म से सूक्ष्म भावों के व्यंजक चित्र मिलते हैं, वहाँ दूसरी ओर प्रतीक-योजना भी काफी मिलती है।

जब हम कहते हैं कि छायावाद ने पुराने अलंकार-विधान को छोड़ दिया तो इसका क्या मतलब होता है, इसे भी समझ लेने की जरूरत है। ऊपर से देखने पर तो छायावाद में भी उपमा, रूपक, उत्प्रेक्षा, स्मरण, रूपकातिशयोक्ति, विरोधाभास आदि प्राचीन अलंकारों के उदाहरण मिलते हैं। इसी तरह अभिधा,

लक्षणा और व्यंजना के भी चमत्कार छायावाद में मिलते ही हैं; फिर छायावाद ने किस बात में पुराने अलंकार-विधान का परित्याग किया ?

थोड़ी गहराई में जाने पर छायावाद की अपनी विशेषता स्पष्ट हो जाएगी। उदाहरण स्वरूप मध्ययुगीन और छायावादी कवि के बादल-वर्णन को लें। बादल के वर्णन में दोनों ही कवि औपम्य-विधान का सहारा लेते हैं। काले-काले बादलों को देखकर मध्ययुग के सेनापति कहते हैं कि 'आने हैं पहाड़ मानो काजर के ढोइ कै' और दूसरे कवि भी इसी तरह के उपमानों की सीमा में रहते हैं। परंतु पंत के 'बादल' को देखें तो वह दर्जनों उपमानों का उपमेय दिखाई पड़ेगा। कभी वह जमुना-जल में तैरते हुए 'विशाल जंबाल-जल' की तरह मालूम होता है तो कभी आकाश के मधुगृह में लटके हुए 'स्वर्ण-भृंगों' की तरह, कभी वह अनिल-स्रोत में 'तमाल के पात' की तरह बहता है तो कभी गगन की शाखाओं पर 'मकड़ी के जाल' की तरह फैल जाता है। इतना ही नहीं; क्षितिज पर बादल की उठान 'सशंय'-सी मालूम होती है, उसका शीघ्र फैल जाना 'अपयश'-सा प्रतीत होता है, नभ में उसका उमड़ना 'मोह' की तरह ज्ञात होता है और उसका फैलाव 'लालसा'-सा दिखाई पड़ता है।

इस तरह की अप्रस्तुत-योजना छायावाद से पूर्ववर्ती संपूर्ण साहित्य में खोजे न मिलेगी। रूढ़ि-भुक्त उपमानों की जगह छायावाद ने एकदम नए उपमानों की योजना की और इसी बात में उसकी नवीनता है। और यह नवीनता मामूली नहीं है। उपमाएँ तो सभी कवियों ने दीं लेकिन 'उपमा कालिदासस्य' ही कहा गया और कालिदास की यह क्षमता सामान्य नहीं है। उपमाओं की योजना से कवि की कल्पना-शक्ति का पता चलता है। अनूठी और मार्मिक उपमाओं की खोज वही कवि कर सकता है जिसके पास अक्षय कल्पना-शक्ति हो। छायावादियों के पास ऐसी ही कल्पना-शक्ति थी। इस शक्ति के द्वारा छायावादियों ने कभी-कभी रूढ़ उपमाओं के आधार पर भी नया चमत्कार पैदा कर दिया है। *ग्रंथि* के रूप-वर्णन में पंत ने ऐसा बहुत किया है। जैसे आँखों के 'मीन,' 'खंजन' और 'भ्रमर' आदि रूढ़ उपमाओं को लेकर इन पंक्तियों में नवीन वक्रता उत्पन्न की गई है :

प्रथम, भय से मीन के लघु-बाल जो
थे छिपे रहते गहन जल में, तरल
ऊर्मियों के साथ क्रीड़ा की उन्हें
लालसा अब है विकल करने लगी।
कमल पर जो चारु दो खंजन, प्रथम
पंख फड़काना नहीं थे जानते,
चपल चोखी चोट कर अब पंख की
वे विकल करने लगे हैं भ्रमर को।

उपमाओं के क्षेत्र में छायावाद की एक विशेषता और है जिसकी ओर आचार्य शुक्ल का ध्यान सबसे पहले गया। वह विशेषता यह है कि छायावाद ने अपना ध्यान प्रभाव-साम्य पर विशेष रूप से केंद्रित किया; जबकि पुराने कवि आकार-साम्य की ओर अधिक दौड़ते थे। जैसे रीतिवादी कवि बादल के लिए आकार-साम्य पर 'हाथी' की उपमा देते थे; लेकिन जब पंत ने उसे 'धीरे-धीरे उठ संशय-सा' कहा तो उनका ध्यान बादल के धीरे-धीरे उठनेवाले धर्म की ओर गया। प्रेयसी को 'चंद्रिका की झंकार', 'तारिकाओं की तान' वगैरह कहना इसी प्रभाव-साम्य का परिणाम है। रत्नावली दूर चले जाने पर निराला के 'तुलसीदास' को और भी मधुर लगने लगी। इस पर निराला कहते हैं कि जिस तरह दूर की तान मीठी लगती है, उसी तरह प्रिया भी दूर जाकर मधुरतर प्रतीत होती है :

वह आज हो गयी दूर तान।
इसलिए मधुर वह और गान।।

यहाँ उपमा की मार्मिकता इसी बात में है कि वह प्रभाव-साम्य पर आधारित है। प्रभाव-साम्य की विशेषता बतलाते हुए शुक्ल जी कहते हैं कि "सिद्ध कवियों की दृष्टि ऐसे ही अप्रस्तुतों की ओर जाती है, जो प्रस्तुत के समान ही सौंदर्य, दीप्ति, कांति, कोमलता, प्रचंडता, भीषणता, उग्रता, उदासी, अवसाद, खिन्नता इत्यादि की भावना जगाते हैं।"

प्रभाव-साम्य ही आगे चलकर प्रतीक-योजना करता है। इस तथ्य पर प्रकाश डालते हुए शुक्ल जी आगे कहते हैं: "छायावाद बड़ी सहृदयता के साथ प्रभाव-साम्य पर ही विशेष लक्ष्य रखकर चला है। कहीं-कहीं तो बाहरी सादृश्य या साधर्म्य अत्यंत अल्प या न रहने पर भी आभ्यंतर प्रभाव-साम्य लेकर ही अप्रस्तुतों का सन्निवेश कर दिया जाता है। ऐसे अप्रस्तुत अधिकतर उपलक्षण के रूप या प्रतीकवत् होते हैं—जैसे सुख, आनंद, प्रफुल्लता, यौवनकाल इत्यादि के स्थान पर उनके द्योतक उषा, प्रभात, मधुकाल; प्रिया के स्थान पर मुकुल; प्रेमी के स्थान पर मधुप; श्वेत या शुभ्र के स्थान पर कुंद, रजत; माधुर्य के स्थान पर मधु; दीप्तिमान या कांतिमान के स्थान पर स्वर्ण; विषाद या अवसाद के स्थान पर अंधकार, अंधेरी रात, या संध्या की छाया, पतझड़; मानसिक आकुलता या क्षोभ के स्थान पर झंझा, तूफान; भाव-तरंग के लिए झंकार; भाव-प्रवाह के लिए संगीत या मुरली के स्वर इत्यादि।"

इस तरह छायावाद ने औपम्य-विधान की एक नई परिपाटी स्थापित कर दी। छायावाद ने जो आभ्यंतर प्रभाव-साम्य पर जोर दिया, उसका कारण उसकी अंतर्दृष्टि-दायिनी कल्पना-शक्ति है। कल्पना-जनित अंतर्दृष्टि के ही द्वारा छायावाद दो भिन्न प्रतीत होनेवाली वस्तुओं में निहित आभ्यंतर साम्य का पता

लगा लेता था। इस अंतर्दृष्टि के द्वारा छायावादी कवि चराचर के बीच स्थित सूक्ष्म संबंध-सूत्रों को देखने में समर्थ था और अपनी विराट औपम्य-योजना के द्वारा वह मनुष्य-मनुष्य के बीच तथा मनुष्य और प्रकृति के बीच संबंध स्थापित करने का महान कार्य करता था।

इस तथ्य को स्पष्ट करते हुए आचार्य शुक्ल कहते हैं : "साम्य का आरोप भी निःसंदेह एक बड़ा विशाल सिद्धांत लेकर काव्य में चला है। वह जगत के अनंत रूपों या व्यापारों के बीच फैले हुए उन मोटे-महीन संबंध-सूत्रों की झलक-सी दिखाकर नीरसता के सूनेपन का भाव दूर करता है, अखिल सत्ता के एकत्व की आनंदमयी भावना जगाकर हमारे हृदय का बंधन खोलता है। जब हम रमणी के मुख के साथ कमल, स्मिति के साथ अधखिली कलिका सामने पाते हैं तब हमें ऐसा अनुभव होता है कि एक ही सौंदर्य-धारा से मनुष्य भी और पेड़-पौधे भी रूप-रंग प्राप्त करते हैं।"

इससे जाहिर है कि साम्य का विधान जितने ही विराट आधार पर प्रतिष्ठित होगा, हृदय में भी उतनी ही विराट भावना का अभ्युदय होगा। यह कार्य समर्थ और विराट कल्पनावाले कवि ही कर सकते हैं। छायावादी कवियों ने यह कार्य अत्यंत सफलता के साथ किया जब कि रीतिवादी कवि इसमें असमर्थ रहे। छायावादी कवि की उपमाओं ने धरती और आकाश को एक कर दिया :

अवनि अंबर की रुपहली सीप में
तरल मोती-सा जलधि जब काँपता
तैरते घन मृदुल हिम के पुंज से
ज्योत्स्ना के रजत पारावार में

यहाँ महादेवी ने अवनि और अंबर को जो विशाल सीपी बना दिया और उसमें अपार जलधि के तरल मोती की प्रतिष्ठा कर दी—वह छायावादी विराट कल्पना का प्रमाण है। महादेवी को यह रूपक इतना प्रिय है कि थोड़े-से हेर-फेर के साथ इसी को उन्होंने एक और गीत में दुहराया है :

नीलम मरकत के संपुट दो
जिनमें बनता जीवन-मोती

नीलम आकाश और मरकत समुद्र—इन्हीं दोनों के बीच जीवन का मोती बनता है। यहाँ जीवन शब्द श्लिष्ट है। समुद्र का जल ही बादल बनकर आकाश में उठता है और फिर वही समुद्र में बरसकर मोती की सृष्टि करता है।

पंत ने जब :

विहंगम-सा बैठा गिरि पर
सुहाता है विशाल अंबर

कहकर अंबर के रूप में गिरि पर बैठे हुए विशाल बिहंगम का चित्र आँखों के सामने रख दिया तो उसी विराट कल्पना का परिचय मिला। इसी तरह की :

आलोड़ित अंबुधि फेनोन्नत कर शतशत फन
मुग्ध भुजंगम-सा, इंगित पर करता नर्तन

दूसरी विराट उपमा है। अंबुधि रूप में सैकड़ों फन उठाए हुए विशाल भुजंगम का चित्र !

और निराला तो अपने विराट चित्रों के लिए प्रसिद्ध ही हैं। यहाँ केवल एक चित्र देना पर्याप्त होगा। युद्ध के मैदान से राम लौट रहे हैं। उनकी जटा खुलकर बाहुओं, वक्ष और पीठ पर फैल गई है और ज्योतिष्क नेत्र चमक रहे हैं। निराला राम के इस विराट रूप की उपमा उस पहाड़ से देते हैं, जिस पर रात का अंधकार उतर चला है और जिसके ऊपर दूर दो तारिकाएँ चमक रही हों :

दृढ़ जटा-मुकुट हो विपर्यस्त प्रतिलट से खुल
फैला पृष्ठ पर, बाहुओं पर, वक्ष पर, विपुल
उतरा ज्यों दुर्गम पर्वत पर नैशांधकार,
चमकती दूर ताराएँ ज्यों हों कहीं पार।

छायावादी अंतर्दृष्टि ने यदि एक ओर विराट उपमाओं की योजना की तो दूसरी ओर लघु-लघु अमूर्त उपमाओं का भी विधान किया। बात यह है कि छायावाद का दृष्टिकोण प्रधानतः भाववादी था। इसलिए छायावादी कवि प्रायः मूर्त वस्तुओं को भी अमूर्त से उपमित करते थे। मूर्त के लिए अमूर्त उपमाएँ पहले के कवियों ने भी दी हैं; स्वयं आदि-कवि ने अशोक-वन की सीता को एक पर एक कई अमूर्त उपमाओं से विभूषित किया है। हनुमान ने विरह-विधुरा सीता को देखा तो ऐसा मालूम हुआ जैसे शोक के सागर में दुःख की ऊर्मि उठ रही हो; सुविभक्तांगी क्षमा हो। भवभूति ने भी सीता की उपमा विरह-व्यथा से दी है। परंतु प्राचीन कवियों में इस तरह की अमूर्त-उपमाएँ बहुत कम हैं। छायावादी कवियों की अपेक्षा प्राचीन कवियों की दृष्टि बहुत अधिक वस्तुवादी थी। इसीलिए वे मूर्त की उपमा प्रायः मूर्त वस्तु से ही देते थे। इसके विपरीत अमूर्त उपमाएँ देना छायावाद में साधारण बात हो गई थी।

छाया तो यूँ ही काफी सूक्ष्म वस्तु है, पर उसकी उपमा देते हुए पंत कहते हैं

गूढ़ कल्पना-सी कवियों की
अज्ञाता के विस्मय-सी
ऋषियों के गंभीर हृदय-सी
बच्चों के तुतले भय-सी।

इस सूक्ष्मता और अमूर्तता के बावजूद छायावादी कविता ने **चित्रात्मकता** की रक्षा की अथवा चित्रात्मकता पर अधिक जोर दिया, यह कहना अधिक उचित होगा।

छायावादी कविता की चित्रमयता के पीछे छायावाद की सामाजिक चेतना का सैद्धांतिक आधार है और यह आधार है वैयक्तिकता। चित्र विशेष का होता है, किसी एक का होता है। वह विशेष 'एक' चाहे कोई वस्तु हो अथवा व्यक्ति। सामान्य का चित्र नहीं हो सकता। सामान्य सूक्ष्म (ऐब्सट्रेक्ट) चीज है, इसलिए वह चित्र-रचना के मूल-सिद्धांत के विरुद्ध है। चित्र का आधार तो विशेष होता है, परंतु उसका प्रभाव **सामान्य** होता है। चित्र विशेष के द्वारा सामान्य की अभिव्यक्ति करता है।

छायावाद जड़ सामान्यता के विपरीत वैयक्तिक वैशिष्ट्य का प्रवक्ता था; व्यक्तिवाद उसका बीज मंत्र था। इसलिए वह सिद्धांततः चित्रमयता का पक्षपाती था।

सामान्य की अपेक्षा विशेष के प्रति आग्रह अन्य साहित्यों के रोमैंटिक कवियों में भी देखा जाता है। अंग्रेजी साहित्य का रोमैंटिक कवि ब्लेक स्पष्ट शब्दों में कहता है कि "सामान्यीकरण करना मूर्खता है। प्रतिभा की विशेषता केवल -शेषीकरण में ही है। सामान्य ज्ञान वह ज्ञान है, जो मूर्खों के पास होता सामान्य प्रकृति क्या है? ठीक-ठीक कहें तो सारा ज्ञान विशेष है।"

रोमैंटिक कवियों का ऐसा कहना स्वाभाविक है, क्योंकि वे कल्पना में निवास करते हैं और कल्पनाजीवी के लिए यदि कोई वस्तु अपने विशेष रूप में नहीं आती तो उसके लिए उसकी कोई सार्थकता नहीं। समाज में जिसने व्यक्ति को महत्त्व दिया, उसी ने कविता में विशेष क्षणों को महत्त्व दिया और प्रस्तुत योजना में विशेष चित्र को।

जिस युग के कवियों में विशेष के प्रति ऐसा आग्रह न था, उनमें चित्रमयता भी कम मिलेगी। द्विवेदी-युग के कवि हर बात को सामान्य विचार के रूप में कहने के अभ्यस्त थे। जैसे :

अहा! ग्राम्य-जीवन भी क्या है?
क्यों न इसे सबका मन चाहे?

ऐसी दशा में उनके लिए चित्र-रचना का कार्य असंभव था।

रीतिकाल के कवि भी प्राकृतिक वस्तुओं का नाम गिनाकर चला करते थे; क्योंकि उनके युग की सामाजिक चेतना व्यक्ति को प्रधानता देनेवाली न थी। उनके युग में 'विशेष' दब गया था; सर्वत्र जड़ सामान्यता का ही राज्य था। विशेषता तो वहाँ होती है जहाँ मौलिकता होती है और मौलिकता वहाँ आती है जहाँ व्यक्ति-विशेष को साहस के साथ प्रयोग करने की छूट होती है। लेकिन रीतिकाल

में तो मौलिकता की जगह रूढ़ि का राज्य था। साहसिक प्रयोग की जगह रूढ़ियों के निर्वाह को सुरक्षित समझा जाता था। इस तरह रूढ़ियों ने निर्विशेष सामान्यता की हिम-शीतल चादर सब पर उढ़ाकर छोड़ दिया।

छायावादी कविता में चित्रात्मकता कितनी है, यह स्वयं महादेवी ने अपने गीतों के समानांतर चित्र बनाकर प्रमाणित कर दिया। 'तरल मोती से नयन भरे' कहते ही हमारे सामने आँसुओं से भरी हुई दो आँखें आ जाती हैं। इसी तरह :

यह मंदिर का दीप इसे नीरव जलने दो।
चरणों से चिह्नित अलिंद की भूमि सुनहली
प्रणत शिरों के अंक लिए चंदन की देहली
झरे सुमन बिखरे अक्षत सित
पल के मनके फेर पुजारी विश्व सो गया।

पढ़ते ही मंदिर का सारा वातावरण आँखों के सामने साकार हो उठता है।

यह चित्रमयता थोड़े-बहुत अंतर के साथ सभी छायावादी कवियों में है। प्रकृति-चित्रण में छायावादी कवियों ने बिंबग्रहण कराने में विशेष सफलता प्राप्त की है—इसे आचार्य शुक्ल ने भी स्वीकार किया है। बात यह है कि किसी वस्तु का चित्र खड़ा करने के लिए उसके रूप और आस-पास के वातावरण का पूरा ब्योरा स्पष्ट रूप से देना पड़ता है और छायावादी कवियों ने यही किया। जैसे 'नौका विहार' में पंत चाँदनी-चर्चित लहरों का चित्रण पूरे ब्योरे के साथ इस तरह करते हैं :

साड़ी की सिकुड़न-सी जिस पर, शशि की रेशमी विभा से भर
सिमटी है वर्तुल मृदुल लहर।
फैले फूले जल में फेनिल।

दृश्य-चित्रण में छायावाद ने प्रायः सभी इंद्रिय-ग्राह्य विषयों के चित्र देने की चेष्टा की। अपनी कल्पना-जनित संवेदना के सहारे उन्होंने वर्ण, गंध, ध्वनि आदि के बड़े सूक्ष्म चित्र उतारे। जैसे लहरों पर बुझती हुई साँझ की लाली का यह चित्र :

लहरों पर स्वर्ण-रेख सुंदर, पड़ गई, नील, ज्यों अधरों पर
अरुणाई प्रखर शिशिर से डर।

और पावस की रात में निर्झर, बादल, बूँदें तथा दादुर, झींगुर और पपीहों के भिन्न-भिन्न स्वरों की यह अनुकृति :

पपीहों की यह पीन पुकार
निर्झरों का भारी झरझर
झींगुरों की झीनी झनकार

घनों की गुरु गंभीर घहर
बिंदुओं की छनती छनकर
दादुरों के वे दुहरे स्वर!

गंध का चित्रण बहुत ही कठिन है; फिर भी पंत ने एक जगह सरसों के फूलों की गंध के विषय में लिखा है 'उड़ती भीनी तैलाक्त गंध!'

सफल चित्रों के अतिरिक्त छायावाद ने कुछ बड़े ही दुर्लभ चित्र भी दिए हैं। जैसे पहाड़ों में वर्षा की प्रतिध्वनि के लिए :

शैल-पावस के प्रश्नोत्तर।

अथवा 'शैल में जलद, जलद में शैल' या :

उड़ गया, अचानक, लो, भूधर
फड़का अपार पारद के पर!
रव शेष रह गए हैं निर्झर!
है टूट पड़ा भू पर अंबर!
धँस गए धरा में सभय शाल!
उठ रहा धुआँ, जल गया ताल!

इस तरह के बहुत-से दुर्लभ पहाड़ी चित्र पंत ने खींचे हैं और हिंदी कविता की चित्रशाला में इनका महत्त्वपूर्ण स्थान है।

जिस तरह के भावावेग और कल्पना-चित्रों की लड़ी लगा देते हैं, उसी तरह वचन में विदग्धता लाते हैं। भावावेग में वचन अपने-आप बंकिम हो उठते हैं और विशेषण उलट-पुलट जाते हैं। एक विशेषण जिस विशेषता के लिए रूढ़ है, उसका प्रयोग प्रायः किसी अन्य विशेषता के लिए हो जाता है। निःसंदेह विशेषणों के इस विपर्यय में भावावेग के साथ ही कल्पना का बहुत अधिक हाथ रहता है। जमीन-आसमान के कुलाबे मिलाना कल्पना का ही काम है; कहीं की ईंट कहीं का रोड़ा लेकर भानुमती कुनबा जोड़े या नहीं, लेकिन कल्पना अवश्य जोड़ती है। एक विशेषण को उठाकर दूसरी जगह रख आने का साहस कल्पना के ही बूते का है। इसीलिए छायावाद में इस तरह के विशेषण-विपर्यय बहुत हुए। जिस तरह उषा की सखी चित्ररेखा ने सोते हुए अनिरुद्ध को उठाकर उषा के पास ला सुलाया, उसी तरह छायावाद की सहेली कल्पना ने भी दूर-दूर पड़े हुए अनेक विशेषणों और विशेष्यों को लाकर एक जगह कर दिया। जैसे 'सुरीला' विशेषण बाँसुरी का है परंतु पंत ने उसका प्रयोग हाथ के लिए किया है। अब 'सुरीला हाथ' कहकर कवि हाथ की किस विशेषता की ओर संकेत करना चाहता है इसके लिए पाठक में भी यथोचित कल्पना की आवश्यकता है। इसी तरह 'तुतला भय', 'तुतला उपक्रम',

'मूर्च्छित आतप', 'तुमुल तम', 'मादक कर', 'शीतल भ्रू-पात', जीवित छाया', 'वृद्ध अनुभव', 'नील झंकार' आदि प्रयोगों में विशेषण-विपर्यय के कारण उत्पन्न सौंदर्य का दर्शन किया जा सकता है। व्यंजक विशेषणों के प्रयोग में पंत सभी छायावादी कवियों में अग्रणी हैं।

छायावाद के बारे में आलोचकों का कहना है कि इस काव्य-शैली पर प्रतीक-वाद की भी छाप थी। इस कथन की सत्यता परखना आवश्यक है।

हर युग की कविता में कुछ न कुछ उपमान रूढ़ होकर प्रतीक बन जाते हैं, जैसे मध्ययुग की कविता में खंजन अथवा मीन का नाम लेते ही आँख का बोध होने लगता है। उपमानों की इसी रूढ़ि के आधार पर कवियों ने रूपकातिशयोक्ति का भवन खड़ा किया। जब तुलसीदास ने लिखा कि :

अरुन पराग जलज भरि नीके,
ससिहिं भूष अहि लोभ अमी के।

तो बिना किसी उपमेय के ही कुछ तो प्रसंग से और कुछ इन रूढ़ उपमानों से सभी बातें स्पष्ट हो जाती हैं। हम समझ लेते हैं कि अरुण पराग सिंदूर है, जलज गोरी हथेली है, अहि साँवली भुजा है, शशि मुख है और अमृत उस मुख का लावण्य है। इस तरह यहाँ सिंदूर-दान की क्रिया की ओर संकेत किया गया है।

जहाँ तक ऐसे प्रतीकों के प्रयोग का संबंध है, छायावाद ने भी कुछ नए उपमानों को प्रयोग की पुनरावृत्ति अथवा प्रसंगानुकूलता की सहायता से रूढ़ बनाने की चेष्टा की और इस तरह वे प्रतीक रूप में ग्राह्य होने लगे। जैसे :

उषा का था उर में आवास
मुकुल का मुख में मृदुल विकास
चाँदनी का स्वभाव में भास
विचारों में बच्चों के साँस।

यहाँ उषा, मुकुल, चाँदनी आदि उपमानों के संकेतात्मक प्रयोग से स्पष्ट है कि कवि इनका प्रयोग प्रतीक रूप में कर रहा है। ये अपने किसी गुण या धर्म-विशेष की ओर लाक्षणिक संकेत कर रहे हैं। आरंभ में ऐसे प्रतीकों को समझने में कठिनाई हुई क्योंकि इनकी कोई परंपरा न थी। धीरे-धीरे युग की सामान्य भावधारा तथा सामाजिक चेतना के द्वारा ऐसा वातावरण बन गया कि वे प्रतीक सामान्य लोगों के राग-बोध के अंग बन गए। इस तरह छायावाद ने नए प्रतीकों की सृष्टि की अर्थात पूर्व-परिचित वस्तुओं में नवीन अर्थवत्ता भर दी; उन्हें पूर्व-प्रचलित अर्थ में से विशेष अर्थ के लिए रूढ़ कर दिया।

परंतु यह तो प्रतीकों का सामान्य प्रयोग हुआ। यहाँ तक प्रतीक लाक्षणिक ही हैं।

इससे भी आगे बढ़कर छायावादी कवियों ने कभी-कभी व्यंजनागर्भी प्रतीकों का प्रयोग किया। ऐसा प्रायः वहीं हुआ है जहाँ किसी रहस्यात्मक सत्ता की ओर संकेत है। जहाँ कोई वस्तु अपने सामान्य उपलक्षण का तिरस्कार करके अथवा उससे आगे बढ़कर अपने से असंबद्ध प्रतीक होती हुई किसी अन्य वस्तु की ओर संकेत करती है, वहाँ उसे व्यंजनागर्भी प्रतीत समझना चाहिए। ऐसी प्रतीक-व्यंजना में छायावाद की रहस्य-कल्पना का हाथ है। छायावादी कवियों की जिज्ञासु वृत्ति को प्रकृति में प्रायः किसी अन्य सत्ता का संकेत मिलता था। उस सत्ता को ठीक-ठीक न देख पाने के कारण उसे वे **रहस्य** समझते थे। उनकी कल्पना-शक्ति इतनी दूर तक तो जाती थी कि इन प्रस्तुत वस्तुओं से परे कोई और सत्ता है; परंतु वह सत्ता क्या है, इसका रूप-निरूपण छायावादी कल्पना के बूते का न था। उस रहस्यात्मक सत्ता के आकर्षण, चारुता और प्रियता से प्रभावित होकर मानव-हृदय ने उस पर मानवीय रूप का आरोप कर डाला। उसके प्रति कवि का आकर्षण इतना अधिक था और इस आकर्षण में उसे एक विशेष प्रकार के आभ्यंतर रागात्मक संबंध का अनुभव होता था कि उसे प्रियतम अथवा प्रिया का पद दे दिया।

इस विराट कल्पना के कारण छायावादियों ने यह मान लिया कि संपूर्ण चर-अचर प्रकृति अथवा दृश्य जगत एक प्रतीक है। यह अपनी अभिधा और लक्षणा से अधिक एक विशेष सत्ता की ओर संकेत करता है। दृश्य से परे यह अदृश्य की व्यंजना करता है; ज्ञात-अज्ञात की सूचना देता है। जब यह चराचर ही एक प्रतीक है तो इसकी एक-एक वस्तु के प्रतीक होने में क्या संदेह ? कल्पना की इस स्थिति में प्रतीकवाद की प्रतिष्ठा होती है। इसीलिए दार्शनिक-दृष्टि से प्रतीकवाद और रहस्यवाद का अभिन्न संबंध है।

छायावाद की रहस्य-कल्पना ने उस प्रियतम के रूप और उससे अपने संबंधों की अभिव्यक्ति अनेक प्रचलित-अप्रचलित प्रतीकों में की। जैसे उस अज्ञात प्रियतम की रहस्यात्मकता के लिए प्रायः आवरणवाले प्रतीकों का प्रयोग किया गया। महादेवी की दृष्टि में :

> रजत रश्मियों की छाया में धूमिल घन-सा वह आता।

और कभी-कभी :

> करुणामय को भाता है तम के परदे में आना।

यही नहीं कि वह 'छाया में' आता है, बल्कि स्वयं भी 'धूमिल घन'-सा है। प्रसाद का भी कहना है कि उनका प्रिय एक तो गोधूलि के धुँधलके में आता है और दूसरे मुख पर घूँघट डालकर। परंतु उन्हें संतोष है कि आँचल में दीप लिए आता है; इसलिए उस भीतरी प्रकाश में आवरण के बावजूद कुछ न कुछ मुख का आभास मिल ही जाता है। यह थोड़ा-सा छिपना और थोड़ा-सा दिखना महादेवी के ही

प्रिय-जैसा है। उनका भी धूमिल घन 'रश्मियों की छाया में' आने के कारण कुछ न कुछ दिख ही जाता है। प्रसाद कहते हैं :

शशि मुख पर घूँघट डाले
अंचल मे दीप छिपाए
जीवन की गोधूली में
कौतूहल से तुम आए।

जितना छिपकर वह आता है, उतना ही छिपकर उससे मिलन भी होता है। इस प्रच्छन्न मिलन को छायावादी कवियों ने प्रायः 'स्वप्न-मिलन' के प्रतीक से दिखाया है। महादेवी के यहाँ :

वह सपना बन बन आता।

प्रसाद ने इसके लिए सूफी कवियों के **मद** प्रतीक को अपनाया है। उनका प्रिय बेहोशी की दशा में आता है अथवा कभी-कभी स्वयं ही नशा बनकर आता है :

मादकता से आए तुम।

ज्ञान के आलोक में यह रहस्य-भावना विलीन हो जाती है। इस मनःस्थिति को उन्होंने 'जागृति', 'होश' अथवा 'चेतना' के प्रतीकों द्वारा दिखाया है। जैसे महादेवी का प्रिय 'जागृति में जाता लौट'। प्रसाद तो जिस तरह उसके आने पर नशे में रहते हैं, उस तरह उसके जाने के बाद भी बेहोश रहते हैं। उनका प्रिय यदि मादकता की तरह आता है तो **संज्ञा** की तरह चला जाता है। कभी-कभी यह नशा उतर भी जाता है, तब वे व्याकुल होकर बिलखने लगते हैं। उन्हीं के शब्दों में :

हम व्याकुल पड़े बिलखते
थे उतरे हुए नशे से।

और फिर उस प्रिय की खोज में निकल पड़ते हैं। इस 'खोज की प्रवृत्ति' को छायावादी कवियं ने कभी 'कस्तूरी मृग' और प्रायः 'नदी' के प्रतीक से व्यक्त किया है। नदी जिस तरह समुद्र की ओर से किसी आंतरिक आकर्षण का अनुभव करती हुई वेग से उसकी ओर दौड़ती चली जाती है, उसी तरह यह हृदय भी उसके आकर्षण में एक तरफ दौड़ता चल रहा है। प्रसाद की गंगा :

विश्राम माँगती अपना
जिसका देखा था सपना।

और पंत 'नदी' के विषय में जिज्ञासा करते हैं कि :

माँ, उसको किसने बतलाया उस अनंत का पथ अज्ञात?

इस संपूर्ण रहस्यात्मक प्रतीक-योजना का सामाजिक कारण है। उस समय समाज में जो नई व्यवस्था आ रही थी, उसके विषय में कवियों का ज्ञान धुँधला था। जो कुछ नया आ रहा था, उसे कुछ-कुछ तो वे अनुभव करते थे परंतु पूरा-पूरा समझ न पाते थे। उनके लिए वह परिवर्तन अनुभव-गम्य तो था परंतु बुद्धि-गम्य न था। और सबसे बढ़कर तो यह कि उस परिवर्तन के मूल कारण का उन्हें ठीक-ठीक ज्ञान था ही नहीं। इस परिवर्तन के पीछे कौन-सी सामाजिक शक्ति काम कर रही है, इसका विवेक उन्हें स्पष्ट रूप से न था। इसी को काव्यात्मक भाषा में उन्होंने यों कहा कि वह प्रियतम अज्ञात है, आवरण में आता है और सपने में मिलता है।

परंतु ध्यान देने की बात है कि छायावाद में रहस्य-प्रतीक बहुत थोड़े हैं। ऐसी प्रतीकवादी रचनाएँ छायावाद में बहुत कम हुई हैं। जिन्होंने ऐसी रचनाएँ की हैं, उनमें प्रसाद के प्रतीक अन्य अप्रस्तुत-विधानों की ही तरह प्रायः रूढ़ और शुक्ल जी के शब्दों में, सांप्रदायिक हैं। अन्य कवियों के प्रतीक भरसक नए हैं।

# 9

# पद-विन्यास

शब्द-समूह रूप-विन्यास का मूलधन है। शब्दों की सामग्री को नाना रूपों में सजाकर कविता में रूप-संबंधी भंगिमा लाई जाती है। जिन शब्दों के सहारे एक कवि एकदम सीधी-सादी सपाट कविता लिखता है, उन्हीं को नवीन क्रम में सजाकर भावुक कवि मार्मिक सौंदर्य पैदा कर देते हैं। द्विवेदी-युग के कवियों ने जिन शब्दों के द्वारा घोर इतिवृत्तात्मक और तथ्यपरक कविताएँ लिखीं, प्रायः उन्हीं को लेकर छायावादी कवियों ने नया चमत्कार पैदा कर दिया। कालिमा, लालिमा, यामिनी आदि शब्द वही हैं; लेकिन मैथिलीशरण गुप्त लिखते हैं तो उनका रूप यह होता है :

> उस काल पश्चिम ओर रवि की रह गई बस लालिमा।
> होने लगी कुछ-कुछ प्रकट-सी यामिनी की कालिमा।।

और प्रसाद लिखते हैं तो 'यामिनी' का रूप यह हो जाता है :

> मदिर माधव यामिनी का धीर पद-विन्यास।

तथा 'कालिमा' की शोभा ऐसी होती है :

> कालिमा धुलने लगी धुलने लगा आलोक।

गुप्त जी के यहाँ यामिनी 'प्रकट' होती है और प्रसाद के यहाँ 'धीर-पद-विन्यास' करती हुई आती है। खट् से प्रकट होने में निरी गद्यात्मकता है तो पद-विन्यास में भाव-भंगिमा है। गुप्त जी की 'कालिमा' का भी यही हाल है। उनकी कालिमा भी प्रकट होती है; जबकि प्रसाद की कालिमा धुलती है। यद्यपि ये दोनों क्रियाएँ भिन्न हैं और एक जगह अंधकार बढ़ने का वर्णन है तथा दूसरी जगह चंद्रमा के आलोक से उसके घटने का, फिर भी धुलने में जो कोमलता है, वह देखने योग्य है। इसी को गुप्त जी लिखते तो शायद कहते कि कालिमा 'हट' गई और उस हटने में जो 'खट्'

की आवाज होती, उससे श्रुतियों को ही नहीं बल्कि रुचि को भी धक्का लगता।

इसका अर्थ यह नहीं है कि छायावादी कवियों ने संस्कृत के वजनी शब्दों का प्रयोग किया और द्विवेदी-युग के कवियों ने हल्के शब्दों का। वास्तविकता यह है कि द्विवेदी-युग के कवियों ने भी संस्कृत के बड़े-बड़े तत्सम शब्दों का प्रयोग किया। हरिऔध का *प्रिय-प्रवास* अपनी तत्सम-बहुलता के लिए प्रसिद्ध है। स्वयं द्विवेदी जी ने कविता में संस्कृत के बड़े-बड़े शब्दों का प्रयोग कम नहीं किया है। जैसे, 'कविता के प्रति' उनकी प्रसिद्ध कविता का यह अंश :

सुरम्य-रूपे रस-राशि रंजिते।
विचित्र-वर्णाभरणे कहाँ गई?
अलौकिकानंद-विधायिनी महा
कवींद्र-कांते, कविते! अहो कहाँ?

इस छंद में 'विचित्र-वर्णाभरणे'-जैसे शब्द नाद तो बहुत करते हैं, परंतु ध्वनित कुछ भी नहीं करते। 'रस-राशि-रंजिते' तथा 'कवींद्र-कांते-कविते'-जैसी सानुप्रास पदावली के बावजूद मर्म को स्पर्श करनेवाला किसी तरह का संगीत इसमें नहीं मिलता। इसमें 'सुरम्य रूप,' 'रस-राशि,' 'विचित्र-वर्णाभरणे' तथा 'अलौकिकानंद'-जैसे बड़े-बड़े और सौंदर्य-सूचक शब्दों के होते हुए भी इसे पढ़कर आँखों के सामने कविता का न तो कोई सुरम्य रूप ही सामने आता है, न मन रस-सिक्त ही होता है और न तो अलौकिक आनंद ही मिलता है। अमुक सुंदर है, कह देने से मन उसकी सुंदरता का कायल नहीं हो जाता। स्वशब्द-वाच्यत्व से काव्य-सौंदर्य नहीं बढ़ता। तात्पर्य यह है कि संस्कृत के गुंजायमान शब्दों का प्रयोग करके भी द्विवेदी-युग के कवि भाषा में वह मोहकता न ला सके, जो छायावाद के कवियों ने ला दी। उदाहरण के लिए पंत की *प्रथम रश्मि* से यह एक शब्दचित्र लीजिए :

खुले पलक, फैली सुवर्ण छवि
जगी सुरभि, डोले मधु बाल
स्पंदन, कंपन औ नव जीवन
सीखा जग ने अपनाना।

पलक, सुवर्ण, सुरभि, स्पंदन-जैसे तीन-तीन वर्णों के छोटे-छोटे शब्दों से पंत ने जो मोहक और सजीव वातावरण पैदा कर दिया है, वह भारी-भरकम शब्दों के द्वारा भी द्विवेदी-युगीन कवि न कर सके। संस्कृत के बड़े-बड़े तथा श्लिष्ट अर्थवाले शब्दों के प्रयोग की दृष्टि से *साकेत, कामायनी* से कहीं अधिक समृद्ध है। *कामायनी* पढ़ते समय दो-तीन बार से अधिक शायद ही शब्दकोष उठाना पड़े। किंतु *साकेत* पढ़ने के लिए तो शब्दकोष को एकदम साथ ही लेकर बैठना पड़ेगा;

और कहा नहीं जा सकता कि एक ही पृष्ठ पर कितनी बार शब्दकोष खोलने की नौबत आएगी। इतना होते हुए भी भाव और भाषा की दृष्टि से *साकेत* तथा *कामायनी* में कौन अधिक समृद्ध है, इसे बतलाने की आवश्यकता नहीं है।

भाषा शब्दों की संख्या से धनी नहीं होती, धनी होती है उनकी भाव-व्यंजकता से। द्विवेदी-युग की कविता की तुलना में छायावाद की समृद्धि का रहस्य यही है।

पुनरुत्थान-भावना के प्रभाव से संस्कृत के तत्सम शब्दों का पुनरुत्थान उन्नीसवीं सदी के उत्तरार्द्ध से ही हो गया था। और यह पुनरुत्थान हिंदी के अतिरिक्त बंगला, मराठी, गुजराती आदि सभी भारतीय भाषाओं में हुआ। फलतः खड़ी बोली की कविता में मध्ययुगीन ब्रजभाषा तथा अवधी काव्य के तद्भव शब्दों का लोप हो गया। हिंदी की अपनी परंपरा के असंख्य लोक-प्रचलित तथा साहित्य-रूढ़ शब्दों के स्थान पर संस्कृत शब्दों को पुनर्जीवित करने का प्रयत्न किया गया। इस दिशा में बंगला हिंदी की अग्रणी है। माइकेल मधुसूदन दत्त और रवींद्रनाथ ठाकुर ने बंगला भाषा को संस्कृत के तत्सम शब्दों की सहायता से एकदम नया रूप दे दिया। हिंदी में इस तरह का प्रयत्न आचार्य महावीरप्रसाद द्विवेदी, अयोध्यासिंह उपाध्याय आदि ने भी किया परंतु छायावादी कवियों ने अपने आचार्यों की अपेक्षा बंगला के महाकवियों से प्रेरणा ली।

प्रसाद और निराला के शब्द-समूह पर रवींद्रनाथ ठाकुर की पद-रचना का प्रभाव स्पष्ट है।

निराला की पहली कविता *जूही की कली* के पदों में बंगला कविता की पदावली की अनुगूँज सुनाई पड़ती है; विशेषतः उसके आरंभ में :

विजन-वन-वल्लरी पर
सोती थी सुहाग भरी
स्नेह-स्वप्न-मग्न-अमल कोमल-तन तरुणी
जूही की कली,
दृग बंद किए, शिथिल पत्रांक में।

यहाँ 'विजन-वन-वल्लरी', 'स्नेह-स्वप्न-मग्न', 'अमल-कोमल-तन' अथवा चरणों में 'कुंज-लता-पुंज' और 'उपवन-सर-सरित् गहन गिरि कानन'-जैसे पदोच्चय रवींद्रनाथ की कविताओं के पदों की गूँज से भरे हैं। ये पद-समूह एकत्र ही रवींद्रनाथ की किसी कविता में भले ही न मिलें और निराला ने जान-बूझकर एक ही जगह से उन्हें भले ही न उठा लिया हो, परंतु इसमें कोई शक नहीं कि ऐसी पद-रचना का प्रेरणा-स्रोत वही है; यहाँ तक कि इनका उच्चारण भी थोड़ा-सा बंगला की मुख-सुख परंपरा की आकांक्षा रखता है। पंत का यह कहना एक हद तक ठीक है कि निराला के मुक्त छंदों के पद-प्रवाह में बंगला के मुक्त-छंदों के पाठ

का आभास होता है—आभास ही होता है, वस्तुतः वह ज्यों का त्यों नहीं है । निराला के काव्य-संस्कार में रवींद्रनाथ के काव्य का बहुत अधिक हाथ है, इसे स्वयं निराला ने भी कई बार स्वीकार किया है । निराला के सम्मुख रवींद्रनाथ आजीवन प्रतिद्वंद्वी के रूप में रहे । गुरुदेव के प्रति निराला के मन में बड़ी ही स्वस्थ स्पर्धा रही है । वे रवींद्रनाथ को सामने रखकर हिंदी को समृद्ध करने का प्रयत्न करते रहे । निराला की 'सम्राट एडवर्ड अष्टम के प्रति' कविता को रवींद्रनाथ की 'शाहजहाँ' कविता के साथ पढ़िए, तो दोनों की पदावली के ध्वनि-साम्य का पता चलेगा । एक ओर 'वीक्षण अराल, बज रहे जहाँ जीवन के स्वर भर छंद ताल मौन में मंद्र' है तो दूसरी ओर 'हीरा मुक्ता माणिक्येर घटा जेनो शून्य दिगंतेर इंद्रजाल इंद्रधनुच्छटा ।'

प्रसाद की पदावली के पीछे भी बंगला-संस्कार कितना था, इसका उल्लेख शुक्ल जी ने अपने *इतिहास* में किया है । शुक्ल जी के अनुसार, ''उनके परिशीलन से पदलालित्य की जो गूँज प्रसाद जी के मन में समाई, वह बराबर बनी रही ।'' प्रसाद के मदिर माधव मधुपूर्ण अंतरिक्ष के इंदीवर में जो इंद्रजाल दिखाई पड़ता है, उसका सूत्र बंगीय पदावली में मिलता है ।

पंत ने पद-चयन में अनेक स्रोतों का उपयोग किया जिसमें से रवींद्र-काव्य भी एक है । मदिर गंध-अंध वायु अथवा गंध-मुग्ध हो अंध समीरण, गंध-विधुर समीर, नीप-निकुंज आदि अनेक पदों को उन्होंने अपना समझकर अपना लिया । कहीं-कहीं उन्होंने भाव के साथ-साथ पूरी पदावली को भी थोड़े से हेर-फेर के साथ रख लिया । जैसे ***उर्वशी*** **की इन पंक्तियों में :**

तरंगित महासिंधु मंत्रश्रांत भुजंगेर मतो
पड़ेछिलो पदप्रांते उच्छूवसित फणा लक्षशतो

का परिवर्तन पंत जी के 'परिवर्तन' में इस प्रकार देखा जा सकता है :

आलोड़ित अंबुधि फेनोन्नत कर शतशत फन
मुग्ध भुजंगम-सा इंगित पर करता नर्तन ।

तात्पर्य यह कि छायावादी कवियों ने संस्कृत के तत्सम शब्दों को सीधे संस्कृत कोषों अथवा काव्यों से न लेकर बंगला के माध्यम से लिया और इसका कारण था । रवींद्रनाथ ने कालिदास-जैसे कवि के शब्द-संस्कार से तत्सम शब्दों को लेकर भी नवीन भावों के ऐसे प्रवाह में सँजो दिया कि वे कई अर्थवत्ता से भर उठे । रवींद्रनाथ ने निर्जीव-से लगनेवाले संस्कृत शब्दों में भावों की नवीन संजीवनी डालकर उन्हें संजीव कर दिया । इसीलिए इन पुनर्जीवित शब्दों ने छायावादी कवियों का ध्यान विशेष आकृष्ट किया ।

छायावादी कवियों ने संस्कृत के शब्दों को भाव-रंजित और कल्पना-स्फीत करके एकदम नया रूप दे दिया । छायावादी कवियों के इस पुनःसंस्कार-कार्य का

महत्त्व तब मालूम होगा जब हम किसी छायावादी कविता का संस्कृत रूपांतर करके मूल के साथ और फिर संस्कृत की प्राचीन कविता के साथ उसकी तुलना करें। उदाहरण के लिए पंत की निम्नलिखित पंक्तियों को लें :

छोड़ द्रुमों की मृदु छाया
तोड़ प्रकृति से भी माया
बाले ! तेरे बाल-जाल में कैसे उलझा दूँ लोचन ?

इसकी संस्कृत-छाया एक विद्वान[1] ने इस प्रकार की है :

त्यक्त्वा द्रुमाणामिह मंजुलाभां
विहाय मायां प्रकृतेरुदाराम्
वाले, सुजाले तव कुंतलानां
कथं प्रबध्नामि विलोचने मे।

पंत की यह कविता कोई प्रौढ़ छायावादी रचना नहीं है; एकदम आरंभिक दिनों में ही इसकी रचना हुई थी। फिर भी यदि इसके संस्कृत रूपांतर को ऐतिहासिक सूझवाले किसी संस्कृत पंडित के सामने सुना दिया जाए तो वह इसकी पदावली के आधार पर ही इसकी प्राचीनता में संदेह कर बैठेगा। यद्यपि द्रुम, प्रकृति, माया, आभा, कुंतल, विलोचन आदि संस्कृत के पुराने ही शब्द हैं, फिर भी एकत्र इन शब्दों का प्रयोग तथा इनका क्रम कुछ ऐसा है कि इनसे प्राचीनता का आभास नहीं मिलता। और सबसे बड़ी बात तो इन पदों में अनुस्यूत वह भावना है, जो स्पष्ट रूप से इन शब्दों के नवीन विन्यास की घोषणा करती है।

इधर एक सहृदय पंडित ने *कामायनी* का भी संस्कृत अनुवाद किया है और उनका अनुवाद भी छायावादी पद-विन्यास की नवीनता की पुष्टि करता है। यह सब कहने का तात्पर्य केवल इतना ही है कि छायावादी भावुकता तथा कल्पना ने संस्कृत के तत्सम शब्दों को पुनर्जीवित तो किया परंतु उनका विन्यास इतना नया कर दिया कि वे छायावादी हो गए। यह भावना और कल्पना-शक्ति का ही प्रभाव है कि छायावादी पद-रचना द्विवेदी-युग की अपेक्षा मांसल प्रतीत होती है। यदि उपमा का सहारा लें तो कह सकते हैं कि द्विवेदी युगीन पदावली पतझर का निष्पत्र नंगी टहनियोंवाला वृक्ष है तो छायावादी पदावली वसंत की हरे-भरे पत्रों-पुष्पों से लदी हुई वनराजि।

पद-रचना में छायावाद की होड़ ब्रजभाषा से थी। ब्रजभाषा के समर्थकों का कहना था कि खड़ी बोली में कविता हो ही नहीं सकती। उन्हें खड़ी बोली की

1. पं. हजारीप्रसाद द्विवेदी से साभार उद्धृत।

खरखराहट इतनी कर्णकटु, परुष और पौरुषमय लगती थी कि लोग प्रायः इसे कविता-जैसी कोमल वस्तु का माध्यम मानने से इनकार करते थे। जो लोग ब्रज-माधुरी में पगे थे, उन्हें द्विवेदी-युग की तथ्यवादी कविता से संतोष न होना स्वाभाविक था। छायावाद ऐसे ही कोमल रुचिवाले लोगों को जवाब देने का उपाय ढूँढ़ रहा था। भाषा की कोमलता छायावाद का पहला वादा था और कहना न होगा कि उसने इसे पूरा कर दिखाया—यहाँ तक कि छायावाद की खड़ी बोली की कविता के सामने ब्रजभाषा खुरदरी मालूम होने लगी। छायावाद की ऐसी कोमल पदावली के निर्माण में पंत का नाम ऐतिहासिक दृष्टि से सर्वप्रथम है। यदि प्रसाद, निराला और पंत की आरंभिक कविताओं का अध्ययन किया जाए तो साफ मालूम हो जाएगा कि छायावादी कोमल पदावली के निर्माण में किसका कार्य अग्रणी है? प्रसाद :

प्रथम भाषण ज्यों अधरान में
रहत है तउ गूँजत प्रान में

जैसी ब्रजभाषा-मिलीजुली खड़ी बोली की कविता लिख रहे थे अथवा 'झरना' के ऊबड़-खाबड़ पद्य और निराला 'छूटना है यद्यपि अधिवास' अथवा 'जूही की कली' में 'जहाँ उसने की केलि', 'उस नायक ने निपट निठुराई की', 'जिसे कहते हैं मलयानिल'-जैसे गद्यात्मक वाक्यों द्वारा कभी 'ने' के प्रयोग का अभ्यास कर रहे थे और कभी 'यद्यपि,' 'तथापि' आदि के द्वारा वाक्यों में संबंध जोड़ रहे थे; उस समय पंत :

छोड़ द्रुमों की मृदु छाया
तोड़ प्रकृति से भी माया

जैसी कविताओं में दो-दो तीन-तीन अक्षरों के छोटे-छोटे कोमल शब्दों के द्वारा खड़ी बोली को मृदु बना रहे थे।

सबकुछ होते हुए भी, प्रसाद का संबंध 'अधरान' से नहीं टूटा था, और निराला भी, 'किम्वा मतवाली थी' वाली 'जूही की कली' में 'किम्वा' से मुक्त नहीं हुए थे। परंतु पंत द्विवेदी-युग के संस्कारों के प्रभाव में एक ओर साफ-सुथरी खड़ी बोली लिख रहे थे और दूसरी ओर छायावादी भावना के आरंभिक रंग में कारक-विभक्तियों तथा सहायक क्रियाओं को भरसक बचाकर मृदुल मंजुल पदावली का सूत्रपात कर रहे थे।

ब्रजभाषा और खड़ी बोली की उस प्रतिद्वंद्विता की स्थिति में ब्रजभाषा के सहारे ब्रजभाषा की कोमलता का सामना करना खड़ी बोली के कवि की हार होती। इसलिए उन्होंने स्वभावतः तत्सम शब्दों का सहारा लिया। इसमें कोई शक नहीं कि तत्सम शब्द खड़ी बोली के अपने न थे। तत्सम शब्दों की अपेक्षा

ब्रजभाषा-अवधी काव्य के तद्भव शब्द खड़ी बोली के कहीं अधिक अपने थे। लेकिन रीतिकाव्य के विरुद्ध छायावादी कवियों में इतनी तीव्र प्रतिक्रिया थी कि उन्होंने ब्रजभाषा की जगह संस्कृत से शब्द उधार लिए। यह कार्य वैसा ही था जैसे कोई अपने सगे भाई से झगड़ा करके अलग होने पर उसकी अपेक्षा एकदम पराए से कर्ज ले। परंतु जिस तरह यह अलगाव-दुराव ज्यादा दिन नहीं चलता, उसी तरह थोड़े दिनों बाद छायावाद ने भी रीतिकाव्य के अनेक तद्भव शब्द अपना लिए।

पंत ने कहीं 'चल चितवन के बंदनवार' टाँगे तो कहीं 'उमड़ बह, फैल, अकूल अपार' हो रहे और 'खर तृन पात' चुने तो अलग। 'प्रसूनों के ढिग रुककर' 'हुंलास' प्रकट करना तथा 'धूम धुँआरे काजर कारे बिकरारे बादर' कहना आम बात है। निराला भी कभी 'उत्सुकता से उकता-उकताकर ताकने' लगते थे तो कभी 'बोहित के हित' तुलसीदास के 'बोहित-बेरा' को स्मरण कर लेते थे। और प्रसाद तो ब्रजभाषा के पुराने जाने 'चीन्हे' थे। महादेवी के यहाँ भी 'हठीले'-जैसे कई पूर्व परिचित पद मिल जाएँगे।

इन पुराने तद्भव शब्दों के अतिरिक्त छायावाद ने अपने मुख-सुख के लिए कई तत्सम शब्दों को तद्भव कर डाला। 'अजान', 'अनजान' की पंत ने झड़ी लगा दी। कहीं 'कान तक खिंचे अजान नयन' तो कहीं 'मधुरता से अपनी अनजान।'

पुराने तद्भव शब्द अपनाने तथा नए तद्भव शब्द गढ़ने के अतिरिक्त छायावादी कवियों ने अपने आस-पास प्रचलित बोली के शब्द भी अपनाए। पछाँही बोली में प्रचलित 'हौले-हौले' शब्द को अपनाकर 'मुखर पिक हौले-हौले बोल' लिखना फर्रुखाबाद की महादेवी के लिए स्वाभाविक ही था। इसी तरह यदि पंत ने 'समीप' के लिए 'नवल कलियों के धोरे झूम' लिखा तो खड़ी बोली प्रदेश के 'धोरे' रहने का ही परिचय दिया। दूसरी ओर प्रसाद की भाषा में कहीं-कहीं बनारसी बोली का पुट दिखाई पड़ेगा तो निराला की बोली में बैसवाड़ी का छौंक।

देसी शब्दों को अपनाना छायावाद में कोई आश्चर्य की बात न थी। छायावादी कविता अपनी अतिशय नागरिकता अथवा नागरता के बावजूद लोक-तत्त्वों से युक्त थी। छायावाद जिस सांस्कृतिक जागरण का परिणाम था और आगे चलकर उसने जिस स्वाधीनता-आंदोलन का साथ दिया, वह स्वयं मध्यवर्गीय नेतृत्व में लोकजीवन का जागरण और आंदोलन था। गाँधी जी के साथ पढ़े-लिखे वकील, अध्यापक, विद्यार्थी, डॉक्टर तथा व्यवसायी ही नहीं बल्कि सात लाख गाँवों के रहनेवाले किसान भी थे और गाँधी जी को इन सात लाख गाँवों के बल का सबसे ज्यादा भरोसा था। ऐसे सांस्कृतिक जागरण और स्वाधीनता आंदोलन की कविता का भाव और भाषा में लोकजीवन से प्रभावित होना कोई आश्चर्य की बात नहीं है।

स्वच्छंदतावादी काव्य की इस लोक-भूमिका को आचार्य शुक्ल ने भी भाँपा था। स्वच्छंदतावादी काव्य की उत्पत्ति का कारण बताते हुए वे लिखते हैं:

पंडितों की बाँधी प्रणाली पर चलनेवाली काव्य-धारा के साथ-साथ सामान्य अपढ़ जनता के बीच एक स्वच्छंद और प्राकृतिक भाव-धारा भी गीतों के रूप में चलती रहती है—ठीक उसी प्रकार जैसे बहुत काल से स्थिर चली आती हुई पंडितों की साहित्य-भाषा के साथ-साथ लोक-भाषा की स्वाभाविक धारा भी बराबर चलती रहती है। जब पंडितों की काव्य-भाषा स्थिर होकर उत्तरोत्तर आगे बढ़ती हुई लोक-भाषा से दूर पड़ जाती है और जनता के हृदय पर प्रभाव डालने की उसकी शक्ति क्षीण होने लगती है तब शिष्ट समुदाय लोक-भाषा का सहारा लेकर अपनी काव्य-परंपरा में नया जीवन डालता है। ...यही प्राकृतिक नियम काव्य के स्वरूप के संबंध में भी अटल समझना चाहिए। जब-जब शिष्टों का काव्य पंडितों द्वारा बँधकर निश्चेष्ट और संकुचित होगा तब-तब उसे सजीव और चेतन प्रसार देश की सामान्य जनता के बीच स्वच्छंद बहती हुई प्राकृतिक भाव-धारा से जीवन-तत्त्व ग्रहण करने से ही प्राप्त होगा।"

शुक्ल जी ने इस प्रकार के परिवर्तन और पुनर्विधान को ही "अनुभूति की सच्ची नैसर्गिक स्वच्छंदता" (ट्रू रोमैंटिसिज्म) कहा है। लोक-तत्त्व की जिस भूमिका का उल्लेख शुक्ल जी ने किया है, वह श्रीधर पाठक और रामनरेश त्रिपाठीवाले प्रथम स्वच्छंदतावादी उत्थान के लिए जितनी सही है, उतनी ही सही प्रसाद-पंत-निराला-महादेवीवाले द्वितीय स्वच्छंदतावादी उत्थान अथवा छायावाद के लिए भी है।

भावों की समुचित अभिव्यंजना के लिए भाषा को समर्थ बनाने के प्रयत्न में छायावादी कवियों को कभी-कभी नए शब्द भी गढ़ने पड़े। निःसंदेह ये शब्द संस्कृत के प्रकृति-प्रत्यय-आधार पर ही गढ़े गए, परंतु ऊपर से तत्सम प्रतीत होते हुए भी वे वस्तुतः आधुनिक हैं। संभवतः ऐसे ही शब्दों को विद्वान अर्ध-तत्सम कहते हैं। छायावाद का लाड़ला 'स्वप्निल' विशेषण ऐसा ही अर्ध-तत्सम शब्द है। इसी तरह तंद्रिल, उर्मिल, पांशुल, स्वर्णिम आदि अनेक शब्द हैं।

शब्द-रचना में छायावादी कवियों ने, भावों की ही तरह, कभी-कभी काफी स्वच्छंदता दिखलाई। जो विचारों और भावों की दुनिया में रूढ़ियों को तोड़नेवाले हैं, वे भाषा के क्षेत्र में ही व्याकरण की रूढ़ियों में बँधकर कैसे चल सकते हैं? फलतः पंत ने 'प्रियाह्लाद' की जगह 'प्रि' आह्लाद' और 'मरुदाकाश' की जगह 'मरुताकाश' संधियाँ कीं। निराला ने समास-रचना के क्षेत्र में ज्यादा स्वतंत्रता बरती। उन्होंने *राम की शक्ति-पूजा* तथा *तुलसीदास* में समास संबंधी स्वच्छंदता को सीमा पर पहुँचा दिया। निराला के 'प्रभापूर्य', 'तमस्तूर्य' आदि हिंदी शब्दों पर संस्कृत व्याकरण के नए पंडित बहुत दिनों तक नाक-भौं सिकोड़ते रहे और झींकते-झींकते निराला को सिद्धांत-कौमुदी पढ़ने की सलाह देते रहे। आश्चर्य है कि किसी हिंदीवाले ने उन्हें 'गुरु' का व्याकरण रटने की राय नहीं दी।

शब्द-निर्माण में छायावादी कवियों ने कभी-कभी अंग्रेजी के सुंदर पदों का छायानुवाद भी किया। यह तो सभी जानते हैं कि छायावादी कवियों में से सभी के मन में कमोबेश अंग्रेजी रोमैंटिक कविता के संस्कार थे। इनमें से पंत में यह संस्कार सबसे अधिक प्रबल था और प्रसाद में सबसे कम। इसीलिए अंग्रेजी पदों का अनुवाद सबसे अधिक पंत ने ही किया। टोह में रहनेवाले छिद्रांवेषी लोगों ने ऐसे अनुवादों की सूची समय-समय पर प्रकाशित की है। इन विद्वानों ने इतना दुःख उठाकर परिश्रमपूर्वक यह जो उद्घाटन-कार्य किया है, उससे और चाहे जो धारणा फैली हो, परंतु छायावादी शब्द-रचना के एक उद्गम का पता अवश्य चल गया। खेद इतना ही है कि कवि पर चोरी का आरोप लगाकर अपने हृदय को व्यर्थ ही क्षुब्ध करने की अपेक्षा इन्होंने यह सोचकर प्रसन्नता क्यों नहीं अनुभव की कि इन शब्दों से हिंदी का भंडार समृद्ध हुआ। 'ब्रोकेन हार्ट' के वजन पर गढ़ा हुआ 'भग्न हृदय', 'हेवेन्ली लाइट' के लिए 'स्वर्गीय प्रकाश', 'गोल्डेन ड्रीम' के लिए 'सुनहला स्वप्न' और इसी तरह सुनहला स्पर्श, स्वर्ण का काल आदि शब्द बुरे नहीं हैं।

छायावादी कवि ने ये अनुवाद शौकिया नहीं किए। कहीं-कहीं तो ऐसा हुआ है कि अंग्रेजी का अनुवाद किए बिना वह भाव किसी तरह व्यक्त ही नहीं किया जा सकता, क्योंकि वह भावना ही अंग्रेजी संस्कार की देन है। जैसे किसी महत्त्वपूर्ण उक्ति अथवा शब्द का महत्त्व प्रकट करने के लिए उसके नीचे रेखा खींचना। पहले के लोग ऐसा करते थे या नहीं, इसका पता नहीं। लेकिन इतना मालूम है कि यह प्रवृत्ति आधुनिक और यूरोपीय है। ऐसी स्थिति में अनुवाद के सिवा और रास्ता ही क्या है? और पंत ने हारकर यही रास्ता अपनाया, जब यह लिखा :

अचल रेखांकित कभी थी कर रही
प्रमुखता मुख की सुछवि के काव्य में।

अंडरलाइन' करने के लिए 'रेखांकित' करना छोड़कर और क्या कहा जा सकता था और यदि इस मुहावरे को छोड़कर सीधे-साधे प्रमुखता की बात कह दी जाती तो वह चित्र खड़ा न होता।

अर्थ-विवेक छायावादी कवियों में इतना अधिक था कि उन्होंने पर्याय शब्दों में भी अर्थ-भेद का पता लगाकर प्रसंग के अनुकूल उनका प्रयोग किया; जैसे लहर, तरंग, बीचि, ऊर्मि, हिल्लोल आदि तथाकथित पर्यायवाची शब्दों में भी भिन्न अर्थच्छायाएँ हैं। इन अर्थच्छायाओं का छायावाद में पूरा उपयोग किया गया है। इस बात की ओर पंत का ध्यान इतना अधिक था कि उन्होंने *पल्लव* की भूमिका में यहाँ तक कह डाला कि "रिपिल, बिलो, वेव, टाइड आदि वस्तु के सूक्ष्म भेदोपभेद-द्योतक शब्दों के गढ़ने की ओर संस्कृत के कवियों का उतना ध्यान नहीं रहा, जितना तुल्यार्थ शब्दों के बढ़ाने की ओर।"

शब्दों में अर्थ-विवेक करते समय छायावादी कवियों ने शब्द-कोश अथवा प्रचलन की अपेक्षा अपने ध्वनि-बोध से अधिक काम लिया। अपनी इस रुचि का विस्तृत परिचय पंत ने *पल्लव* की भूमिका में दिया है। उनके अनुसार "भिन्न-भिन्न पर्यायवाची शब्द प्रायः संगीत-भेद के कारण, एक ही पदार्थ के भिन्न-भिन्न स्वरूपों को प्रकट करते हैं, जैसे 'भ्रू' से क्रोध की वक्रता, 'भृकुटि' से कटाक्ष की चंचलता, 'भौंहों' से स्वाभाविक प्रसन्नता, ऋजुता का हृदय में अनुभव होता है। ऐसे ही 'हिलोर' में उठान, 'लहर' में सलिल के वक्षःस्थल की कोमल-कंपन, 'तरंग' में लहरों के समूह का एक-दूसरे को धकेलना, उठकर गिर पड़ना, 'बढ़ो-बढ़ो' कहने का शब्द मिलता है; 'वीचि' से जैसे किरणों में चमकती, हवा के पलने में हौले-हौले झूलती हुई हँसमुख लहरियों का, 'ऊर्मि' से मधुर मुखरित हिलोरों का, 'हिल्लोल-कल्लोल' से ऊँची-ऊँची बाँहें उठाती हुई उत्पातपूर्ण तरंगों का आभास मिलता है।"

इस सिलसिले में पंत ने इस तरह के अनेक रोचक उदाहरण दिए हैं। पंत ने इन शब्दों के जो अर्थ निर्धारित किए हैं, वे कहाँ तक सही हैं यह दूसरा सवाल है। असल बात है इस विचार के पीछे काम करनेवाली प्रवृत्ति को पहचानना। ये अर्थ-विचार छायावाद के भाववादी अथवा व्यक्तिनिष्ठ दृष्टिकोण के ठेठ उदाहरण हैं। छायावादी कवि ने शब्दों के अर्थ का निश्चय अपने मन की तरंग के अनुसार किया। इसलिए उन्होंने नाद-चित्रों पर ज्यादा जोर दिया। उनका विश्वास था कि हर स्वर का एक चित्र होता है। इस धारणा के अनुसार जब किसी शब्द की ध्वनि चित्र-विशेष के भाव की बाधक होती थी, तो वे उसमें थोड़ा-सा परिवर्तन कर देते थे। जैसे पंत को 'भौंहें' ऐसी जान पड़ती हैं, जैसे उनके काले-काले बाल क्रोध से कठोर रूप धारण करके खड़े हो गए हों। इसलिए उन्होंने 'करुण भौंहों में था आकाश' में भौंहों की जगह 'भोंहों' कर दिया। यह परिवर्तन भाववादी दृष्टिकोण का उत्कृष्ट उदाहरण है।

यह प्रवृत्ति पंत के अतिरिक्त निराला में भी थी। 'मेरे गीत और कला' निबंध में उन्होंने संस्कृत के 'श ण व ल' और हिंदी के 'स म ब ल' संगीत की जो रोचक व्याख्या की है; वह भी इसी प्रवृत्ति की सूचक है। उनके लिए 'वर्ण-चमत्कार' इसी में था कि 'एक-एक शब्द बँधा ध्वनिमय साकार' रहे।

शब्द-रचना संबंधी संगीत का जहाँ तक संबंध है, छायावादी कवियों ने अलग-अलग एक-एक शब्द के संगीत पर ध्यान रखने के साथ ही संपूर्ण शब्द-संगति अथवा शब्द-गुंफन के संगीत पर भी ध्यान रखा। शब्द-संगति बैठाने में इन कवियों ने स्वर अथवा व्यंजन संबंधी अनुप्रास का सहारा लिया है। निराला में यह प्रवृत्ति अधिक प्रबल दिखाई पड़ती है; जैसे :

दिवसावसान का समय
मेघमय आसमान से उतर रही है
वह संध्या-सुंदरी परी-सी
धीरे-धीरे-धीरे ।

यहाँ 'दिवसावसान-आसमान,' 'समय मेघमय' तथा 'सुंदरी परी-सी धीरे' में स्वर और व्यंजन संबंधी अनुप्रास की छटा देखने योग्य है । इसी तरह का एक दूसरा उदाहरण निराला की ही *गीतिका* के एक गीत से लें :

वे गए असह दुख भर
वारिद झर झर झर कर
नदि कल-कल छल-छल-सी
वह छवि दिगंत पल की
घन गहन गहन
बंधु दहन
असहन निस्तल की
कहती
प्रिय पथ दुस्तर !
वे गए असह दुख भर ।

निराला की 'यमुना के प्रति' कविता में शब्द-संगति की यह आनुप्रासिक छटा प्रचुरता में देखी जा सकती है ।

पंत की शब्द-संगति ठीक-ठीक अनुप्रासों पर आधारित प्रतीत नहीं होती; शायद इसलिए कि उनके यहाँ शब्दों का आपसी संबंध अधिक सूक्ष्म होता है ।

इन सबसे यह प्रमाणित होता है कि छायावादी कवियों के शब्द-चयन का मुख्य सिद्धांत श्रुति-माधुर्य था । इसके अतिरिक्त वे एक और प्रयोजन से शब्द-चयन करते थे । यह प्रयोजन है सुंदर-सुंदर स्मृति-चित्रे (एसोसिएशंस) जगाना । चित्र-प्रिय छायावादी कवियों ने कभी-कभी मूल भाव अथवा विषय-वस्तु की उपेक्षा करके और कभी उसके स्वाभाविक पथ से थोड़ा इधर-उधर हटकर मोहक स्मृति-चित्र जगाने के लिए शब्द-योजना भी की है । महादेवी और पंत में यह प्रवृत्ति विशेष पाई जाती है ।

कुल मिलाकर यदि छायावाद के समस्त शब्दों की सूची बनाकर विचार किया जाए तो पता चलेगा कि असीम, अनंत, स्वप्निल, तंद्रिल, उर्मिल, नीरव, निःश्वास, उच्छ्वास, स्पंदन, कंपन, सिहरन, उन्मन, गुंजन, कलकल, टलमल, छल-छल आदि कुछ ऐसे शब्द हैं, जिनकी आवृत्तियाँ बहुत अधिक हुईं । ये शब्द छायावादियों के तकियाकलाम-से हो गए थे ।

इन शब्दों का यदि थोड़ा और बारीकी से अध्ययन किया जाए तो मालूम होगा कि सभी छायावादी कवियों के तकियाकलाम एक से नहीं हैं। पंत के यहाँ स्वप्निल, उर्मिल, मृदुल आदि ज्यादा हैं; प्रसाद के यहाँ मधु, माधव, माधवी आदि; निराला के यहाँ नव या फिर विराटता के बोधक बड़े-बड़े शब्द; और महादेवी के यहाँ दीप, बाती, तूली, ओस, अश्रु आदि। हर छायावादी कवि के अपने कुछ प्रिय शब्द हैं और उन शब्दों से उनकी पूरी प्रवृत्ति का पता चलता है। पंत के शब्द अरूप और वायवी अधिक हैं, क्योंकि वे कल्पना-प्रधान थे। प्रसाद के शब्द मधु की तरह प्रगाढ़ अधिक हैं, क्योंकि वह गहन अनुभूतियों के कवि थे। निराला के शब्द अनेक प्रकार के हैं, क्योंकि उनमें प्रवृत्ति-बहुलता है—कहीं उनकी पदावली विराटता का बोध कराती है, कहीं विद्रोह का और कहीं गाढ़ता का। महादेवी की पदावली से अतिशय अलंकृति का आभास मिलता है। पंत के शब्द यदि कुसुम हैं तो महादेवी के पद माणिक्य। महादेवी के शब्दों में रत्नों की-सी चमक, कठोर तथा कटा-छँटापन मिलता है, इससे उनके स्वभाव के अतिशय परिष्कार तथा तराश का बोध होता है।

10

# खुल गए छंद के बंध

हृदय के उच्छ्वास से शब्दों के रूप के साथ ही उनका अन्वय, क्रम और प्रवाह भी प्रभावित होता है। छायावादी भावों ने यदि शब्दों को कल्पना से रंजित और मांसल बनाया तो अपने आवेग से उन शब्दों को एक विशेष ढंग के क्रम, संबंध और गति में भी ढाल दिया। इस तरह छायावादी वाक्य-विन्यास में भी परिवर्तन हुआ।

द्विवेदी-युग के कवि कविता में सीधे और पूरे वाक्य लिखते थे। सामान्य बोलचाल के गद्य की तरह उनकी कविता में भी कर्त्ता, कर्म, क्रिया प्रायः यथाक्रम आते थे; जैसे :

हम कौन थे ? क्या हो गए हैं ? और क्या होंगे अभी ?

उनके यहाँ वाक्य में दो पदों का क्रम वहीं बदलता था, जहाँ छंद के प्रवाह में बाधा पड़ती थी। छंदोनुरोध के अतिरिक्त वे वाक्य में पद-क्रम को प्रायः नहीं बिगाड़ते थे।

लेकिन छायावाद के भावावेश में पद-क्रम एकदम उलट-पुलट गया। अक्सर देखा जाता है कि आवेग में साधारण बातचीत में भी वाक्य में पदों का क्रम बदल जाता है। जब हम किसी के चले जाने की त्वरा को सूचित करना चाहते हैं तो सीधे-साधे 'वह चला गया' कहने की जगह 'चला ही तो वह गया' बोलते हैं। जिस तरह उमंगों से भरे हुए बच्चे एक क्षण के लिए भी चुप नहीं बैठते और न सीधे खड़े रह सकते—बल्कि सीधे खड़े रहना उनके लिए दंड हो जाता है—उसी तरह भावाकुलता में वाक्य भी सीधे नहीं रह सकते। इसीलिए छायावादी कविता में भी हम शब्दों के क्रम में काफी उलट-फेर पाते हैं।

कभी-कभी यह पद-क्रम इतना उलट-पुलट जाता था कि उनको अन्वय-क्रम से सजाकर अर्थ करने में कठिनाई होती है। प्रसाद के यहाँ ऐसा बहुत हुआ। *कामायनी* की दुरूहता के अनेक कारणों में से एक कारण यह भी है। पुराने पंडित झुँझलाकर इसे 'दूरान्वय-दोष' कहने लगते हैं। 'उदार हृदय की बाह्य अनुकृति'

के स्थान पर 'हृदय की अनुकृति बाह्य उदार' तथा 'तरल आकांक्षा से भरा आशा का आह्लाद सो रहा है' की जगह 'तरल आकांक्षा से है भरा सो रहा आशा का आह्लाद'-जैसे वाक्य तो अपेक्षाकृत अधिक सरल और छोटे होने के कारण बोधगम्य हैं। इससे भी अधिक बीहड़ वाक्य-विन्यास *कामायनी* में मिलते हैं।

संयुक्त वाक्यों में भावावेग-वश प्रसाद अक्सर उनका आपसी संबंध भूल जाते हैं; जैसे :

> संवेदन का और हृदय का
> यह संघर्ष न हो सकता;
> फिर अभाव असफलताओं की
> गाथा कौन कहाँ बकता!

प्रस्तुत वाक्य-विन्यास के अनुसार अर्थ करने में भारी कठिनाई है; यदि इसे थोड़ा ठीक करके आरंभ में 'यदि' और 'हो सकता' क्रिया की जगह 'होता' रख दें तो दोनों वाक्यों का पारस्परिक संबंध ठीक हो जाएगा और संपूर्ण वाक्य इस प्रकार होगा, 'यदि संवेदन का और हृदय का यह संघर्ष न होता, तो फिर अभाव असफलताओं की गाथा कौन कहाँ बकता?' और तब इसका अर्थ सुगम हो जाता।

इसी आवेग में वे प्रायः अनेक पद छोड़ जाते हैं, जिनके अभाव में बड़ी अस्पष्टता मालूम पड़ती है। इसीलिए पुराने पंडित सामान्य रूप से संपूर्ण छायावादी कविता में और विशेष रूप से प्रसाद में **न्यूनपदत्व दोष** की शिकायत करते हैं। *कामायनी* से ही दो-एक उदाहरण लें :

> मनन करावेगी तू कितना?
> उस निश्चिंत जाति का जीव;

यहाँ होना चाहिए 'मैं उस निश्चिंत जाति का जीव हूँ; लेकिन कर्त्ता, क्रिया दोनों के गायब होने से कुछ समझ में नहीं आता। इसी तरह 'मन जिसमें सुख सोता था!' 'सोता था' क्रिया के यहाँ दो कर्त्ता हो गए—'मन' और 'सुख' यदि दो कर्त्ता हैं तो क्रिया को बहुवचन अर्थात् 'सोते थे' होना चाहिए; लेकिन वास्तविकता यह है कि कर्त्ता केवल 'मन' है और 'सुख' के बाद 'से' परसर्ग छूट गया है इसीलिए यह सारी गड़बड़ी है। होना चाहिए था—'मन जिसमें सुख से सोता था।' यह सब देखकर प्रसाद के ही शब्दों में उनसे पूछने की इच्छा होती है कि :

> उलझन प्राणों के धागों की
> सुलझन का समझूँ मान तुम्हें।

परंतु यह 'उलझन' भी अपने-आपमें कम उलझी हुई नहीं है। एक 'समझूँ' क्रिया तथा 'या' संयोजक के बिना सबकुछ उलझ गया है। यदि इसे ऐसा कर दें तो :

उलझन प्राणों के धागों की (समझूँ या)
सुलझन का समझूँ मान तुम्हें ?

अर्थात तुम्हें प्राणों के धागों की उलझन समझूँ या सुलझन का मान समझूँ ?

जिस तरह 'श्रद्धा' ने 'लज्जा' से कहा था कि 'अस्फुट रेखा की सीमा में आकार कला को देती हो' उसी तरह यह सब देखकर विशेष रूप से प्रसाद के सामने तथा सामान्य रूप से सभी छायावादी कवियों के सामने थोड़े लिंग-परिवर्तन के साथ इसी वाक्य को दुहरा दिया जा सकता है ।

वैसे जहाँ तक अस्पष्टता का सवाल है, उसके बारे में प्रसाद के विचार बड़े ही स्पष्ट थे । विरोधियों ने जब छायावाद पर अस्पष्टता का आरोप लगाया तो उन्होंने जनवरी, 1927 के इंदु में जवाब दिया—''पुराने अभिभावकों की शिकायत है कि अस्पष्टता और उच्छृंखलता बढ़ रही है ! पर वह भूल जाते हैं कि ये दोनों बातें जीवन के वसंत और यौवन के संधिकाल के दो बहुत ही आवश्यक उपकरण हैं । ··· अल्हड़पन ही जीवन का विकास है । हम यह भी कहें तो अनुचित न होगा कि सौंदर्य सदैव एक रहस्य है, अतएव जहाँ जितनी ही सुंदरता होगी वहाँ उतनी ही अस्पष्टता रहेगी । सौंदर्य की भाषा में जो अस्पष्टता, संकोच और सिर झुकाकर कभी ऊपर देख लेनेवाली लज्जा की सहेली है, वही साहित्य-विज्ञान में प्रतियोगिता के चिह्न हैं ।''

निःसंदेह प्रसाद ने जिस अस्पष्टता के सौंदर्य की प्रशंसा की है, वह आवश्यक है; परंतु 'वह चितवन औरे कछू जेहि बस होत सुजान !' अस्पष्टता की भाषा को तो स्पष्ट होना ही चाहिए । वह भाषा एकदम अभिधा भले न हो; वह लाक्षणिक और ध्वन्यात्मक ही रहे तो रहे, लेकिन उसके वाक्य-विन्यास में दूरान्वय और न्यूनपदत्व तो न हो । यदि भावावेग में कोई हकलाने लगे और फिर उस हकलाने को स्वाभाविकता की युक्ति देकर उचित सिद्ध करने लगे तो उसके साथ हमारी सहानुभूति भले हो, उसके विचारों से सहमत होना तो असंभव है । भावावेग की तीव्रता में कभी-कभी छायावाद के वाक्य-प्रवाह की यही दशा हो जाती थी ।

जहाँ यह विशृंखलता न होती थी, वहाँ भी छायावादी कविता के वाक्य प्रायः क्रियाहीन दिखाई पड़ते हैं । इसका कारण है । खड़ी बोली की आकारांत क्रियाएँ छंदों की रचना में कुछ ऐसी बेमेल मालूम होती हैं कि उन्हें बैठाने में बड़ी मुसीबत होती है । शुरू-शुरू में यह कठिनाई भारतेंदु को भी हुई थी । 1 सितंबर, 1881 के *भारतमित्र* में उन्होंने एक पत्र लिखा था जिसमें स्वीकार किया कि ''इस भाषा की दीर्घ क्रियाओं में दीर्घ मात्रा विशेष होने के कारण बहुत असुविधा होती है ।''

पूछा जा सकता है कि यह कठिनाई क्या उर्दूवालों के सामने नहीं थी ? जरूर थी, लेकिन उन्होंने इस कठिनाई को दूर करने के लिए दीर्घ मात्राओं को ह्रस्व करके पढ़ने की सुविधा प्राप्त कर ली । संस्कृत की उच्चारण-परंप्ररा का अनुसरण करने

के कारण हिंदी ऐसा न कर सकी और वह दीर्घ स्वरों के उच्चारण के लिए भी पूरा अवसर देती थी। ऐसी स्थिति में क्रियाओं को छोड़ देने के सिवा और कोई रास्ता न था। उच्चारण के मामले में हिंदीवालों ने संस्कृत का तो अनुसरण किया, परंतु वे यह भूल गए कि संस्कृत हिंदी की तरह अश्लिष्ट अथवा विश्लिष्ट भाषा नहीं है। हिंदी की तरह संस्कृत में संयुक्त क्रियाएँ नहीं होतीं। इसलिए संस्कृत तो अपनी क्रियाओं के साथ भी कविता में माधुर्य बनाए रख सकती थी; किंतु हिंदी में एक भाव के लिए छोटी-छोटी क्रियाओं के इतने बड़े पुंज की आवश्यकता होती है कि उस बड़े परिवार को लेकर चलने में अपने को सँभालना ही अपरंपार हो जाता है।

*पल्लव* की भूमिका में इस कठिनाई की ओर संकेत करते हुए पंत लिखते हैं, "खड़ी बोली की कविता में क्रियाओं और विशेषतः संयुक्त क्रियाओं का प्रयोग कुशलतापूर्वक करना चाहिए, नहीं तो कविता का स्वर (एक्सप्रेशन) शिथिल पड़ जाता है, और खड़ी बोली की कविता में यह दोष सबसे अधिक मात्रा में विराजमान है। 'है' को तो, जहाँ तक हो सके निकाल देना चाहिए, इसका प्रयोग प्रायः व्यर्थ होता है।"

इस 'है' से बाज आकर छायावादी कविता ने श्रुति मधुरता उत्पन्न करने में काफी सफलता प्राप्त की। लेकिन इसके अभाव में कभी-कभी पूरी कविता अनेक वस्तुओं के नामों की सूची मालूम पड़ने लगती है; जैसे :

नभ में अवनि, अवनि में अंबर
सलिल-भस्म मारुत के फल
हम ही जल में थल, थल में जल
दिन के तम, पावक के तूल!

संयुक्त-क्रियाओं से बचने के लिए निराला ने कभी-कभी कृदंतज क्रिया-पदों अथवा समास-शृंखला का सहारा लिया है। ऐसा उन्होंने वहीं किया है, जहाँ 'अरथ अमित अति आखर थोरे' का आदर्श सामने रहा है। *राम की शक्ति-पूजा* के आरंभ में ऐसी ही समास-शृंखला है, जैसे कोई 'तार की भाषा' लिख रहा हो। उदाहरण के लिए :

राघव-लाघव—रावण-वारण—गत - युग्म-प्रहर
उद्धत-लंकापति-मर्दित-कपि- दल - बल - विस्तर,
अनिमेष-राम-विश्वजिद् दिव्य-शर-भंग-भाव—
विद्धांग - बद्ध - कोदंड - मुष्टि—खर-रुधिर-स्राव,

यह समस्त पद-योजना पंत से भी जटिल है; क्योंकि पंत ने हिंदी की प्रकृति के अनुसार कारक-परसर्गों के प्रयोग से पदों को स्फुट कर दिया है, जबकि निराला ने

उन्हें समासों में जकड़ दिया है। इस गुंफित पद-योजना के दोष उस जगह अधिक खटकते हैं जहाँ वाक्य लंबे हो जाते हैं। परंतु जब छोटे-छोटे वाक्य आते हैं तो क्रियाओं की कमी नहीं खटकती।

वाक्य-विन्यास संबंधी ये सभी बातें छायावादी गद्य में भी मिलती हैं। निराला के 'वर्तमान धर्म' निबंध में इस गुंफित शैली की जटिलता का चरम रूप देखा जा सकता है। *पल्लव* के 'प्रवेश' का आरंभ ही जिस 'नीहारिका' से होता है, उसकी माला पूरे पैराग्राफ तक उसी तरह गुँथी चली गई है। प्रसाद के निबंधों की भाषा-संबंधी जटिलता सबको मालूम है। और महादेवी की अलंकृत पदावली तथा चक्करदार वाक्य-योजना पाठक के मन में कभी-कभी कितनी झुँझलाहट पैदा करती है, इसके बारे में कुछ कहना बेकार है।

इतना होते हुए भी लोग कहते हैं कि छायावादी कविता की भाषा गद्य की भाषा से भिन्न है। वास्तविकता यह है कि छायावादी कविता की भाषा छायावादी गद्य की भाषा से मूलतः कहीं भी भिन्न नहीं है; भिन्न है वह बोल-चाल के गद्य से अथवा छायावादेतर गद्य से। छायावादी गद्य और पद्य की भाषा में उतना ही अंतर है, जितना विचार और भाव की भाषा में होता है।

वस्तुतः छायावादी वाक्य-विन्यास की गुंफनशीलता, भावों की गुंफनशीलता का परिणाम है; वाक्य में पदों का क्रम-विपर्यय आवेग-जनित भावों में क्रम-विपर्यय का परिणाम है और वाक्य की अस्पष्टता भावों की अस्पष्टता का परिणाम है।

वाक्य छंद की इकाई है। गद्य हो चाहे पद्य—सभी में एक प्रकार से छंद होता है और वह छंद वाक्य की गति और यति में निहित रहता है। वाक्य की गति और यति से एक लय ध्वनित होती है और इस लय का तार वक्ता के हृदय में होता है। हृदय के स्पंदन से ही वाक्य की लय निर्धारित होती है। इसलिए छायावादी कवि के जिस हृदय-स्पंदन ने वाक्य-विन्यास को प्रभावित किया, उसी ने वाक्य-विन्यास के माध्यम से छंदोविधान का भी निश्चय किया। छायावाद का यह हृदय-स्पंदन मुख्यतः प्रगीत-भावना (लिरसिज्म) थी। छायावादी छंदों में से अधिकांश का निश्चय प्रगीत भावना ने किया।

कौन-से छंद खड़ी बोली की प्रवृत्ति के अनुकूल हैं, इनकी समस्या पूर्ववर्ती कवियों ने काफी वाद-विवाद तथा प्रयोग के बाद बहुत कुछ हल कर दी थी। द्विवेदी-युग से पहले भारतेंदु-युग में ही इसका निर्णय एक हद तक हो गया था कि उर्दू कविता में प्रचलित फारसी के छंद हिंदी के संस्कार के अनुकूल नहीं हैं। 11 नवंबर, सन् 1887 के *हिंदोस्तान* में राधाचरण-गोस्वामी ने 'खड़ी बोली का पद्य' शीर्षक निबंध के द्वारा यह आशंका उठाई कि "अब इस प्रकार की भाषा (खड़ी बोली) में छंद रचना करने में कई आपत्ति हैं। प्रथम तो भाषा के कवित्त, सवैया

आदि छंदों में ऐसी भाषा का निर्वाह नहीं हो सकता, तब भाषा के प्रसिद्ध छंद छोड़कर उर्दू के बैत शेर, गजल आदि का अनुकरण करना पड़ता है, पर फारसी शब्दों के होने से उसमें भी साहित्य नहीं आता।"

यद्यपि फारसी बहर में उसके बाद भी कई कविताएँ लिखी गईं और प्रसाद ने :

विमल इंदु की विशाल किरणें
प्रकाश तेरा बता रही हैं

तथा :

न छेड़ना उस अतीत स्मृति के
खिंचे हुए वीन तार कोकिल

जैसी कई सुंदर कविताएँ फारसी बहर में लिखीं, फिर भी हिंदी कवियों ने सामान्य रूप से इसे हिंदी-संस्कार के विपरीत मानकर नहीं अपनाया।

जहाँ तक कवित्त-सवैयों में खड़ी बोली की कविता लिखने का सवाल है—द्विवेदी-युग के गोपालशरणसिंह, हितैषी आदि द्वारा खड़ी बोली में ललित सवैए और घनाक्षरी लिखे जाने के बावजूद यह मान लिया गया था कि ये छंद अपने पुराने रूप में आधुनिक भावों के अनुकूल नहीं हैं। राधाचरण गोस्वामी की आशंका दूर करते हुए श्रीधर पाठक ने 15 जनवरी, 1888 *हिंदोस्तान* में लिख दिया कि "घनाक्षरी सवैया इत्यादि के अतिरिक्त अनेक छंद ऐसे हैं कि जिनमें खड़ी बोली की कविता बिना कठिनाई और बड़ी सुघराई के साथ आ सकती है।"

स्वयं भारतेंदु ने भी उन दिनों फारसी छंदों तथा घनाक्षरी सवैया के अतिरिक्त एक लोक-प्रचलित छंद में पद्य-प्रयोग किया था, जिसकी एक द्विपदी इस प्रकार है :

साँझ सबेरे पंछी सब क्या कहते हैं कुछ तेरा है।
हम सब इक दिन उड़ जाएँगे यह दिन चार बसेरा है।

घनाक्षरी सवैया तथा फारसी छंदों से बचने के लिए आचार्य महावीर प्रसाद द्विवेदी ने संस्कृत के वर्णवृत्तों को पुनर्जीवित करने की कोशिश की और उस पुनरुत्थान-युग में अनेक कवियों ने उनका साथ दिया। उत्साह में आकर अयोध्यासिंह उपाध्याय ने पूरा *प्रिय-प्रवास* संस्कृत के वर्ण-वृत्तों में लिख डाला। फिर भी उसी प्रयोगकालीन अवस्था में कवियों ने स्वीकार कर लिया कि हिंदी में संस्कृत के वर्ण-वृत्तों का पुनरुत्थान असंभव और अरुचिकर है। आचार्य शुक्ल ने भी इस प्राचीन रुचि का विरोध किया।

अब कवियों के सामने एक ही रास्ता रह गया। यह रास्ता उन छंदों का था, जिनमें भारतेंदु ने 'प्रयोग' किया था और श्रीधर पाठक ने उस निबंध में जिनकी चर्चा

की तथा रचना भी की। श्रीधर पाठक के 'एकांतवासी योगी,' 'जगत-सचाई-सार' आदि की सफलता ने आधुनिक हिंदी कविता के छंद-पथ का द्वार खोल दिया। लोगों ने अनुभव किया कि प्रकृत पथ यही है और इसी को प्रशस्त करना हमारा कर्त्तव्य है।

श्रीधर पाठक के इन ललित छंदों का आदि स्रोत तत्कालीन लोकप्रचलित लावनियों में था, इसे सभी लोग जानते हैं। श्रीधर पाठक ने रचना-सिद्धि के द्वारा दिखला दिया कि कविता के छंदों का स्रोत लोक-कंठ है। संस्कृत, फारसी तथा रीतिकालीन छंदों को पुनर्जीवित करने का प्रयत्न व्यर्थ है। प्राचीन छंदों के ढाँचे में आधुनिक भावनाएँ 'फिट' नहीं हो सकतीं। आधुनिक भावनाओं की नवीनता की ओर ध्यान न देकर उनको पुराने छंदों में कसने पर असफलता ही मिलेगी। स्वयं संत-भक्तिकाल के कवियों ने, जो हिंदी कविता में भावानुरूप छंद के प्रवर्तक हैं, लोक-कंठ से उठनेवाले गीतों के आधार पर ही अपनी कविता का छंद-विधान किया था।

श्रीधर पाठक और रामनरेश त्रिपाठी के पथ पर चलते हुए छायावादी कवियों ने लोक-प्रचलित स्वरों को ही अपने छंदों का आधार बनाया; परंतु उन्होंने उन लोक-प्रचलित छंदों को इतना परिष्कृत कर दिया कि अब उनका मूल स्रोत ढूँढ़ना भी दुष्कर है।

पंत, प्रसाद, निराला और महादेवी ने अधिकांशत, जो तीस-इकत्तीस मात्राओंवाला छंद थोड़े-बहुत अंतर के साथ लिखा है, वह कहीं तो लावनी के नजदीक है और कहीं आल्हा अथवा कड़खा के। पंत ने जिस छंद में :

सुरपति के हम ही हैं अनुचर
जगत्प्राण के भी सहचर

वाली *'बादल'* कविता लिखी है तथा प्रसाद ने *कामायनी* में :

हिमगिरि के उत्तुंग शिखर पर
बैठ शिला की शीतल छाँह

लिखा है और निराला ने 'नाचे उस पर श्यामा' में जो :

फूले फूल सुरभि-व्याकुल-अलि
गूँज रहे हैं चारों ओर

लिखा है और महादेवी ने जो :

निश्वासों का नीड़ निशा का
बन जाता जब शयनागार

लिखा है, उन सबके मूल में लोक-प्रचलित आल्हा का ही छंद है। यदि इसे कोई 13 वीं 14 वीं सदी का पुराना छंद कहकर यह सिद्ध करना चाहे कि यह भी तो छायावाद में प्राचीन का ही पुनरुद्धार है, तो उसकी शंका के समाधान के लिए यहाँ केवल इतना ही संकेत करना पर्याप्त होगा कि प्रायः अधिकांश विद्वान आज आल्हा की प्राचीनता में संदेह करते हैं और कुछ विद्वानों का तो दृढ़ विश्वास है कि आल्हा एकदम 19 वीं सदी की आधुनिक रचना है। यह छंद लोक-कंठ में कब आया यह तो कहना कठिन है, लेकिन लिखित काव्य को देखते हुए मालूम होता है कि सबसे बड़े लोक-कवि तुलसीदास को इस छंद का पता न था। यदि उस समय लोक-कंठ में वह छंद होता तो सोहर, नहछू, बरवै लिखनेवाला कवि इसे छोड़ देता—यह बात कयास के बाहर की मालूम होती है। वैसे पिंगल-शास्त्री इसे मध्ययुगीन 'वीर' छंद बतलाते हैं परंतु पिंगल-शास्त्र में यह 'वीर' छंद कब घुसा—यह अनुमान का विषय है। क्या यह संभव नहीं है कि शास्त्र में इसका समावेश 'आल्हा' के बाद उसे देखकर हुआ हो?

जो हो, प्रयोग और प्रचलन की दृष्टि से यह छंद आधुनिक है। मध्ययुग में इस छंद का प्रयोग प्रायः नहीं मिलता जबकि छायावादी कविता में इसकी बहुलता है।

आवश्यकतानुसार छायावादी कवियों ने इसमें काट-छाँट, तोड़-मरोड़ करके इसके कई भेदोपभेद बना लिए। पूरी *कामायनी* में इसी के भेदोपभेद हैं। 'चिंता' सर्ग में 31 मात्राओं का लघ्वंत तुकवाला छंद है तो उसमें से अंतिम लघु मात्रा कम करके 'आशा' में तीस मात्राओं का छंद रच दिया गया है; जैसे:

उषा सुनहले तीर बरसती
जय-लक्ष्मी-सी उदित हुई

यदि 'हुई' के बाद एक मात्रा का 'न' जोड़ दीजिए तो 'चिंता' का छंद बन जाए। 'निर्वेद' का भी यही छंद है और इसी के आदि तथा अंत में मात्रा-भेद द्वारा तीस मात्राओं का ही एक और छंद 'स्वप्न' में अपनाया गया है; जैसे:

संध्या अरुण जलज केसर ले अब तक मन थी बहलाती।

लेकिन 'स्वप्न' में प्रायः 'आशा' वाले छंद की ही उद्धरणी हो गई है। 'एकांतवासी योगी' के:

सुनिए झाड़खंड बनवासी दयाशील हे वैरागी!

के साथ इसे मिलाकर देखें तो पता चलेगा कि यह भी 'लावनी' ही है। इसी में दो मात्राएँ और जोड़कर 'रहस्य' सर्ग के छंद रचे गए हैं; जैसे:

ऊर्ध्व देश उस नील तमस में
स्तब्ध हो रही अचल हिमानी

'श्रद्धा' और 'काम' अथवा 'लज्जा' सर्ग के छंद बत्तीस मात्राओं के हैं और वे भी मूलतः इसी पर आधारित हैं। इन तीनों सर्गों तथा 'इड़ा' सर्ग के छंद की लय एक-सी है। इनके उदाहरण क्रमशः इस प्रकार हैं :

कौन तुम संसुति जलनिधि तीर
तरंगों से फेंकी मणि एक? (श्रद्धा)
मधुमय वसंत जीवन वन के
वह अंतरिक्ष की लहरों में। (काम)
कोमल किसलय के अंचल में।
नन्हीं कलिका ज्यों छिपती-सी। (लज्जा)
झंझा-प्रवाह-सा निकला यह
जीवन विक्षुब्ध महा-समीर (इड़ा)

इसी तरह पंत की अधिकांश कविताओं में 'लावनी' छंद के ही भेदोपभेद मिलते हैं। 'प्रथम रश्मि', 'छाया', 'बादल', 'अनंग', 'बालापन', 'स्वप्न', 'अप्सरा' आदि का छंद वस्तुतः लावनी ही है। इनमें से प्रत्येक कविता का एक-एक पद लेकर श्रीधर पाठक के 'एकांतवासी योगी' से मिलाने पर इस तथ्य की पुष्टि हो जाएगी और सच पूछिए तो इस छंद के अलावा पंत के पास और कोई छंद है भी नहीं।

निराला ने 'यमुना के प्रति' इसी लावनी छंद में लिखा है। तुकांत कभी गुरु वर्ण से होता है और कभी लघु से।

'लावनी' के अतिरिक्त आगे चलकर कुछ और भी लोक-प्रचलित गीत छायावाद में अपनाए गए। महादेवी ने सोलह मात्राओंवाले चरण के एक गीत को अपनाकर उसके एक चरण को टेक और उसके द्विगुणित रूप को अंतरा बनाकर बहुत-से गीत लिखे, जो हिंदी में काफी लोकप्रिय हुए। इस छंद का आरंभ संभवतः 'रश्मि' से ही हुआ है। उदाहरण के लिए यह गीत :

कौन तुम मेरे हृदय में?
कौन मेरी कसक में नित मधुरता भरता अलक्षित?
कौन प्याले लोचनों में घुमड़ घिर झरता अपरिचित?
स्वर्ण-स्वप्नों का चितेरा नींद के सूने निलय में!
कौन तुम मेरे हृदय में?

तरह-तरह के लोक-गीत अपनाने तथा छंद प्रयोग करने में निराला सबसे आगे रहे हैं। छायावादी कवियों में उन्हें छंदोगुरु कहा जा सकता है। लोकगीत के उदाहरण के लिए 'अनामिका' का 'अपराजिता' शीर्षक गीत द्रष्टव्य हैं :

हारीं नहीं, देख आँखें—
परी नागरी की :

नभ कर गईं पार पाँखें—
परी नागरी की।
तिल नीलिमा को रहे स्नेह से भर
जगकर नई ज्योति उतरी धरा पर
रंग से भरी हैं, हरी ही उठीं हर
तरु की तरुण-तान शाखें :
परी नागरी की—
हारीं नहीं, देख आँखें।

इस तरह छायावाद की मुख्य छंद:प्रवृत्ति को देखने से पता चलता है कि इसका प्रेरणा-स्रोत लोक-जीवन है और उसी से बहुत-कुछ उपकरण लेकर छायावादी कवियों ने तरह-तरह के छंद गढ़े।

परंतु जैसा कि सर्वविदित है, पुनरुत्थान भावना से छायावाद का पिंड नहीं छूट सका था। इसीलिए मध्ययुग के अनेक हिंदी-छंदों को भी छायावादी कवियों ने पुनर्जीवित किया। 'रोला' अथवा 'काव्य' मध्ययुग का ऐसा ही छंद है, जो तब से लेकर आधुनिक युग तक काफी लोकप्रिय रहा। ब्रजभाषा-कवि रत्नाकर ने तो सारा *'गंगावतरण'* रोला में लिखा ही, श्रीधर पाठक भी 'ऊजड़ ग्राम' को 'रोला' में बाँध गए। पंत को 'रोला' इतना प्रिय रहा कि *उच्छ्वास* में एक 'रोला' फूटा तो 'परिवर्तन' में उसकी झड़ी लग गई। *उच्छ्वास* में :

गरज गगन के गान! गरज गंभीर स्वरों में

निकला, तो 'परिवर्तन' में :

लक्ष अलक्षित चरण तुम्हारे चिह्न निरंतर।

प्रसाद भी *कामायनी* को भाव, भाषा, छंद सभी तरह से छायावाद का प्रतिनिधि काव्य बनाने के प्रयत्न में उसके अंतर्गत 'रोला' को स्थान देना न भूल सके। 'सघर्ष' सर्ग पूरा का पूरा 'रोला' में है :

श्रद्धा का था स्वप्न किन्तु वह स्वप्न बना था।

छायावादी कवियों ने 'रोला' को पुनर्जीवित करके उसके 'काव्य' नाम को सार्थक कर दिया। आगे 'निराला' ने भी 'सानेट' के लिए इसी छंद को अपनाया।

मध्ययुग के अन्य छंद भी छायावाद में फिर से जिलाए गए। इनमें रूपमाला, सखी, राधिका, पीयूषवर्षण, प्लवंगम, अरिल्ल आदि के नाम उल्लेखनीय हैं। प्रसाद का *आँसू* सखी छंद में है और *कामायनी* का 'आनंद' सर्ग भी उसी में है, परंतु इन दोनों की तुलना से स्पष्ट हो जाता है कि यह छंद करुण रस के लिए ही उपयुक्त है; आनंद की अभिव्यंजना में यह असफल हो गया है। महादेवी ने *नीहार*

और *रश्मि* में इस छंद के कुछ गीत लिखे हैं। लेकिन 'सखी' छंद को जो सिद्धि *आँसू* के :

> रो-रोकर सिसक-सिसककर
> कहता मैं करुण कहानी

में मिली है, वह महादेवी को न तो :

> रजनी ओढ़े जाती थी
> झिलमिल तारों की जाली

में मिली है और न :

> चिर तृप्ति कामनाओं का
> कर जाती निष्फल जीवन

में। वस्तुत : इस छंद के लिए व्यथा के जिस भावुक उद्‌गार की आवश्यकता है, उसका निर्वाह *आँसू* में हुआ है, वह महादेवी की बौद्धिक दुःखानुभूति में दुर्लभ है। यह छंद युक्ति के लिए नहीं, रुदन के लिए है।

इसी तरह 'रूपमाला' का बहुत सफल निर्वाह प्रसाद ने *कामायनी* के 'वासना' सर्ग में किया है। इसी छंद में उन्होंने 'मदिर माधव यामिनी का धीर पद-विन्यास' दिखलाया है।

*ग्रंथि* में 'राधिका' छंद को सजीव कर दिया गया है। हिंदी कविता में पहली बार इस छंद को सशक्त और सहृदय रचयिता प्राप्त हुआ। यह छंद अत्यंत अलंकृत है इसलिए इसका प्रयोग बहुत कम क्या, किसी ने नहीं किया है।

> इंदु पर, उस इंदु-मुख पर साथ ही

में जो थिरकती हुई लय है, उसे सँभालना साधारण कंठ का काम नहीं हो सकता।

इन पुराने छंदों को पुनर्जीवित करने में भी छायावाद का अपना वैशिष्ट्य स्पष्ट रूप से दिखाई पड़ जाता है। छायावाद के भावुक कवि केशवदास के समान तरह-तरह के छंदों के नमूने तैयार करने के लिए छंद-रचना नहीं कर रहे थे। उनकी भावुकता यहाँ भी अपना काम कर रही थी। उन्होंने बृहद् पिंगल-शास्त्र से अपनी रुचि के अनुसार कुछ छंदों का चुनाव किया और फिर उनकी लय में निहित भाव का पता लगाकर उपयुक्त भाव के लिए उपयुक्त छंद का प्रयोग किया। छंद का अर्थ उनके लिए केवल मात्रा, तुक, यति आदि न था। उन्होंने पिंगल के व्याकरण को अपने भावों से रँगकर सजीव काव्य-संगीत बना दिया।

*पल्लव* की भूमिका में कुछ छंदों की लय में निहित भावों पर प्रकाश डालते हुए पंत लिखते हैं कि पीयूषवर्षण, रूपमाला, सखी और प्लवंगम छंद में करुणा है;

रोला में बरसाती नाले का कलनाद, रूपमाला में थकान की मंथरता, राधिका में क्रीड़ा-प्रियता, अरिल्ल में निर्झरिणी की स्वच्छंदता और चौपाई में बाल-चापल्य है। इसी विचार-पथ पर आगे बढ़ते हुए पंत ने *उच्छ्वास, आँसू* और *परिवर्तन* में भाव-लय के अनुसार छंद-लय और भाव-प्रवाह के अनुसार चरणों का आकार परिवर्तित किया। *उच्छ्वास* के आरंभ में ही भावानुकूल लय और चरणों के आकार का परिवर्तन देखा जा सकता है :

सिसकते, अस्थिर मानस से
    बाल बादल-सा उठकर आज
    सरल, अस्फुट उच्छ्वास।
अपने छाया के पंखों में
(नीरव घोष भरे शंखों में)
    मेरे आँसू गूँथ फैल गंभीर मेघ-सा
    आच्छादित कर ले सारा आकाश!
यह अमूल्य मोती का साज
    इन सुवर्णमय, सरस परों में
    (शुचि स्वभाव से भरे सरों में)
तुझको पहना जगत देख ले;–यह स्वर्गीय प्रकाश।
मंद विद्युत-सा हँस कर,
वज्र-सा उर में धँसकर,
गरज, गगन के नाद गरज गंभीर स्वरों में।

लय की दृष्टि से इस काव्यांश में प्रायः हर पंक्ति के साथ एक भिन्न लय का सूत्रपात किया गया है। इस लय-परिवर्तन के मूल में यह प्रवृत्ति काम कर रही थी कि निश्चित मात्रा के बँधे हुए चरणों और तुकांतों की आवृत्तियों के बंधन में किसी भावावेग को क्यों बाँधा जाए। जिस तरह भावावेग में सदैव पुनरावृत्ति नहीं होती और न उनके प्रवाह-खंड के चरण ही सम रहते हैं; उसी तरह एक भाव की कविता के अंतर्गत लय और चरणों में भी परिवर्तन होते रहना चाहिए।

इसी स्वच्छंद-भाव की तर्क-संगत परिणति **मुक्त-छंद** है। अर्थ की दृष्टि से **मुक्त-छंद** शब्द के भीतर स्वतोव्याघात है। छंद का अर्थ ही है बंधन; फिर 'मुक्त-बंधन' का क्या अर्थ है? यदि उसमें बंधन है तो फिर वह मुक्त कैसे है? इसीलिए कुछ लोगों ने इसका अर्थ किया है, छंद से मुक्ति। उनके अनुसार **मुक्त-छंद** वह है जिसमें कोई छंद ही न हो। लेकिन इस तरह की बातें वही कहते हैं जिनका संगीत-बोध कुंठित होता है। वस्तुतः **मुक्तछंद** की कविता पढ़ने से किसी न किसी लय का बोध तो होता ही है। इससे यह पता चलता है कि मुक्त-छंद में लय

तो है परंतु उसमें तुक नहीं है और उसके सभी चरण सम नहीं हैं। इसका अर्थ यह है कि मुक्त-छंद में छंद के बाह्य आडंबर तो नहीं हैं, परंतु उसकी आत्मा 'लय' अवश्य है। इस तरह 'मुक्त-छंद' छंद के बाह्याडंबर से तो मुक्त होता है परंतु उसकी लय में बँधा रहता है। छंद के बाह्याडंबर से मुक्त वह होता ही इसलिए है कि छंद की आत्मा का अधिक से अधिक मुक्त विकास कर सके। अस्तु, **'मुक्त-छंद'** का अर्थ है छंद-रूढ़ि से मुक्ति, छंद-मात्र से मुक्ति नहीं। इस तरह 'मुक्त-छंद' शब्द में विरोधाभास है, वास्तविक अंतर्विरोध नहीं।

हिंदी में मुक्त-छंद के प्रवर्तक निराला के मुक्त-छंदों में इसी आदर्श का पालन दिखाई पड़ता है। उनकी पहली कविता तथा हिंदी के पहले मुक्त-छंद *जूही की कली* में छंद की रूढ़ियों से मुक्ति तथा आत्मा की रक्षा का आदर्श देखा जा सकता है :

> विजन-वन-वल्लरी पर
> सोती थी सुहागभरी
> स्नेह-स्वप्न-मग्न-अमल-कोमल-तनु-तरुणी
> जुही की कली
> दृग बन्द किए, शिथिल पत्रांक में।

इस छंद की लय घनाक्षरी की है। परंतु इसके चरण विषम हैं और तुक भी नहीं है। मुक्त यह इसी बात में है कि भावावेग के अनुकूल इसके चरणों का विस्तार और संकोच किया गया है; साथ ही घनाक्षरी की तरह यह आठ ही चरणों में समाप्त नहीं हो जाता। जब तक इसका भाव-प्रवाह समाप्त नहीं होता तब तक इसका लय-प्रवाह भी बढ़ता चला जाता है। पुराना कवि इसी कविता को संभवत : तीन या चार घनाक्षरियों में लिखता।

सवाल यह है कि यदि इस कविता को चार तुकांत घनाक्षरियों में लिख दिया जाता तो इसमें क्या कमी आ जाती ? इस सवाल का ठीक-ठीक उत्तर तो रूपांतर करने के बाद ही दिया जा सकता है; परंतु अनुमान के सहारे इतना तो कहा ही जा सकता है कि अलग-अलग चार घनाक्षरियों में इस कविता को लिखने पर सबसे पहले इसके भाव-प्रवाह की अन्विति समाप्त हो जाती। परंतु इससे भी भयंकर बात यह होती कि घनाक्षरी के बँधे हुए समचरणों में इसमें स्थान-स्थान पर आए हुए भावों की गति का पूरा निर्वाह नहीं हो पाता। जैसे पवन की गति बदलने के लिए निराला ने जो यह लिखा है कि :

> फिर क्या ? पवन
> उपवन-सर-सरित्-गहन-गिरि-कानन
> कुंज-लता-पुंजों को पार कर
> पहुँचा।

उसे आठ-आठ वर्णों की यतिवाले सोलह वर्णों के एक चरण और आठ-सात की यतिवाले पंद्रह वर्णों के दूसरे चरण की नपी-तुली सीमा में कैसे व्यक्त किया जा सकता है। 'उपवन-सर-सरित्-गहन-गिरि-कानन'-जैसे सत्रह वर्णोंवाले भाव को घनाक्षरी में एक जगह कैसे रखा जाता ? फिर उसके बादवाले 'कुंज-लता-पुंजों को पार कर' बारह वर्णों के लिए घनाक्षरी के सोलह या पंद्रह वर्णवाले निश्चित चरण को छोटा कैसे किया जाता ?

तात्पर्य यह कि छायावाद ने मुक्त-छंद का जो प्रचलन किया, वह भाव-स्वच्छंदता की आवश्यकता से प्रेरित होकर। तुकों से छंद की मुक्ति तो द्विवेदी-युग से ही प्रारंभ हो गई थी, लेकिन पूर्ण मुक्ति का कार्य बहुत-कुछ बाकी था और उसे छायावाद के निराला ने पूरा कर दिया। घनाक्षरी की तरह अन्य पुराने-नए छंदों को भी निराला ने रूढ़ि मुक्त करके मुक्त-छंद नाम से चालू कर दिया। जो स्वयं मुक्त होता है, वही दूसरों को मुक्त कर सकता है। छंदों की मुक्ति निराला-जैसे ही मुक्त पुरुष के हाथ संभव थी। बात यह है कि जब तक चरण स्वच्छंद न रहेंगे, नूपुर से मनमाना सुर कैसे निकलेगा ? निराला के ही शब्दों में :

नूपुर के सुर मंद रहे
जब न चरण स्वच्छंद रहे

यही नहीं, सन् '24 में ही उन्होंने प्रगल्भ भाव से कविता के सम्मुख केवल एक चाह प्रकट की थी कि :

अर्ध विकच इस हृदय-कमल में आ तू
प्रिये ! छोड़कर बंधनमय छंदों की छोटी राह।

मुक्त-छंदों की रचना में एक और भी कारण सहायक हुआ। छापे की मशीन आ जाने से आधुनिक कविता श्रव्य की जगह पाठ्य हो गई। इस युग में कविता को पढ़कर रसास्वादन करने का अवसर मिला। फलतः कवि ने भी इस सुविधा से लाभ उठाकर अपने भावों की ठीक-ठीक अभिव्यंजना के लिए कविता के चरणों को इधर-उधर हटाने, विराम-चिह्नों के प्रयोग करने और कोष्ठकों आदि की सहायता देने की ओर रुचि दिखाई। आधुनिक युग की कविता में—विशेषतः छायावाद-युग से विराम-चिह्न, कोष्ठक तथा मुद्रण-विधि छंद का अंग बन गई। इन सभी दृश्य-विधियों के साथ छायावादी कवियों का भावात्मक संबंध स्थापित हो गया था; इनके द्वारा उनके मन में विशेष प्रकार के भावचित्र जगते थे और इसलिए पाठक के मन में वैसे ही भाव-चित्र जगाने के लिए वे इन चिह्नों और विधियों का सहारा लेते थे।

तात्पर्य यह कि छायावाद की छंद-रचना में भावावेग का बहुत बड़ा योग था।

इसी बात को दूसरे शब्दों में प्रगीतात्मकता का प्रभाव कहा जाता है। इसका अर्थ है छंद के अनुसार भावों को ढालने की जगह भाव के अनुसार छंद को ढालना। यदि भावशृंखला लंबी है, तो छंद-योजना भी उसी के अनुसार फैलती चली गई। और यदि भावशृंखला छोटी है, तो उसी छंद में एक छोटी रचना लिख उठी, जिसे प्रायः गीत कहा जाता है। कुछ लोगों की धारणा है कि गीत वह है, जिसमें टेक और अंतरा हो। यदि ऐसा है, तब तो *कामायनी* के इड़ा सर्ग में जो टेकवाले पद लिखे गए हैं वे सभी गीत हैं। लेकिन जिनके पास थोड़ी-सी भी समझ है, वे जानते हैं कि 'इड़ा' के पद गीत नहीं हैं। अपने आप में पूर्ण होते हुए भी वे पद परस्पर-साकांक्ष और एक लंबी भाव-शृंखला की कड़ियाँ हैं।

बिना टेक और अंतरा के ही पंत के *उच्छ्वास* और *आँसू* में कई गीत पिरोए हुए हैं। टेक और अंतरा तो गेयता के अनुरोध से कुछ बाद में लाए गए। इसीलिए जिसे आजकल गीत कहा जाता है, वे छायावाद की आरंभिक कविताओं में कम मिलते हैं। गीतों के रूप का विकास छायावाद में किस तरह हुआ इसे देखना हो तो महादेवी के *नीहार* से लेकर *नीरजा* तक के विकास को सामने रख लें। *नीहार* का :

निशा की धो देता राकेश
चाँदनी में जब अलकें खोल

वाली कविता भी प्रगीत ही है और छोटे-छोटे पादों में विभाजित *नीरजा* का :

विरह का जलजात जीवन, विरह का जलजात
वेदना में जन्म करुणा में मिला आवास
अश्रु चुनता दिवस इसका अश्रु गिनती रात!
जीवन विरह का जलजात।

भी गीत ही है, और आगे चलकर *सांध्यगीत* में महादेवी ने जो :

मैं नीर भरी दुख की बदली

वाला गीत लिखा है, वह भी गीत ही है। अंतर केवल उनके रूप-विन्यास का है; प्रगीत की आत्मा भावावेग तथा प्रभावान्विति उन सबमें समान भाव से मिलती है। निःसंदेह छायावाद में गीत का रूप-संस्कार करने में महादेवी का कार्य सबसे अधिक महत्त्वपूर्ण है।

गीत तो निराला ने भी लिखे हैं और *गीतिका* उनके सौ गीतों का संग्रह है। परंतु *गीतिका* के अधिकांश गीत संगीत को ध्यान में रखकर लिखे जाने के कारण प्रगीत के गौरवपूर्ण पद से हटकर संगीत के आसन पर चले गए हैं। इस दृष्टि से महादेवी के गीत अधिक सफल 'लिरिक' अथवा प्रगीत हैं।

प्रगीत और गीत में थोड़ा अंतर तो करना ही चाहिए। रवींद्रनाथ ने गाने के लिए गीत अलग से लिखे हैं; उन गानों के अलावा काव्य-संग्रहों में उनके बहुत-से प्रगीत बिखरे पड़े हैं, जिनके लिए गेयता की शर्त अनिवार्य नहीं है। निराला की *गीतिका* गेय गानों का सचेष्ट संग्रह है, यद्यपि उसमें कई सुंदर प्रगीत भी हैं। *गीतिका* के बाहर भी निराला के कई प्रगीत हैं।

वस्तुतः चार-चार, छः-छः या आठ-आठ चरणों के पुराने मुक्तकों से अनिश्चित चरणोंवाली मुक्तक कविता को अलगाने के लिए प्रगीत अथवा लिरिक शब्द का प्रयोग किया गया था। छायावाद के आलोचकों ने संभवतः प्रगीत शब्द का प्रयोग छायावाद की उन तमाम कविताओं के लिए किया जो मुक्तक हैं। उन्हें **मुक्तक** न कहकर **प्रगीत-मुक्तक** इसलिए कहा गया कि वे अपने भाव और रूप में मध्ययुगीन मुक्तकों से भिन्न हैं। 'लिरिक' के लिए प्रगीत-मुक्तक शब्द चलाने-वाले आचार्य शुक्ल का अभिप्राय बहुत-कुछ यही था। नंददुलारे वाजपेयी ने भी जब पंत को हिंदी का सबसे बड़ा प्रगीतकार माना है तो प्रगीत के इसी व्यापक अर्थ को ध्यान में रखकर; क्योंकि शुद्ध गीत तो पंत ने प्रसाद, निराला और महादेवी से बहुत कम लिखा है।

मध्ययुगीन मुक्तक और आधुनिक प्रगीत का अंतर समझाते हुए पं. हजारीप्रसाद द्विवेदी ने *साहित्य का साथी* में लिखा है, "प्राचीन मुक्तकों में कवि की कल्पना कुछ ऐसे शास्त्ररूढ़ व्यापारों की योजना करती थी जिनसे किसी रस या भाव की व्यंजना मुखर हो। आधुनिक प्रगीत-मुक्तक कवि के भावावेग के महत् क्षणों की रचना होते हैं। उनमें गीत की सहज और हल्की गति होती है। इनकी गुलदस्ता के साथ तुलना नहीं की जा सकती। ये विच्छिन्न जीवन-चित्र होने पर भी प्रवाहशील होते हैं और इनमें शास्त्ररूढ़ व्यापार-योजना की आवश्यकता नहीं होती। पुराने रूपकों में कवि-कल्पना की समाहार-शक्ति प्रधान हिस्सा लेती थी, पर आधुनिक मुक्तकों में कवि का भावावेग ही प्रधान होता है।"

प्राचीन मुक्तकों में द्विवेदी जी ने जिसे **समाहार-शक्ति** कहा है, वस्तुतः वह छंद के पूर्वनिश्चित रूढ़ ढाँचे में किसी तरह अपने को 'फिट' करने की विवशता है। प्राचीन मुक्तक का ढाँचा निश्चित था; वह छोटा-बड़ा नहीं हो सकता था, उसके माध्यम से व्यक्त होनेवाला भाव भले ही छोटा-बड़ा हो जाए। पाँच चरण में व्यक्त होने योग्य भाव को चार चरण में भले कसना पड़े और तीन चरण में व्यक्त होने योग्य भाव को चार चरण में फैलाना पड़े तो पड़ जाए; परंतु सवैया चार ही चरण का रहेगा। उन कवियों के लिए भावावेग का उतना महत्त्व नहीं था। छंद का रूढ़ ढाँचा उनके लिए इतना मान्य था कि अपने भावों की बलि चढ़ाकर भी उसकी रक्षा करना अपना कर्त्तव्य समझते थे। ठीक इसके विपरीत छायावाद का दृष्टिकोण था। भाव के अनुसार गीत के पाद तीन भी हो सकते हैं, दो भी हो सकते हैं

और चार या उससे अधिक भी हो सकते हैं। मुक्तक की प्रकृति से भिन्न यही प्रगीतात्मकता है।

छायावाद युग में प्रगीतात्मकता का इतना जोर था कि प्रबंधकाव्य अधिक न लिखे जा सके। यदि *कामायनी* जैसे 'प्रबंधकाव्य' लिखे भी गए तो वे लंबा प्रगीत ही होकर रह गए। अपने युग की इस प्रवृत्ति को रवींद्रनाथ ने *क्षणिका* की एक कविता 'क्षतिपूरण' में बहुत अच्छी तरह व्यक्त किया है :

आमि नावबो महाकाव्य
संचरने
छिलो मने—
ठैकलो कखन तोमार कौंकन—
किंकिणीते,
कल्पनाटि गेंलो फाटि
हाजार गीते।
महाकाव्य सेइ अभाव्य
दुर्घटनाय
पायेर काछे छड़िए आछे
कणाय कणाय।
आमि नावबो महाकाव्य
संचरने
छिलो मने।

इस तरह छायावाद के भावावेग ने छंदों के साथ ही कविता के रूप में भी काफी परिवर्तन कर दिया; उसने प्राचीन काव्य-रीति के मुक्तक, खंडकाव्य और प्रबंधकाव्य के प्राचीन काव्य-रूपों से भिन्न गीत, प्रगीत और *वन-बेला, राम की शक्ति-पूजा, सरोज-स्मृति तुलसीदास, परिवर्तन*-जैसी लंबी कविताएँ तथा *ग्रंथि* और *कामायनी*-जैसे एकार्थ काव्य-रूप दिए। इनके अतिरिक्त अंग्रेजी के ओड़ और सॉनेट-जैसे भी काव्य-रूप रचे गए।

छंद की ही तरह काव्य-रूपों की दृष्टि से भी निराला का काव्य छायावाद में सबसे अधिक विविधतापूर्ण है। पूर्ववर्ती युगों की कविता की तुलना में छायावाद काव्य-रूप और छंद-विन्यास दोनों दृष्टियों से बहुत अधिक समृद्ध है। रीति-काल में प्रायः कवित्त, सवैया, रोला और दोहा केवल चार छंदों का ही प्रचलन था। भक्ति-काव्य में भी छंदों की संख्या सात-आठ से अधिक न थी। इसके अलावा मध्ययुग की छंद-रचना में निर्जीव एकरसता तथा एकरूपता थी। उसमें वैयक्तिक भेद का सर्वथा अभाव था। छायावाद में जीवन के हर क्षेत्र की तरह छंद-विन्यास में

भी हर कवि का अपना वैयक्तिक वैशिष्ट्य था। कवि को इतनी स्वतंत्रता थी कि वह चाहे जितने छंदों का आविष्कार कर सकता था। निःसंदेह कवियों ने इस स्वतंत्रता का सुंदर सदुपयोग किया। हिंदी कविता उनके आविष्कारों और प्रयोगों से समृद्ध हुई।

# 11

# जिसके आगे राह नहीं

बीस वर्षों के इतिहास में छायावाद ने क्रमशः काफी रूप बदला। 1935-36 ई. तक जाते-जाते छायावाद वही नहीं रह गया, जो '16 या '18 में था। छायावाद के इस क्रमिक विकास की ओर स्वयं छायावादी कवियों तथा आलोचकों ने भी ध्यान दिया है। अन्य काव्य-धाराओं की तरह छायावाद में भी क्रमशः भावों का प्रसार हुआ और भावना तथा रूप-विन्यास में प्रौढ़ता आई। प्रकृति-प्रेम से जिसका आरंभ हुआ था, अंत तक जाते-जाते उसके प्रेम का प्रसार मानव-जीवन तक हो गया। आँखें खुलते ही जिस पंत ने बाल-विहंगिनी से *प्रथम रश्मि* के विषय में जिज्ञासा की थी, छाया के प्रति अपना कुतूहल व्यक्त किया था, तारों से मौन-निमंत्रण प्राप्त किया था और बादलों का छायामय मेल देखा था, उन्हीं का मन '32 तक जाते-जाते मानव-जीवन के दुख-सुख से उन्मन रहने लगा। आरंभिक प्रणय का भी प्रसार हुआ और प्रौढ़ वय के अनुकूल प्रेम-भावना में व्यापकता आई।

जिस निराला ने जूही की कली के साथ 'केलि' से काव्य-आरंभ किया था, आगे चलकर '35 तक जाते-जाते तुलसीदास की भाँति रत्नावली से मुक्त होकर देश-काल की चिंता करने निकल पड़े। जो पहले 'यमुना के प्रति' अधिक स्वप्न-शील थे, वही 'वन-बेला' में देश और समाज के पिस्सुओं की चिंता करने लगे। सन् '24 की *रेखा* में जिन्होंने बड़ी उमंग के साथ लिखा था कि :

> प्रथम जीवन में
> जीवन ही मिला मुझे, चारों ओर।

उन्हीं को **मरण-दृश्य** भी आगे चलकर देखना पड़ा। जिनके लिए कभी संपूर्ण प्रकृति और सृष्टि ही 'मनोहरा' थी तथा उसी में दिन-रात डूबे रहते थे, उन्हीं को फिर 'सरोज' की समृति में आँसुओं से तर्पण करना पड़ा। सौंदर्य के उपासक को *राम की शक्ति-पूजा* का विधान करना पड़ा। जो कभी आकाश की चाँदनी को ही सबकुछ समझते थे, उन्हें अब धरती का 'नर्गिस' श्रेष्ठ प्रतीत होने लगी। तात्पर्य यह कि निराला के काव्य का भी विस्तार हुआ। प्रकृति-प्रेम और निजी प्रणय की सीमा से निकलकर वे जीवन-संघर्ष में आए और उसमें लड़ते हुए उन्होंने अनेक

अनुभवों को काव्य का रूप दिया।

जो प्रसाद पहले *आँसू* में ही डूबे रहे, उन्हीं को कुछ ही वर्षों बाद *आँसू* के द्वितीय संस्करण में अपनी पीड़ा को मंगलमयी ज्योति का रूप देना पड़ा। उन्होंने अपने आँसुओं को विश्व के आँसुओं में मिला दिया और यह मंगलकामना की :

सबका निचोड़ लेकर तुम
सुख से सुखमय जीवन में
बरसो प्रभात हिमकन-सा
आँसू इस विश्व-सदन में।

अंत तक जाते-जाते छायावाद का दृष्टिकोण कितना व्यापक हो गया, यह *कामायनी* में उठाई गई समस्याओं से प्रकट होता है। आरंभिक दिनों में तो सौंदर्य-मुग्ध और प्रेम-लुब्ध मन के लिए कोई समस्या ही नहीं थी। परिस्थितियों के संघर्ष में आने पर छायावादी कवियों को पता चला कि जीवन बहुत व्यापक है; उसमें प्रेम ही नहीं संघर्ष भी है और यह संघर्ष बहुत बड़े पैमाने पर जीवन के आर्थिक, राजनीतिक, सामाजिक और सांस्कृतिक सभी क्षेत्रों में छिड़ा हुआ है। *कामायनी* तक जाते-जाते कवि को यह सब अनुभव होने लगा।

निजी आँसुओं के *नीहार* में वंदिनी रहनेवाली महादेवी ने *रश्मि* के आलोक में जीवन की व्याप्ति का दर्शन किया और प्रखर ताप को झेलते हुए सांध्य क्षणों तक जाते-जाते समाज-व्यापी दु:ख की अनुभूति करने लगीं। उनकी 'नीर भरी दुख की बदली' का दुख केवल प्रणय-व्यथा ही नहीं है; उसमें अनेक प्रकार के सामाजिक असंतोष घुले-मिले हैं।

इस प्रकार छायावाद के भावजगत और विषयवस्तु का क्रमशः विस्तार हुआ। विस्तार के साथ छायावाद के भावों, विचारों और भाषा में प्रौढ़ता भी आयी। *पल्लव* के कच्चेपन की तुलना में *गुंजन* अधिक प्रौढ़ है; *पल्लव* में किशोर-कल्पना है तो *गुंजन* में प्रौढ़ अनुभूति है। यही अंतर *परिमल* और *अनामिका*, *आँसू* और *कामायनी* तथा *नीहार* और *नीरजा* में भी है। इन दोनों छोरों में रूप-विन्यास संबंधी भी अंतर है। *पल्लव* में कल्पना का जो अतिव्यय है, वह *गुंजन* तक जाते-जाते कुछ संयत हो गया है। *गुंजन* में *पल्लव* की अपेक्षा मितव्ययिता है। इसी तरह छायावाद की अंतिम कृतियों में कोरे चमत्कार की अपेक्षा गंभीर भावानुभूति तथा छंदो-वैचित्र्य की अपेक्षा जीवन का सहज संगीत है। आरंभ की 'सी-सी-सी-सी' की सीत्कार बाद में कुछ कम हो गई। मेद छँट गया, मांस बढ गया। जो बात पहले भारी घटाटोप और आडंबर के साथ दस-बीस उपमाओं के सहारे कही जाती थी, वही पीछे अत्यंत सहज ढंग से एक-दो उपमाओं में अथवा यों ही कह दी गई। *अनामिका* के 'यह सच है', 'कहा जो न कहा', 'तुम्हें खोजता था मैं पा नहीं सका', 'पथ पर मेरा जीवन भर दो', 'बादल गरजो' आदि

गीतों को *गीतिका* के 'सखि वसंत आया', 'कौन तम के पार रे कह', 'प्रिय यामिनी जागी' आदि से मिलाकर देखने पर यह अंतर स्पष्ट हो जाएगा।

कहाँ तो सन् '35 के इस गीत की सादगी, संक्षिप्तता और प्रभाव की तीव्रता :

बार-बार हार-हार मैं गया,
खोजा जो हार क्षार में नया,
उड़ी धूल, तन सारा भर गया,
नहीं फूल, जीवन अविकच है—
यह सच है।

और कहाँ *गीतिका* के इस गीत की अतिशय अलंकृति :

आवृत सरसी-उर सरसिज-खिले
केसर के केश कली के छुटे
स्वर्ण शस्य अंचल पृथ्वी पर
लहराया।
सखि वसंत आया।

*गुंजन* में जिस वातावरण को पंत ने 'पत्रों के आनत अधरों पर सो गया निखिल वन का मर्मर'-जैसी एक पंक्ति में बाँध दिया, उसी को *पल्लव* में संभवतः चार-छः उपमाओं के बिना न कहते।

इस तरह छायावाद के क्रमशः व्यापक और प्रौढ़ होने का आभास मिलता है। आलोचकों ने छायावाद के इस विकासशील पक्ष पर काफी प्रकाश डाला है।

परंतु छायावाद के ऐतिहासिक विकास का एक दूसरा पक्ष भी है, जिसको स्पष्टता के साथ प्रायः नहीं रखा गया है। सच पूछा जाए तो छायावाद की इस प्रौढ़ि में ही उसकी रूढ़ि भी निहित थी। एक तथ्य की ओर अक्सर लोगों का ध्यान नहीं जाता कि छायावाद का उदय ही स्वच्छंदतावादी कविता के अत्यंत विकसित और पौढ़ रूप में हुआ। श्रीधर पाठक और रामनरेश त्रिपाठी ने स्वच्छंदतावाद की जिस काव्य-धारा का प्रवर्तन किया था, वह अपने अत्यंत विकसित रूप में पंत, निराला, प्रसाद का काव्य बनकर प्रकट हुई। इसलिए जिसे हम छायावाद का सशक्त, प्रौढ़ और विकसित रूप कहते हैं, वह उसके उदय-काल से ही मिलता है। *उच्छ्‌वास* और *आँसू* में पंत ने जो लिख दिया, उसकी काष्ठा तक फिर नहीं पहुँच सके। निराला के *परिमल* में जो ताजगी, विद्रोह और विविधता मिलती है, वह फिर नहीं दिखाई पड़ती। प्रसाद और महादेवी का विकास यद्यपि बहुत धीरे-धीरे और पंत-निराला से थोड़ा भिन्न हुआ है, क्योंकि छायावाद का रंग उन पर देर से चढ़ा, फिर भी प्रसाद के *आँसू* (प्रथम संस्करण) में अनुभूति की जो तीव्रता है, वह बाद के प्रौढ़ चिंतन में दब गई। यही स्थिति महादेवी की भी आरंभिक कविताओं की है।

प्रगीत-रचना के विषय में यह विचित्र बात है कि जीवन के आरंभिक दिनों में

भावुकता के कारण प्राय: ऐसी रचनाएँ निकल पड़ती हैं, जिनको फिर प्राप्त करना मुश्किल हो जाता है। छायावाद की आरंभिक कविताओं में से कई श्रेष्ठ रचनाएँ ऐसी ही हैं।

लेकिन इन रचनाओं की श्रेष्ठता का कारण केवल किशोरावस्था अथवा कोरी आकस्मिकता नहीं है। इसका कारण सामाजिक है। छायावाद की आरंभिक कविताओं में प्राचीन रूढ़ियों के प्रति जो विद्रोह है, अपने परिवेश से जो तीव्र असंतोष है, व्यक्तित्व के विकास की जो आकांक्षा है, कल्पना के पंखों पर उड़ने की जो सहज उमंग है, प्रकृति के साहचर्य का जो सुख है, प्रेम की अनुभूति में जो मानवीयता है, विचारों में जो आदर्श है और रूप-विन्यास के क्षेत्र में नए-नए प्रयोग करने का साहस है, वह सब एक-एक करके कुछ ही दिनों में विलीन होने लगा।

जिस छायावाद का आरंभ सामाजिक स्वाधीनता के लिए व्यक्ति के विद्रोह से हुआ, उसी का पर्यवसान समाज से व्यक्ति के पलायन में हुआ। सभी छायावादी कवि अंत तक जाते-जाते या तो अपने जीवन की पराजय अनुभव करने लगे अथवा समाज को अपना शत्रु समझने लगे। विप्लव के स्वर में 'बादल राग' गानेवाले निराला ने *सरोज-स्मृति* में बड़ी व्यथा के साथ कहा :

> दुख ही जीवन की कथा रही
> क्या कहूँ आज जो नहीं कही।

विरोधी शक्तियों से लड़ते-लड़ते निराला घबड़ा चले थे। *राम की शक्ति-पूजा* राम की नहीं, निराला की 'शक्ति-पूजा' है; अंतर इतना ही है कि राम को तो शक्ति मिल गई, लेकिन निराला को न मिली। इस प्रसंग में, जैसा कि डॉ. रामविलास शर्मा ने लिखा है, "कवि के जीवन में संघर्ष ही सत्य रूप में आया है, विजय की कल्पना मात्र रही है।"

*राम की शक्ति-पूजा* में निराला के राम की जो करुण असमर्थता है, वह उस युग के व्यक्ति की असमर्थता है। उस दिन के राम-रावण-युद्ध में राम की हार नहीं हुई थी, आधुनिक मध्यवर्गीय राम की हार हुई थी; क्योंकि रावण की ओर से स्वयं 'शक्ति' लड़ रही थी। राम वार तो करते थे लेकिन सभी प्रहारों को शक्ति विफल कर देती थी। यह शक्ति स्वयं राम की शक्ति थी, जो अब रावण के पक्ष में हो गई थी। यह निराला का स्वयं अपना वर्ग मध्यवर्ग था, जो अब पुराण-पंथी सामंती दल से मिल गया था। इस राम को जराजीर्ण रावण से भय न था और न उसकी परवाह ही थी। लेकिन वे उस अपनी शक्ति का क्या करते? अपनी विवशता बतलाते हुए वे कहते हैं :

> पश्चात देखने लगीं मुझे बँध गए हस्त,
> फिर खिंचा न धनु, मुक्त ज्यों बँधा मैं हुआ त्रस्त।

राम मुक्त होते हुए भी अपनी शक्ति की दृष्टि से बँधे थे। मध्यवर्ग के बुद्धिजीवी

लोगों की वैयक्तिक स्वाधीनता की सीमा पर ये पंक्तियाँ कितना तीखा प्रकाश डालती हैं ! मुक्त होकर भी वे अलक्षित रूप से बँधे हुए हैं और हर तरह से बँधे हुए हैं। इसीलिए विभीषण के अनेक वीर-वचन सुनने पर भी :

बोले रघुमणि—"मित्रवर, विजय होगी न समर;
अन्याय जिधर हैं उधर शक्ति।"

अंत में जांबवान की राय से वे शक्ति की 'आराधना' का संकल्प करते हैं। संघर्ष में पराजित व्यक्ति आराधना की ओर उन्मुख होता है और वह आराधना भी किसकी ? उसी अपनी शक्ति की जो अब रावण का साथ दे रही है। जो होना चाहिए था, वही हुआ। 'आराधना' के समय भी शक्ति धोखा दे गई। तब पराजित हृदय शक्ति को धिक्कारने की जगह अपने जीवन और साधन को ही धिक्कारने लगा :

धिक् जीवन को जो पाता ही आया विरोध,
धिक् साधन जिसके लिए सदा ही किया शोध।

उन्हें दु:ख था तो केवल एक ही बात का कि जानकी का उद्धार न हो सका। अपनी शक्ति को वे मुक्त न कर सके। अपने व्यक्तित्व की जिस स्वाधीनता के लिए व्यक्ति ने पुरानी सामंती व्यवस्था से लड़ाई मोल ली थी और उसे उम्मीद थी कि वह स्वाधीनता मिल जाएगी, अब उसकी आशा टूट गई !

परंतु इतने पर भी उस विश्वासी हृदय का मोह भंग न हुआ। उसने सोचा कि शक्ति शायद परीक्षा ले रही हैं। वे भला कभी धोखा दे सकती हैं ? और तब भक्त व्यक्ति ने आत्म-बलिदान के द्वारा उन्हें प्रसन्न करने का संकल्प किया। राम ने अपनी एक आँख निकालने के लिए वाण निकाला। इस मन:स्थिति में उन्हें ऐसा प्रतीत हुआ कि शक्ति स्वयं उपस्थित हो गई हैं और उन्होंने भक्त का हाथ पकड़ लिया और विजय का वरदान दिया। पश्चात उन्हें अनुभव हुआ कि शक्ति उनके बदन में आकर लीन हो गईं।

आराधना से निराला को कितनी शक्ति मिली, यह तो उनका परवर्ती साहित्य ही बतलाता है, किंतु इतना निश्चित है कि '36 तक आते-आते उनका मोह-भंग हो गया था और तमाम आशावाद के बावजूद वे भीतर ही भीतर पराजय अनुभव करने लगे थे। 1937-38 के आस-पास लिखी हुई ये पंक्तियाँ :

मैं जीर्ण-साज बहु छिद्र आज,
मैं पढ़ा जा चुका पत्र, न्यस्त,
विहग के वे पंख बदले
किया जल का मीन।

हो गया व्यर्थ जीवन,
मैं रण में गया हार।

बार बार हार हार मैं गया,
खोजा जो हार क्षार में नया,
उड़ी धूल, तन सारा भर गया,
नहीं फूल, जीवन अविकच है—
यह सच है।

ऐसा क्यों हुआ ? यह पराजय क्यों ? निराला के ही मुख से '40 में कारण सुनिए :

मैं अकेला;
देखता हूँ, आ रही
मेरे दिवस की संध्या बेला।

छायावाद का सारा स्वातंत्र्य-संघर्ष अकेले व्यक्ति का था। और संघटित सामाजिक शक्ति के विरुद्ध अकेले-अकेले लड़ने का यही परिणाम होता है। ऐसे संघर्ष में कहीं विजय मिलती है ? समाज से लड़कर अकेले रहने से क्या स्वाधीनता मिलती है ? व्यक्तित्व को जकड़नेवाले एक समूह से अलग होकर अपने व्यक्तित्व के पूर्ण विकास के लिए किसी अन्य सामाजिक समूह से रागात्मक संबंध स्थापित करने की आवश्यकता है। यदि मध्यवर्गीय व्यक्ति ने अपने व्यक्तित्व की स्वाधीनता के लिए सामंती व्यवस्था से लड़ाई की तो अपने मध्यवर्ग के साथ उसका गहरा संपर्क होना आवश्यक था। आरंभ में वह अंतः संगठन अवश्य था। परंतु जिस समाज-व्यवस्था में 'योग्यतम ही जीता है' का मात्स्य-न्याय चालू हो, वहाँ कभी संगठन टिक सकता है ! भेड़ियों में दोस्ती कहीं हुई है ? विघटन अनिवार्य था और वह हुआ। मध्यवर्ग का बुद्धिजीवी व्यक्ति व्यवसायियों तथा लंबी तनख्वाहवालों के बीच दूध की माखी हो गया। मिली हुई स्वाधीनता खाली हो गई। बर्तन तो मिला लेकिन उसमें पीने के लिए पानी नहीं मिला। ऐसी स्थिति में होना तो यह चाहिए था कि बुद्धिजीवी व्यक्ति अपने अकेलेपन को उभरनेवाली नई सामाजिक शक्ति किसान-मजूर से जोड़ता और उन्हीं से अपनी रिक्तता दूर करता। परंतु छायावादी कवि उस समय तक ऐसा न कर सका। वह अपने एकाकीपन का विषण्ण रुदन करता रहा।

पंत की कविताओं से भी प्रायः इसी विकास-क्रम का पता चलता है। *गुंजन* तक आते-आते उनमें एक अभूतपूर्व 'उन्मन विषाद' छा गया। *संध्या* के 'एक तारा' में उन्हें अपने जीवन का चित्र दिखलाई पड़ता था। उन्हें भी :

लगता है निखिल विश्व निर्जन।

वे अपने को 'निष्फल इच्छा से निर्धन' अनुभव करते थे। वे बड़ी तीव्रता के साथ अनुभव कर रहे थे कि :

एकाकीपन का अंधकार, दुसह है इसका मूक भार
इसके विषाद का रे न पार।

यह अकेलापन् निराला के अकेलेपन से थोड़ा भिन्न है। निराला जीवन भर एक योद्धा की तरह रहे। उनके यहाँ युद्ध की चर्चा अक्सर दिखाई पड़ती है। *सरोज-स्मृति* में 'हारता रहा मैं स्वार्थ समर' के अलावा भी 'वह शर-क्षेप, वह रण-कौशल' होता रहा। *राम की शक्ति-पूजा, वन-वेला* आदि लंबी कविताओं के अलावा छोटे-छोटे गीतों में भी प्रायः युद्ध के प्रतीक अथवा संकेत आते हैं। इसलिए निराला का अकेलापन भी एक युद्ध-रत सेनानी का अकेलापन है। अपने जीवन के छोटे-से संघर्ष के माध्यम से ही वे समाज के व्यापक संघर्ष का अनुभव कर रहे थे। उन्हें साहित्य में जो संघर्ष करना पड़ा, वह सामाजिक संघर्ष की छाया थी। इसके लिए आर्थिक क्षेत्र में भी उन्हें कम लड़ाई नहीं लड़नी पड़ी। धार्मिक और नैतिक क्षेत्र में भी वे विरोधों का सामना करते हुए धारा के विपरीत चलते रहे। इसलिए उनके विषाद और अवसाद में अनेक प्रकार के असंतोष घुले-मिले हैं। उनका एकाकीपन केवल जीवन-सहचरी के अभाव का सूचक नहीं है।

निराला के विपरीत पंत प्रायः प्रेम-संग्राम के सिपाही रहे। इसलिए उनकी सामाजिक प्रतिक्रिया प्रायः ऐसे ही प्रतीकों में व्यक्त हुई। 'एक तारा' का एकाकीपन, *उच्छ्वास*, *आँसू*' और *ग्रंथि* के ही असफल प्रेम की तीव्र अनुभूति है। परंतु **पल्लव-ग्रंथि** काल में कवि ने जहाँ विद्रोही की तरह अपने असंतोष को खुले ढंग से व्यक्त किया, गुंजन में उसे बौद्धिक मर्यादा और गंभीरता के आवरण में ढंककर अपने मन को समझौते का पाठ पढ़ाना शुरू किया।

कहाँ तो *उच्छ्वास* में उन्होंने लिखा था कि :

निरपराधों के लिए ही तो अहा!
हो गया संसार कारागार है।।

और *आँसू* में और भी कड़े स्वर में कहा कि :

हृदय! रो उनको है अधिकार
हृदय! रो यह जड़ स्वेच्छाचार।

फिर *ग्रंथि* में अपने वृद्ध उपदेशकों को फटकारते हुए कहते हैं :

शिथिल दर्शन! ज्ञान-जृंभा के आलस
वृद्ध अनुभव की सिकोड़! वृथा मुझे

सांत्वना मत दो, विरस उपदेश के
उपल मत मारो, न बहलाओ हृदय।

और कहाँ 'एक तारा' का 'मूक-भार', अंतर्निहित असंतोष और फिर आदर्श की मृग-मरीचिका में मन को बहलाना। एकाकी तारे के बारे में वे चाहे जितने जोर से कहें कि :

जानता नहीं वह छंद-बंध
वह रे अनंत का मुक्त मीन

लेकिन वह अपने एकाकीपन के अंधकार में बुरी तरह बँधा हुआ है। उसे वे 'अपने असंग-सुख में विलीन' कहकर अनासक्ति का चाहे जितना बड़ा पाठ पढ़ाएँ लेकिन वह अपनी आसक्ति को भूलने में असमर्थ है। संभवतः इसीलिए इन युक्तियों को बेकार होते देख वे अंत में कहते हैं कि लो देखो :

जगमग जगमग नभ का आँगन
लद गया कुंद कलियों से धन

इसलिए इन्ही 'कुंद कलियों' के साथ घुल-मिलकर अपना मन बहलाओ। 'कल्पना' के लोक में चाहे जितनी 'कुंद कलियाँ' आ जाएँ, लेकिन वास्तव में तो वह तारा एकाकी ही है। बाह्य समाज की सत्ता को सोचकर वह अपना एकाकीपन थोड़ी देर के लिए भले ही भूल जाए, लेकिन उसके साथ आंतरिक लगाव के बिना सामाजिकता का वह क्षणिक आनंद टिकाऊ नहीं हो सकता। आगे भी पंत ने संसार को देखकर अपने निजी अभावों को भूलने की कोशिश की, लेकिन वास्तविक संपर्क के बिना वह आदर्श सदैव हवाई ही रहा और इसीलिए उससे न तो उन्हें तृप्ति मिल सकी और न पाठकों को।

प्रसाद में भी यह परिवर्तन अपने ढंग से हुआ। उन्होंने अपने अभावों को शुरू से ही रहस्यवादी रंग दिया। अपने ऐंद्रिय बोध को प्रायः वे अतींद्रिय स्तर पर व्यक्त करते रहे। कुछ दिनों तक तो यह अतींद्रिय अनुभूति चलती रही; परंतु धीरे-धीरे उस लोक में भी पीड़ा की वास्तविकता असह्य होने लगी। तब मन को भुलाने के लिए उन्होंने 'मधु' और 'मद' का सहारा लिया। और इसी को तर्कसंगत परिणति तक ले जाकर उन्होंने 'चेतना' और 'संवेदना' को ही समाप्त कर लेना चाहा :

चेतना लहर न उठेगी
जीवन समुद्र थिर होगा

जब तक चेतना है तब तक पीड़ा की अनुभूति है। इसलिए पीड़ा से मुक्त होने के लिए चेतना को ही समाप्त कर देना चाहिए। आरंभ में मद और मधु के द्वारा

उन्होंने चेतना को निष्क्रिय करना चाहा। लेकिन जब देखा कि यह स्थायी इलाज नहीं है तो चेतना की लहर का उठना ही समाप्त कर देना चाहा।

यथार्थ की पीड़ा से भागने के लिए प्रसाद ने अचेतनता के अतिरिक्त सागर के निर्जन तट पर भी भाग जाना चाहा। होश में तो यह भागना हो नहीं सकता, इसलिए उन्होंने आकांक्षा व्यक्त की कि या तो कोई उन्हें नशे में बेहोश करके यहाँ से ले जाए अथवा भुलावा देकर। अपने नाविक से वे कहते हैं कि :

ले चल मुझे भुलावा देकर
मेरे नाविक धीरे-धीरे।
जिस निर्जन में सागर लहरी
अंबर के कानों में गहरी
निश्छल प्रेम कथा कहती हो
तज कोलाहल की अवनी रे।

अचेतनता और पलायन—इन दोनों प्रवृत्तियों का समन्वित रूप *कामायनी* में है। *कामायनी* में जो बुद्धि का विरोध किया गया है, उसके मूल में अचेतनता का वही पुराना सिद्धांत है। बुद्धि तो विवेक देती है; उसके रहने पर तो संसार की समस्याएँ समझ में आने लगेंगी; और नहीं तो उसके प्रति कम से कम जागरूकता तो अवश्य बनी रहेगी। इसलिए सांसारिक झंझट से बचने के लिए सबसे अच्छा तरीका यह है कि बुद्धि का बहिष्कार करो और उसके स्थान पर हृदय को प्रधानता दो। इसका मतलब यह है कि मन की चिंतन-क्रिया को बंद करके केवल इच्छा का ही प्रसार किया जाए। विवेक को ताक पर रखकर सबमें प्रेम का प्रचार किया जाए; सबमें समरसता फैलाई जाए। सबमें सहृदयता की भावना भर देने से सब ठीक हो जाएगा। संसार में समरसता और सहृदयता का संदेश देनेवाली श्रद्धा अपने तो अपने, साथ-साथ मनु को भी लेकर कैलास पर भाग जाती है। इतना ही नहीं, प्रसाद उन दोनों के पुत्र मानव के नेतृत्व में समाज के और लोगों को भी कैलास-यात्रा पर भेज देते हैं।

यह कोई आकस्मिक बात नहीं है। बुद्धि-विवेक को वाद देनेवाले तथा हृदयवाद का प्रचार करनेवाले अंत में समाज से भागकर इसी तरह एकांतवास करते हैं और दूसरों को भी काम-धंधा छोड़कर अपने यहाँ आने का उपदेश देते हैं। इसी तरह वे संसार में समानता और प्रेम का राज्य प्रतिष्ठित करने का सपना देखते हैं। इसी चिंतन-प्रक्रिया की तर्कसंगत परिणति अबुद्धिवाद है।

अबुद्धिवाद को मानने पर प्रसाद की ही तरह आदमी वैज्ञानिक विकास का विरोध करता है। झंझटों से बचने का उपाय है सरलता। प्रसाद साहित्य में लगभग वही आदर्श प्रचारित कर रहे थे, जो राजनीति में अंतिम दिनों गाँधी जी कर रहे थे। रामधुन और शिव का तांडव दोनों से एक ही ध्वनि निकलती है। विज्ञान का

विरोध, प्रेम का प्रचार, हृदय-परिवर्तन और कैलास-निवास सबकुछ वहाँ भी मौजूद है। संतोष की बात है कि प्रसाद के यहाँ ये बातें बीज रूप में ही रहीं, इन्हें तर्कसंगत परिणति तक वे न ले जा सके।

महादेवी की प्रतिक्रिया एक नारी की तरह घर की सीमा में ही हुई। परंतु उनकी भी आरंभिक रचनाओं में जो भावुक असंतोष और तीव्र पीड़ा मिलती है, वह अंत तक जाते-जाते बौद्धिक परितोष में शमित होने लगी। पहले जहाँ 'अतृप्ति' की प्रधानता थी, बाद में तृप्ति का काल्पनिक आनंद अनुभव किया जाने लगा। इतना होते हुए भी महादेवी को भीतर ही भीतर अपनी परिक्षीणता का अनुभव होता रहा। ऊपर-ऊपर आनंद और संतोष की फीकी हँसी थी तथा नीचे अपने मन से वे चुपचाप यही कहती थीं कि :

मधुर-मधुर मेरे दीपक जल।

उन्हें अपने जलने में ही संतोष का अनुभव होने लगा। उन्होंने समझ लिया कि इसके अतिरिक्त जीवन की अब और कोई गति नहीं है। इसलिए पीछे वे इस जलने की क्रिया में और किसी भी तरह के बाहरी हस्तक्षेप को वारण करने लगीं। जिधर वह जा रही हैं, उधर जाएँ। कोई रोके क्यों? कोई दया क्यों दिखाए? जो होना है वह हो ले।

यह मंदिर का दीप, इसे नीरव जलने दो।

अब 'साँसों की समाधि-सा जीवन' हो गया। कोई रास्ता नहीं सूझता। 'मसि-सागर-सा पंथ गया बन।'

जो दीप पत्थर की कठोर दीवारों से बने हुए मंदिर में घिरा हो, उसका जीवन यदि साँसों की समाधि न हो जाए तो क्या हो? यदि उसकी 'प्रतिध्वनि का इतिहास प्रस्तरों बीच' न खो गया होता तो क्या होता? निःसंदेह उसने उस निष्करुण मंदिर में अनेक मधुर गीत गाए, लेकिन जड़ देवता पर उसका कोई प्रभाव नहीं पड़ा। उन सबके उत्तर में बस 'विहँसा उपल, तिमिर था खेला।'

उस दीप ने देखा कि उसकी आँखों के सामने ही न जाने कितने भक्त आए और अपने प्रणत शिरों से चंदन की देहली पर अंक छोड़कर चले गए। वरदान की आशा में 'झरे सुमन बिखरे अक्षत सित।' और आशाओं की यह विफलता देखकर उसे विश्वास हो गया है कि इसी तरह 'तम में सब होंगे अंतर्हित।'

जो इतने भक्तों की विफलता का साक्षी रहा है, स्वयं उस दीप का मन उन सबकी व्यथा तथा अपनी व्यथा से कितना व्यथित हो उठा होगा, इसका अनुमान सहज ही लगाया जा सकता है। इतने पर भी उसमें सुबह तक इसी तरह जलते रहने का आत्म-संकल्प है। उसे अपने जलते हुए जीवन की सबसे बड़ी सार्थकता यही प्रतीत होती है :

जब तक जागे दिन की हलचल
तब तक यह जागेगा प्रतिपल।

जब दिन की हलचल जागेगी तो पता नहीं इतनी आत्माओं की समाधि-सरीखे इस मंदिर की क्या गति होगी ? परंतु इस बीच वह मंदिर के आँगन का जो शून्य है, उसे ही गलाने की चेष्टा करना चाहता है। स्वयं तो उस मोमी दीपक को गलना ही है, इसलिए उस गलने को सार्थक करने के लिए वह अपने साथ-साथ उस अजिर का शून्य भी गलाना चाहता है ! आखिर वह क्या करे ? इतने पुराने मंदिर के पत्थर को वह अकेला दीप गला नहीं सकता। इसलिए वह लाचार होकर शून्य को ही गला रहा है। एक पीढ़ी की समाप्ति और दूसरी पीढ़ी के आने के बीच का जो अवकाश है, उसे अपनी क्षीण ज्योति से वह भरना चाहता है :

इसे अजिर का शून्य गलाने को गलने दो।

यही वह उदात्त भाव है, जो महादेवी के परवर्ती गीतों में भी इतनी गहरी पीड़ा उत्पन्न करता है। इसीलिए महादेवी के अंतिम गीत भी यथार्थ का गहरा पुट लिए हुए हैं। प्रसाद और पंत की तरह उनमें आदर्श अथवा सुखद लोक में पलायन करने की भावना नहीं है। भारतीय नारी आखिर भागकर जा ही कहाँ सकती है ? फिर भी आरंभिक गीतों की तीखी अतृप्ति में जो तड़प और ताजगी है, वह अंतिम गीतों के मंथर अवसाद में नहीं मिलती। पदावली और वाक्य-रचना पर यह अवसाद हावी हो गया है। पहले के गीतों में जो 'चोट' है, वह तो कभी की गायब हो गई !

इस तरह जिस काव्य-धारा का आरंभ व्यक्तित्व के विकास की आकांक्षा से हुआ था, उसका पर्यवसान समाज-निरपेक्ष वैयक्तिकता में हुआ। इस निराशा ने समूचे काव्य में एक प्रकार की कटुता भर दी। पूरी कविता का स्वर इसकी वजह से गिर गया। इस निराशा पर विजय प्राप्त करने के लिए जिन कल्पनाशील कवियों ने फिर से आदर्शों का स्वप्नलोक निर्मित करना चाहा, उन्होंने मोहक जाल तो तैयार किया, परंतु उस कल्पना-लोक में वह सौंदर्य और सुषमा न आ सकी, जो आरंभिक दिनों के कल्पना-लोक में थी। पंत की *ज्योत्स्ना* और *अप्सरा* ऐसे ही समय की रचना है। *अप्सरा* का सारा काल्पनिक सौंदर्य नि:सार मालूम होता है। यदि इसे *पल्लव*-कालीन 'स्वप्न' से मिलाकर देखें तो मालूम होगा कि 'स्वप्न' में जो सजीव सुषमा है, उसका शतांश भी 'अप्सरा' में नहीं है। इसमें भाव-चित्र जगाने की वह क्षमता नहीं है। कल्पनाओं के विस्तृत सूची-पत्र के बावजूद 'अप्सरा' एक ठूँठ रचना मालूम होती है। स्वप्न एक वस्तु है, स्वप्न का अभिनय करना बिलकुल दूसरी वस्तु और इन दोनों से बदतर है भ्रम अथवा आत्म-प्रवंचना की स्थिति। यदि कोई कल्पनाजीवी अपने प्रति सतर्क नहीं है तो उसकी कल्पना उसे ऐसे ही भौंजाल में ले जाएगी। खेद है कि पंत के परवर्ती स्वप्न ऐसे ही आत्म-वंचना-मूलक भ्रम

हैं। निःसंदेह उन्होंने अपनी समझ से बड़ी ईमानदारी के साथ उन स्वप्नों का लोक बसाया। लेकिन वे स्वप्न उन्हें धोखा दे गए।

*ज्योत्स्ना* नाटिका में बहुत ऊँचे मानवतावादी आदर्श की स्थापना की गई है। संसार की आर्थिक विषमता की आलोचना भी खूब कसकर की गई है। इस नाटिका में पवन, सुरभि, ज्योत्स्ना आदि प्राकृतिक शक्तियाँ अपना सूक्ष्म शरीर धारण करके आती हैं और फिर संसार की समस्याओं का समाधान ढूँढ़ती हैं। प्राकृतिक शक्तियों को पात्र बनाकर ही पंत ने अपना मत प्रकट कर दिया है कि मानव की समस्याओं का हल प्रकृति से ही संभव है। परंतु इस धारणा के पीछे वैज्ञानिक विकास का विरोध भी छिपा है। आरंभिक प्रकृति-प्रेम अथवा मोह का अंत अभी तक नहीं हो सका था। मानव ने प्रकृति पर विजय प्राप्त कर जो आधुनिक सभ्यता की नींव रखी थी; उसे प्रकृति-मुग्ध कवि घातक समझते थे। उनका अनुमान था कि आधुनिक सामाजिक विषमता का कारण प्रकृति का क्षोभ और शाप है। *कामायनी* में प्रसाद ने यही मत प्रकट किया है मशीन-विरोधी गांधी के भी ऐसे ही विचार थे।

आगे चलकर पंत *आधुनिक कवि* के पर्यालोचन में इस प्राकृतिक दर्शन की त्रुटि स्वीकार करते हुए कहते हैं कि "प्राकृतिक दर्शन, जो एक निष्क्रियता की हद तक सहिष्णुता प्रदान करता है, और एक प्रकार से प्रकृति को सर्वशक्तिमयी मानकर उसके प्रति आत्मसमर्पण सिखलाता है, वह सामाजिक जीवन के लिए स्वास्थ्यकर नहीं है।" परंतु यह विचार तो पंत को बाद में सूझा।

*ज्योत्सना* का आदर्शवाद कितना अशक्त और खोखला है, यह उस नाटिका के खोखलेपन से प्रकट है। खोखले विचार पर ठोस रचना नहीं हो सकती। *ज्योत्स्ना* के पात्र तो वायवी हैं ही, उनकी बातचीत भी वायवी है। इसीलिए सबकुछ मिलाकर उसका प्रभाव भी वायवी है। वह नाटिका नहीं, एक लंबा निबंध है। नाटक के रूप में वह एक लंबी बहस है। इसीलिए वह रचना मन में कोई चित्र नहीं छोड़ती। अपनी वास्तविक स्थिति को भूलकर ऊपर-ऊपर से आदर्शों का अवलेप करने से कोई लाभ नहीं होता—*ज्योत्स्ना* इसका प्रमाण है। इसका मतलब है कि उन सामाजिक आदर्शों और आशा के सुनहरे सपने देखने के बावजूद पंत वस्तुतः समाज-निरपेक्ष थे। यही है छायावाद का अंतिम व्यक्तिवाद।

समाज से व्यक्ति के कट जाने और कल्पना-जीवी होने का असर कविता के रूप-विन्यास पर भी पड़ा। *गुंजन* की अधिकांश कविताओं में वह चित्रमयता नहीं रही, जिसके लिए पंत प्रसिद्ध थे। भाववादी दृष्टिकोण की अति का ही यह परिणाम था। सूक्ष्मता का आग्रह इतना अधिक हो गया कि 'चाँदनी' को 'लघु परिमल का घन' कहते-कहते अंत में उन्हें यहाँ तक कहना पड़ा कि :

वह है, वह नहीं अनिर्वच।

उनकी दृष्टि से वस्तु-जगत एकदम ओझल हो गया। आँखें सबकुछ पार करके सर्वातिशय (ट्रेसेंडेंटल) सत्ता के सूक्ष्म लोक में भटकने लगीं। और जब उस आकाश से नीचे उतरतीं तो फिर अंतर्मुख हो रहतीं। *गुंजन* की बहुत-सी चिंतन-परक कविताएँ इसी मनः स्थिति की हैं। काव्य की दृष्टि से सुख-दुखवाली इन सूक्तियों का क्या महत्त्व है, यह कहने की आवश्यकता नहीं है। पंत ने स्वीकार किया है कि इन रचनाओं में हार्दिकता की कमी है। *आधुनिक कवि* के पर्यालोचन में वे कहते हैं, ''यदि मेरा हृदय अपने युग में बरते जानेवाले आदर्शों के प्रति विश्वास न खो बैठता तो मेरी आगे की रचनाओं में भी हार्दिकता पर्याप्त मात्रा में मिलती।'' उन्होंने ठीक ही लिखा है कि ''जब वस्तुजगत के जीवन से हृदय को भोजन अथवा भावना की उद्दीप्ति नहीं मिलती तब हृदय का सूनापन बुद्धि के पास सहायता माँगने के लिए पुकार भेजता है।'' वस्तुजगत से खुराक न लेने पर पंत स्वभावतः शुष्क बौद्धिकता की जकड़ में आ गए। 'नौका-विहार' कविता का अंत इसी बौद्धिकता का परिणाम है, जिसके कारण उतनी अच्छी कविता चौपट हो गई।

समाज से कटने के माने हैं कविता की विषय-वस्तु से कटना और विषय-वस्तु से रिक्त हो जाने पर कविता के रूप की जो दशा होती है, वह छायावाद की परवर्ती रचनाओं की हुई है।

इन्हीं कारणों से छायावाद ने एक ओर अपना ऐतिहासिक कार्य इतनी जल्दी समाप्त किया और दूसरी ओर उसके गर्भ से प्रगतिवाद के नवीन जीवंत काव्य का जन्म हुआ।

# 12

# परंपरा और प्रगति

छायावाद हिंदी साहित्य की परंपरा की एक महत्त्वपूर्ण कड़ी है। इसका जन्म हमारे साहित्य की विशेष सामाजिक और साहित्यिक परिस्थितियों में हुआ और फिर विशेष परिस्थितियाँ उत्पन्न हो जाने के कारण इनका पर्यवसान भी हो गया। पर अब यह हिंदी साहित्य के इतिहास में एक स्थापित तथ्य है। फिर भी एक युग था जब छायावाद को विदेशी कहा जाता था। आज भी कुछ लोग कभी-कभी वही पुरानी बात दुहरा देते हैं। इसलिए इस भ्रम का निराकरण कर लेना चाहिए।

इसमें कोई शक नहीं कि किसी समय आचार्य-जैसे विचक्षण पंडित ने भी यह कहा था कि यह अपना क्रमशः बनाया हुआ रास्ता नहीं है। शुक्ल जी की धारणा थी कि हिंदी में मैथिलीशरण गुप्त, मुकुटधर पांडेय आदि जिस स्वच्छंद काव्य-धारा का प्रवर्तन कर रहे थे, वह रवींद्रनाथ की कविताओं तथा कुछ अन्य विदेशी वादों के प्रभाव से विपथगामी होकर छायावाद बन गया। इसीलिए वे प्रसाद, पंत, निराला, महादेवी की रचनाओं—विशेषतः रहस्यवादी रचनाओं—को स्वच्छंदता के स्वाभाविक विकास-पथ में नहीं मानते थे।

लेकिन जैसा कि प्रभाकर माचवे ने जनवरी, 1954 की *अवंतिका* में कहा है और संभवतः हिंदी लेखकों में सबसे पहली बार इस तथ्य का उद्घाटन किया है कि शुक्ल जी के विचारों में अंतर्विरोध है। जहाँ उन्होंने छायावाद को परंपरा का स्वाभाविक विकास मानने से इनकार किया है, वहीं यह भी किया है कि "इस तृतीय उत्थान में जो परिवर्तन हुआ और पीछे छायावाद कहलाया, वह इसी द्वितीय उत्थान की कविता के विरुद्ध कहा जा सकता है।" और "यह पहले कहा जा चुका है कि छायावाद का चलन द्विवेदी-काल की रूखी इतिवृत्तात्मकता की **प्रतिक्रिया** के रूप में हुआ था।

विरोध और प्रतिक्रिया परंपरा के स्वाभाविक विकास के ही सूचक हैं; क्योंकि विकास का अर्थ सदैव परिपाटी-पालन ही नहीं होता। कोई भी विकास विरोध के बिना घटित नहीं होता। इस तरह शुक्ल जी अनजाने ही छायावाद को हिंदी

साहित्य की परंपरा का स्वाभाविक विकास सिद्ध करते गए।

परंतु शुक्ल जी ने जो यह कहा कि छायावाद क्रमशः बनाया हुआ रास्ता नहीं है, उसमें एक तथ्य है। भाव और रूप की दृष्टि से द्विवेदी-युग की इतिवृत्तात्मक तथा श्रीधर पाठक और मुकुटधर पांडेय की स्वच्छंदतावादी कविताओं के बाद छायावादी कविताओं का उतना भव्य उत्थान आश्चर्यजनक लगता है। पूर्ववर्ती कविताओं के साथ छायावादी रचनाओं को पढ़कर सहसा ऐसा प्रतीत होता है कि इतना लंबा रास्ता इन कवियों ने इन दो-तीन वर्षों में ही कैसे तय कर लिया? दोनों युगों के बीच भावना और रूप-विन्यास का विशाल अंतर दिखाई पड़ता है। वह **क्रम** नहीं **प्रक्रम** है—एक बहुत बड़ी छलाँग है इसीलिए जिन लोगों की मनोवृत्ति उस 'प्रक्रम' के साथ कदम मिलाकर प्रगति न कर सकी, वे छायावाद को विदेशी तथा विपथगामी समझने लगे।

निःसंदेह छायावाद के अभ्युदय में अनेक सहायक कारण थे और उनमें रवींद्रनाथ की बंगला कविताओं तथा वर्ड्सवर्थ और शेली की अंग्रेजी कविताओं का स्थान प्रमुख है। देश-विचार से ये प्रभाव विदेशी ही कहे जाएँगे। लेकिन छायावादी कवियों ने जब उन्हें अपनाया और उनसे प्रेरणा ली तो उन्हें एकदम अपनी आकांक्षाओं का प्रतिबिंब समझकर। यह विदेशी प्रभाव-ग्रहण करने का अर्थ ही है कि छायावादी कवियों की मानसिक पृष्ठभूमि उसके अनुकूल थी। अन्यथा, वर्ड्सवर्थ और शेली का प्रभाव द्विवेदी-युग के या उससे भी पहले भारतेंदु-युग के कवियों पर क्यों नहीं पड़ गया? अंग्रेजी तो उस समय के लोग भी जानते थे और वर्ड्सवर्थ, शेली वगैरह की रचनाओं के भारत पहुँचने के लिए साठ-सत्तर साल का समय कम नहीं कहा जा सकता। इस तरह की अभिरुचि केवल प्रसाद, पंत, निराला, महादेवी की ही हो गई हो, ऐसा भी नहीं है। उन कविताओं को बड़े आग्रह के साथ अपनाकर नई पीढ़ी के युवकों ने दिखा दिया कि छायावादी भावना समूची जाति की नई पीढ़ी में वर्तमान है। अधिक संवेदनशील प्राणी होने के कारण उन युवकों में जो विशेष जागरूक थे, उन्होंने इस भावना को कुछ पहले अनुभव किया तथा अभिव्यक्त भी कर दिया और अन्य लोग उनकी अभिव्यक्तियों से प्रभावित होकर अपने मन की रुचि को उस ओर धीरे-धीरे मोड़ने लगे। जो प्रवाह-पतित थे, इन कविताओं में रुचि न ले सके और न उन्हें समझ ही सके। परंतु जो उस युग में समाज की प्रगतिशील शक्तियाँ थीं उन्होंने छायावाद को अपना समझा।

इस तरह छायावाद हमारी विशेष सामाजिक और साहित्यिक आवश्यकता से पैदा हुआ और उस आवश्यकता की पूर्ति के लिए उसने ऐतिहासिक कार्य किया। समाज और साहित्य को उसने जिस तरह पुरानी रूढ़ियों से मुक्त किया, उसी तरह आधुनिक राष्ट्रीय और मानवतावादी भावनाओं की ओर भी प्रेरित किया।

व्यक्तित्व की स्वाधीनता, विराट-कल्पना, प्रकृति-साहचर्य, मानव-प्रेम, वैयक्तिक प्रणय, उच्च नैतिक आदर्श, देशभक्ति, राष्ट्रीय स्वाधीनता आदि के प्रसार द्वारा छायावाद ने हिंदी जाति के जीवन में ऐतिहासिक कार्य किया। कविता के रूप-विन्यास को पुरानी संकीर्ण रूढ़ियों से मुक्त करके उसने नवीन अभिव्यंजना प्रणाली के लिए द्वार खोल दिया।

यही नहीं, छायावादी काव्य ने अपने युग के अन्य साहित्य-रूपों को भी प्रभावित किया। छायावाद वस्तुतः एक व्यापक जीवन-दृष्टि थी जिसकी अभिव्यक्ति सामान्य रूप से कविता, कहानी, उपन्यास, नाटक, आलोचना आदि सभी माध्यमों से हुई, परंतु भावात्मकता के कारण उसकी विशेष अभिव्यक्ति कविता में ही हो सकी और उसी में उसे प्रधानता भी मिली।

प्रसाद की *आकाशदीप, स्वर्ग के खंडहर में* आदि कहानियाँ कथा-साहित्य में छायावाद का प्रसार है। प्रेमचंद के *सेवासदन, प्रेमाश्रम, गबन* आदि उपन्यासों का अंत जो सदनों और आश्रमों के आदर्श में हुआ है, उसे भी छायावादी जीवन-दृष्टि का परिणाम समझना चाहिए। निराला के *अलका, अप्सरा, निरुपमा* आदि उपन्यासों पर छायावादी कल्पनाप्रियता का गहरा रंग है। प्रसाद की *तितली* छायावादी पुतली है। पंत की *ज्योत्स्ना* तो छायावादी कल्पना की सृष्टि है ही, प्रसाद के *अजातशत्रु, स्कंदगुप्त, चंद्रगुप्त, कामना* आदि नाटकों में भी छायावादी रूमानियत रची हुई है। निराला के *प्रबंध-प्रतिमा* के भावात्मक निबंध तथा संस्मरण, महादेवी के रेखाचित्र भी अपनी काल्पनिक उड़ान तथा भावुकता में छायावाद से टक्कर लेते हैं।

निराला, पंत, प्रसाद और मुख्यतः महादेवी के आलोचनात्मक निबंधों की विचार-प्रणाली तो छायावादी भावुकता से प्रेरित है ही, छायावाद के प्रभाव से हिंदी में प्रभाववादी समीक्षा की एक प्रणाली भी चल पड़ी। शांतिप्रिय द्विवेदी इसी समीक्षा-सागर की तरंगों से फेंकी हुई एक मणि है। नगेंद्र की आलोचनात्मक दृष्टि भी छायावादी रस से ही खुली और नंददुलारे वाजपेयी के विचार-स्फुलिंग छायावाद की ही वकालत में छिटके।

सबसे बढ़कर आश्चर्यजनक प्रतीत होनेवाली बात तो यह है कि छायावाद युग के पुरोधा समीक्षक आचार्य शुक्ल के समीक्षा-सिद्धांतों के निर्माण में भी छायावाद का बहुत अधिक हाथ है। उनका पहला आलोचनात्मक निबंध 'कविता क्या है' छायावादी विचारों का ही समर्थक है। कविता की परिभाषा में उन्होंने 'शेष-सृष्टि के साथ रागात्मक संबंध की रक्षा और निर्वाह' की जिस बात पर जोर दिया है, वही तो छायावादी भी कहते थे। उनकी 'शेष-सृष्टि' भी तो मुख्यतः 'प्रकृति'—निःसंदेह आदिम वन्य प्रकृति ही थी। आदिम प्रकृति की ओर लौटने की बात छायावादियों से अधिक तो शुक्ल जी ही करते थे। रागात्मकता पर इतना अधिक जोर और कविता को **भावयोग** कहना छायावाद की ही तरह द्विवेदीयुगीन इतिवृत्तात्मकता की

प्रतिक्रिया थी। शुक्ल जी की रागात्मकता छायावादी भावुकता की ही प्रौढ़ स्थिति थी। रीतिवादी अलंकृति के विपरीत रसवाद की प्रतिष्ठा करना आलोचना के क्षेत्र में वही कार्य था, जो कविता के क्षेत्र में छायावाद कर रहा था। शुक्ल जी का रससिद्धांत वस्तुतः छायावादी कविता की आवश्यकता से उत्पन्न हुआ था; उसकी शब्दावली पुरानी भले ही रही और कहीं-कहीं उसमें प्राचीन के पुनरुत्थान का भी पुट था, किंतु मूलतः वह आधुनिक भावधारा है। 'रसात्मक बोध के विविध रूप' में उन्होंने जिस प्रत्यक्ष रूप-विधान, स्मृत रूप-विधान और काल्पनिक रूप-विधान का समावेश किया है, वह क्रमशः छायावाद का प्रकृति-प्रेम, अतीत प्रेम और कल्पना-सृष्टि ही है। जो लोग यह समझते हैं कि वे छायावादी कल्पना के विरोधी थे, उनके भ्रम के निराकरण के लिए शुक्ल जी का यह कथन उद्धरणीय है—"आरोप-विधायनी कल्पना की अपेक्षा प्रकृति के बीच किसी वस्तु के गूढ़ और अगूढ़ संबंध प्रसार का चित्रण करनेवाली कल्पना अधिक गंभीर और मार्मिक होती है।" कल्पना के द्वारा वे भी "अखिल सत्ता के एकत्व की आनंदमयी भावना जगाकर हृदय के बंधन खोलने" का अभ्यास करते थे। उनकी नैतिक मान्यताएँ भी उस हद तक छायावाद के साथ थीं, जहाँ तक वे पुरानी रूढ़ियों का प्रयोग करते हैं अथवा देश-प्रेम, राष्ट्रीय उत्थान और लोक-मंगल का आग्रह करते हैं। उनका 'हृदयवाद' प्रकारांतर से छायावाद ही है।

रचना की महानता से ही आलोचना महान होती है। यह छायावादी रचना का वैभव ही था जिसने हिंदी में आलोचना के मान को ऊँचा उठा दिया; अन्यथा द्विवेदी-युग में समालोचना का मान क्या था? परोक्ष रूप से छायावाद ने साहित्य के सामान्य पाठकों की रुचि इतनी परिष्कृत कर दी और काव्य-संबंधी सूझ-बूझ इतनी गहरी कर दी कि आलोचना का सामान्य स्तर भी बहुत ऊपर उठ गया। युग-प्रवर्तक आलोचक आलोचना के इसी सामान्य स्तर के अनुसार होते हैं। जिस तरह पानी के स्तर के अनुसार ही कमल-नाल बढ़ता चलता है, उसी तरह साहित्य के सामान्य-स्तर के अनुसार ही कवि, लेखक और आलोचक बढ़ते हैं। छायावाद ने यही सामान्य-स्तर ऊपर उठा दिया।

कविता के अतिरिक्त हिंदी गद्य-शैली को छायावाद ने कहाँ से कहाँ पहुँचा दिया, इसे समझने के लिए छायावाद-युग के स्वस्थ, सशक्त और मांसल गद्य के सामने द्विवेदी-युग के गद्य का अस्थि-पंजर रख लेना पर्याप्त है।

इतने बड़े परिदृश्य में छायावाद को रखकर देखने से पता चलेगा कि उसने हिंदी साहित्य में कितना बड़ा ऐतिहासिक कार्य किया।

इस ऐतिहासिक सार्थकता से ही छायावादी कविता के स्थायी तत्त्वों पर प्रकाश पड़ता है। अपनी ऐतिहासिक आवश्यकता की पूर्ति करते हुए छायावाद ने साहित्य में कुछ स्थायी महत्त्व की भी चीजें दीं। उसमें अपने युग को प्रभावित करने के साथ

ही भावी युगों के मानव-समाज को भी रसमग्न तथा प्रेरित करने की सामग्री है। छायावाद का स्थायित्व उसके व्यक्तिवाद में नहीं, उसकी आत्मीयता में है; काल्पनिक उड़ान में नहीं, आत्म-प्रसार में है; समाज-भीरुता में नहीं, प्रकृति-प्रेम में है; प्रकृति-पलायन में नहीं, नैसर्गिक जीवन की आकांक्षा में है; आवेगपूर्ण भावोच्छ्वास में नहीं, संवेदनशीलता में है; सौंदर्य की कल्पना में नहीं, सौंदर्य की भावना में है; स्वप्न में नहीं, स्वप्न की वास्तविक आकांक्षा में है; अज्ञात की जिज्ञासा में नहीं, ज्ञान के प्रसार में है; आदर्श में नहीं, यथार्थ में है; कल्पना में नहीं, वास्तविकता में है; दृष्टिकोण में नहीं, दृष्टि में है; उक्ति-वैचित्र्य में नहीं अभिव्यंजना के प्रसार में है।

छायावादी कविता की आत्मीयता, प्रकृति-प्रेम, सौंदर्य-भावना, संवेदनशीलता, अथक जिज्ञासा, जीवन की लालसा, उच्चतर जीवन की आकांक्षा और इन सबके लिए संघर्ष करने की अनवरत प्रेरणा, छायावादी कविता का स्थायी संदेश है। छायावाद हमें रसमग्न करके निष्क्रिय नहीं बनाता, बल्कि उद्‌बुद्ध करके सक्रिय बनाता है। वह हमारी भावनाओं को व्यापक, अनुभूति को गहरी और भावों को परिष्कृत तथा परिवर्तित करता है।

निःसंदेह छायावाद का यह सारा प्रभाव जीवन के एक सीमित क्षेत्र में ही पड़ता है। उसमें कल्पना अधिक, वास्तविकता कम थी और जो वास्तविकता थी भी, वह प्रायः मानव-जीवन के एकदेशीय प्रेम-संबंधी थी। व्यापकता के अभाव में उसकी प्रभाव-शक्ति भी सीमित हो गई। तुलनात्मक दृष्टि से देखने पर छायावाद में सूर-साहित्य की अपेक्षा वास्तविकता कम है और तुलसी-साहित्य की अपेक्षा व्यापकता बहुत कम है। वास्तविकता की मात्रा के अनुसार ही छायावाद को हिंदी साहित्य में भक्ति-काव्य के बाद द्वितीय स्थान दिया जाता है और यह गौरव असाधारण नहीं है।

साहित्य में छायावाद को गौरवपूर्ण स्थान दिलाने में सभी छायावादी कवियों का योग समान नहीं है। निराला यदि भाव और अभिव्यंजना के नए-नए विविध पथ निकालने में सबसे आगे रहे, तो पंत सौंदर्य-चयन और अभिव्यंजना-शक्ति सँवारने में अग्रणी रहे। महादेवी ने प्रगीत के विशेष क्षेत्र में सबसे अधिक कार्य किया, तो प्रसाद इन सभी कवियों की सफलताओं को पुंजीभूत करने में सबसे अधिक सफल रहे। इसीलिए उनकी *कामायनी* 'छायावाद' का प्रतिनिधि काव्य है। प्रसाद में नवोन्मेष सबसे कम है, फिर भी छायावाद का पूरा प्रतिनिधित्व वही करते हैं। यदि छायावाद के एक-एक तत्त्व को दृष्टि में रखकर मूल्यांकन करें तो एक-एक करके निराला और पंत की उपलब्धि सबसे अधिक मानी जाएगी। इन दोनों कवियों में यदि जीवन की वास्तविकता के विविध पहलुओं को देखें तो निराला सर्वोत्कृष्ट कवि सिद्ध होंगे। औरों की अपेक्षा निराला का दृष्टिकोण भी अधिक

प्रगतिशील रहा है; क्योंकि उनमें वास्तविकता का बोध सबसे अधिक था और वह बोध इसलिए अधिक था कि जीवंत वास्तविकता के साथ उनका संबंध सबसे अधिक रहा। निराला के काव्य में यह शक्ति और सौंदर्य इसलिए सबसे अधिक आ सका कि वे सामाजिक जीवन में सबसे अधिक जागरूक और सक्रिय रहे। इस गतिशीलता के ही कारण निराला उन आदर्शवादी और पलायनवादी भ्रमों में कम फँसे, जिनसे प्रसाद सबसे अधिक ग्रस्त थे और उनके बाद पंत भी।

इतना होते हुए भी यह विचारणीय बात है कि निराला के काव्य में एक बिखराव है; उसमें अंतःसंगठन का अभाव मिलता है। इसके विपरीत इतने अवैज्ञानिक विचारों के होते हुए भी प्रसाद के काव्य—विशेषतः *कामायनी* में एक अंतर्गठन मिलता है। यही अंतर्गठन *कामायनी* को यह शक्ति देता है, जिसके कारण वह छायावाद की अनेक बिखरी रचनाओं के बीच स्तंभ के समान खड़ी है। संभवतः प्रसाद के इस अंतर्गठन का कारण उनका गठित व्यक्तित्व है, जिसकी जड़ें बहुत गहराई तक परंपरा में गई थीं। परंपरा का यह जीवित बोध ही है, जिसने प्रसाद को संगठन-शक्ति दी और वे छायावाद के बिखरे प्रयत्नों को एक जीवन-सत्य में पिरोकर *कामायनी*-जैसी कृति दे सके। इसी के अभाव में निराला *यमुना के प्रति, राम की शक्तिपूजा, सरोज-स्मृति* और *तुलसीदास* जैसे बिखरे प्रयत्नों को एक में न गूँथ सके। फिर भी यदि निराला की इन चारों कृतियों को एकत्र कर दिया जाए तो वे *कामायनी* से श्रेष्ठ सिद्ध होंगी।

जो हो, इन चारों कवियों के प्रयत्न से छायावाद के चार पक्ष पुष्ट हुए। परंतु इतना होते हुए भी छायावाद क्लासिक काव्यों की तुलना में एकदेशीय ही रहा। जैसा कि किसी ने कहा है, ताजा हवा के पाने के उत्साह में कुछ खिड़कियाँ टूटती ही हैं; उसी तरह काव्यात्मक आवेग में जीवन के कुछ पहलू छूट ही जाते हैं। छायावाद ऐसा ही आवेग था, जिसमें जीवन के कुछ पक्ष छूट गए। इस आवेग का कारण उसका व्यक्तिवाद है। इस व्यक्तिवादी प्रवृत्ति ने ही उसका संपर्क व्यापक जन-जीवन से भली-भाँति न जुड़ने दिया—उस जन-जीवन से जो युग-युग के साहित्य, कला और संस्कृति को अपने अक्षय-स्रोत से उत्पन्न और विकसित करता आ रहा है और जिससे अलग होकर कोई साहित्य, कला अथवा संस्कृति जी नहीं सकती। छायावाद की सीमाएँ भावी काव्य के लिए उसी अक्षय-स्रोत से संपर्क स्थापित करने का संदेश देती हैं। प्रगतिशील साहित्य उसी संदेश की पुकार है।